职业教育教材·铁道交通类
铁道机车、车辆类专业精品教材
行业紧缺人才、关键岗位从业人员培训推荐教材

电力机车总体及走行部

主　编　陈艳伶　金　环
副主编　贾春阳　王　帝　梁信栋

北京交通大学出版社
·北　京·

内 容 简 介

本书依据教育部新颁布的《高等职业学校专业教学标准》进行编写，并根据职业教育教学改革精神，由校企专家联合创作，按工作手册、活页式的编排方式进行内容和体例设计。本书分为5个模块，分别为电力机车认知、电力机车车体和设备布置认知、电力机车通风系统和空气管路系统认知、电力机车转向架认知、电力机车牵引缓冲装置认知。本书适合作为职业教育铁道机车专业的教材，也可作为铁路职工培训教材。

图书在版编目（CIP）数据

电力机车总体及走行部／陈艳伶，金环主编．—北京：北京交通大学出版社，2020.8
ISBN 978-7-5121-4330-2

Ⅰ．①电…　Ⅱ．①陈…　②金…　Ⅲ．①电力机车-高等职业教育-教材　Ⅳ．①U264

中国版本图书馆CIP数据核字（2020）第179230号

电力机车总体及走行部
DIANLI JICHE ZONGTI JI ZOUXINGBU

策划编辑：刘　辉　　责任编辑：刘　辉
出版发行：北京交通大学出版社　　电话：010-51686414　　http：//www.bjtup.com.cn
地　　址：北京市海淀区高梁桥斜街44号　　邮编：100044
印 刷 者：艺堂印刷（天津）有限公司
经　　销：全国新华书店
开　　本：185 mm×260 mm　　印张：14.25　　字数：376千字
版 印 次：2020年8月第1版　　2020年8月第1次印刷
印　　数：1~3 000册　　定价：85.00元

本书如有质量问题，请向北京交通大学出版社质监组反映。对您的意见和批评，我们表示欢迎和感谢。
投诉电话：010-51686043，51686008；传真：010-62225406；E-mail：press@bjtu.edu.cn。

前　言

本书根据职业教育教学改革精神，结合企业对技能型人才的培养要求，充分考虑高职高专学生的认知特点，由校企专家联合编写。

本书采用工作手册、活页式、模块化的形式，以简单、实用、好用为原则，结合技能实践项目编写。本书分为5个模块，分别为电力机车认知、电力机车车体和设备布置认知、电力机车通风系统和空气管路系统认知、电力机车转向架认知、电力机车牵引缓冲装置认知。每个模块后都附有二维码，扫描二维码后，可获取相关数字资源（PPT、操作视频等），以便读者自主学习使用。

本书由天津铁道职业技术学院陈艳伶、金环担任主编，天津铁道职业技术学院贾春阳、王帝，中国铁路北京局集团有限公司天津机务段梁信栋担任副主编。全书内容组织和定稿工作由陈艳伶负责。本书具体编写分工如下：模块1由贾春阳、陈艳伶、罗利锦编写，模块2由王帝、梁信栋、李笑、陈艳伶编写，模块3由贾春阳、陈艳伶、卢大民编写，模块4由陈艳伶、田桂丽、贾春阳、金环编写，模块5由罗利锦、金环、王帝编写。

本书适合作为职业教育铁道机车专业的教材，也可作为铁路职工培训教材。

由于编者水平有限，书中难免存在错误和不当之处，敬请广大读者指正。索取本书教学资源，可与出版社编辑刘辉联系（QQ39116920，cbslh@ jg. bjtu. edu. cn）。

编　者

2020年8月

请扫描二维码，进入 VR 机车模拟教学场景

目录

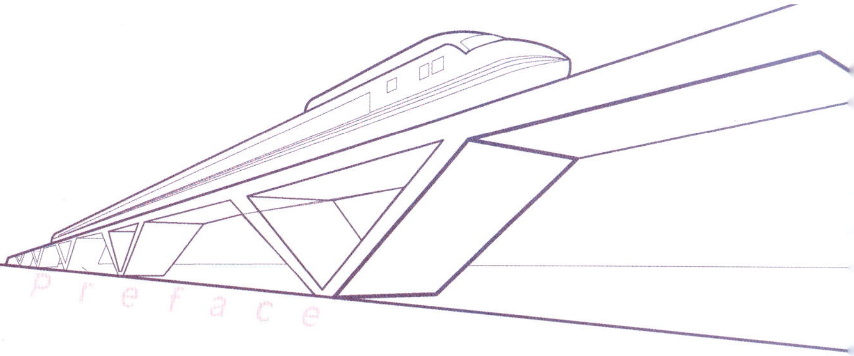

模块 1

电力机车认知

模块学习导语

我国铁路机车技术研发的趋势是大力发展电力牵引。1958 年我国电力机车制造开始起步，从仿造、消化、吸收到自主研制，目前我国已拥有独立研发、生产先进电力机车的能力。本模块重点介绍电力机车的基本概念、我国电力机车的发展史和电力机车的主要技术参数。

模块学习目标

➡ 1. 了解电力机车的定义、分类、特点及组成。
➡ 2. 了解我国电力机车的发展历程、关键技术及配套技术。
➡ 3. 掌握电力机车的主要技术参数。

任务1.1 电力机车的基本概念

任务引言

电力机车本身不带原动机，其电源通过受电弓取自接触网，受电弓引来的高压电经过变压器、变流装置，供给牵引电动机，由牵引电动机驱动车轮转动。电力机车具有清洁、无污染、功率大、速度快、热效率高、运行可靠等优点，适用于铁路干线运输。

任务知识点

1. 电力机车的定义、分类。
2. 电力机车的特点。
3. 电力机车的组成、电力机车机械部分的组成。(重点、难点)

任务技能要求

1. 能够区分机车类型。
2. 能够辨识电力机车机械部分的组件。

核心知识技能

1.1.1 电力机车的概念

电力机车是指从电气化铁路沿线接触网上获得电能，通过牵引电动机将电能转换成机械能，进而驱动车轮运行的机车。

简单地说，电力机车是铁道机车的一种，与蒸汽机车、内燃机车不同，其本身不具有原动机。电气化铁路供电系统的接触网或接触轨向其提供交流或直流电，然后经过一系列变压、变流过程，转换成牵引电动机所需要的电压、电流，从而驱动列车运行。

我国自行研制的韶山型电力机车如图 1－1 所示。

图 1－1 韶山型电力机车

1.1.2 电力机车的优越性

电力机车与其他类型机车相比，其主要优点如下。

1. 清洁、无污染

电力机车在运行过程中，不会排出有害气体污染环境。铁道供电系统使用的电力大部分来自火力发电厂，火力发电厂在使用化石燃料时，会按国家规定控制废气排放。

2. 功率大，速度快

由于电力机车上没有牵引用的能源，使得同等机车功率下电力机车重量更轻；同等机车重量下电力机车功率更大。相同轴重下，单轴功率越大，机车速度越快。

3. 热效率高，能源消耗低

由于电能来自大型发电厂或水电站，因此电力机车热效率高。

4. 维修便利，成本低

电力机车内部不设发电机，设备简单，检修周期长，维修工作量少，整备时间短，运营费用低。

5. 工作条件舒适

电力机车在运行中产生的振动、噪声小，不排出有害气体，改善了机车乘务员的劳动条件。

6. 适应能力强，过载能力强

电力机车牵引过载能力强，对恶劣自然条件有较强的适应性。电力机车下坡道时使用电阻制动或再生制动，提高了下坡的平均速度，从而提高了在困难区段的通过能力。

1.1.3 电力机车的分类

电力机车一般是按照供电电流制及所采用的牵引电动机型式来分类的。根据电流制不同，电力机车可以分为直—直流电力机车、交—直流电力机车和交—直—交流电力机车三类。

1. 直—直流电力机车

直—直流电力机车采用直流制供电，牵引变电所内设有整流装置，它将三相交流电变成直流电后，再送到接触网上。因此，电力机车可直接从接触网上取得直流电供给直流牵引电动机使用，驱动机车运行。该型机车结构简单，控制方便，易于维修，运用也比较可靠，而且容易实现再生制动。直流制的缺点是接触网电压不高（一般为 1.5 ~ 3 kV），送电距离受到限制、变电所数目多，接触网结构复杂、笨重。

2. 交—直流电力机车

交—直流电力机车采用交流制供电，机车上使用的牵引电动机为直流牵引电动机。目前世界上大多数国家都采用工频（50 Hz）交流制，或 25 Hz 低频交流制。在这种供电制下，牵引变电所将三相交流电改变成 25 kV 工频单相交流电送到接触网上，电力机车从接触网上获取交流电，然后在机车上完成把交流电变成直流电的任务。由于接触网电压比直流制时提高了很多，接触网导线的直径可以相对减小，减少了有色金属的消耗和建设投资，因此，工频交流制得到了广泛应用，世界上绝大多数电力机车也是交—直流电力机车。我国韶山系列机车为交—直流电力机车。

3. 交—直—交流电力机车

交—直—交流电力机车采用交流制供电，机车上所使用的牵引电动机为交流牵引电动机。采用直流电动机的最大优点是调速简单，只要改变电动机的端电压，就能很方便地在较大范围内实现对机车的调速。但是这种电动机由于带有整流子，制造和维修变得复杂，体积也较大。而交流牵引电动机（即三相异步电动机，无整流子）在制造、性能、功能、体积、重量、成本及可靠性等方面远比直流牵引电动机优越得多。其之所以迟迟不能在电力机车上应用，主要原因是调速比较困难。改变端电压不能使这种电动机在较大范围内改变速度，而只有改变电流的频率才能达到目的。因此，只有在电子技术和大功率晶闸管变流装置得到迅速发展的今天，才能生产出采用三相交流电动机的先进电力机车。交—直—交流电力机车从接触网上引入的仍然是单相交流电，在机车上首先把单相交流电整流成直流电，然后再把直流电逆变成可以使频率变化的三相交流电供交流牵引电动机使用。这种机车具有优良的牵引能力，我国和谐系列电力机车为交—直—交流电力机车。

1.1.4 电力机车的组成

电力机车由电气部分、空气管路系统和机械部分三大部分组成。

电气部分包括牵引电动机、牵引变压器、整流硅机组等各类电气设备。电气部分的作用是把取自接触网的电能转变为机械能，同时实现对机车的控制。

空气管路系统包括风源系统、制动机管路系统、控制管路系统和辅助管路系统。

机械部分包括车体、转向架、车体与转向架的连接装置和牵引缓冲装置。

电力机车机械部分各部分的作用如下。

1. 车体

车体是电力机车上部车厢部分，车体由以下区域构成。

（1）司机室：机车乘务人员操纵机车的工作场所。

（2）机械间：用于安装各种电气和机械设备。

2. 转向架

转向架是机车的走行部分，它是电力机车机械部分中最重要的组成部分，其主要包括以下组件。

（1）构架：转向架的基础受力体，也是各种部件的安装基础，承受和传递各种力。

（2）轮对：机车在线路上的行驶部件，由车轴、车轮及传动大齿轮组成。

（3）轴箱：联系构架和轮对的活动关节，用于固定轴距，使轮对保持正确位置，安装轴承等。

（4）轴箱悬挂装置：也称一系悬挂装置，用于缓和线路不平顺对机车的冲击，并保证机车平稳运行。

（5）齿轮传动装置：通过降低转速，增大转矩，将牵引电动机的功率传给轮对。

（6）牵引电动机：将电能转变成机械能转矩，传给轮对。

（7）基础制动装置：机车制动机制动力的形成部分，主要由制动缸、传动装置、闸瓦等组成。

3. 车体与转向架的连接装置

车体与转向架的连接装置也称二系弹簧悬挂，其设置在车体和转向架之间。它是转向架与车体之间的连接装置，又是活动关节，同时承担各个方向力的传递及减振作用。

4. 牵引缓冲装置

牵引缓冲装置即车钩及缓冲器，它是机车与车辆的连接装置，并且能缓和连挂和运行中的冲击。

任务考核与评价

<table>
<tr><td>任务名称</td><td colspan="3">电力机车的基本概念</td></tr>
<tr><td>知识、技能目标点</td><td>考核项目</td><td>自我评价</td><td>教师评价</td></tr>
<tr><td rowspan="3">1. 了解电力机车的定义、分类、特点等
2. 掌握电力机车的组成，机械部分的组成及各组件的作用</td><td>1. 电力机车的定义、分类、特点（30分）</td><td></td><td></td></tr>
<tr><td>2. 电力机车的组成（30分）</td><td></td><td></td></tr>
<tr><td>3. 电力机车机械部分的组成及各组件的作用（40分）</td><td></td><td></td></tr>
<tr><td colspan="2">总分</td><td colspan="2"></td></tr>
</table>

任务1.2　我国电力机车发展史

任务引言

1958年，我国电力机车的制造开始起步，从仿造国外电力机车，到消化、吸收、自主制造，经过多次技术改进，我国已经能够研发、制造世界先进水平的电力机车。本任务通过对韶山系列、和谐系列电力机车典型车型的介绍，梳理我国电力机车的发展史。

任务知识点

1. 电力机车发展动态。
2. 电力机车新技术。

任务技能要求

1. 了解电力机车发展历史。
2. 掌握电力机车新技术。

核心知识技能

1.2.1 韶山系列电力机车

1. 韶山$_1$型电力机车

韶山$_1$（SS_1）型电力机车是我国第一代（有级调压、交—直流传动）国产干线电力机车，首台机车于1968年试制成功，其原型机车为1958年试制的6Y1型电力机车（仿苏联20世纪50年代的H60型机车），但由于其三大件（引燃管、调压开关、牵引电动机）可靠性较差，在之后经历了三次重大技术改造，于1980年基本定型并投入批量生产。

SS_1型电力机车是6轴货运机车，其机车功率（持续制）为4 200 kW，机车速度为42 km/h，轴列式为C_0—C_0。其主电路为低压侧调压、单拍全波整流和集中供电，即由低压侧调压开关切换牵引变压器绕组抽头逐级改变交流输出电压，实现机车开关有级调压。其牵引电动机为有补偿绕组、四极、串励的ZQ650－1型脉流牵引电动机。

韶山$_1$（SS_1）型电力机车如图1－2所示。

图1－2 韶山$_1$（SS_1）型电力机车

2. 韶山$_4$改型电力机车

韶山$_4$改（SS_4改）型电力机车是八轴重载货运机车，其由各自独立且又相互联系的两节四轴机车组成，单节车设有一套完整的系统，用车钩与连挂风挡连接，其间设有电气系统高压连接器、重联控制电缆，以及空气系统重联控制风管，司机可在其中任一节车的司机室对全车进行统一控制。另外，在机车两端还设有重联装置，可与一台或数台SS_4改型电力机车连接，进行重联运行。

SS_4改型电力机车额定功率（持续制）为6 400 kW，最高运行速度为100 km/h，轴列式为2（B_0—B_0），机车采用国际标准电流制，即单相工频制，电压为25 kV，50 Hz。该型机车传动方式为交—直流传动，采用传统的串励式脉流牵引电动机。机车采用推挽式牵引方式，固定轴距较短，采用转向架独立供电方式。全车四个两轴转向架，具有四台独立的相控式主整流装置，主整流装置电路采用三段不等分半控桥整流电路。机车电气制动系统采用电阻制动。机车辅助系统采用传统的旋转式劈相机单—三相交流系统。机车设备布置采用双边纵走廊、分室斜对称布置，设备屏柜化、成套化。机车通风采用车体通风方式，进风口为车体侧墙大面积立式百叶窗，各主要设备的通风支路采用串并联方式，以满足机车通风要求。

韶山$_4$改（SS_4改）型电力机车如图1－3所示。

图1－3　韶山$_4$改（SS_4改）型电力机车

3. 韶山$_{7E}$型电力机车

韶山$_{7E}$（SS_{7E}）型电力机车是六轴、准高速、干线客运机车，是为满足中国铁路大提速的需要而设计的，其额定功率（持续制）为4 800 kW，最高运行速度为170 km/h，轴列式为C_0—C_0。首台SS_{7E}型电力机车（SS_{7E}－0001）于2001年年底下线，2002年年初在京广铁路郑州—广水段进行安全评估试验期间，机车最高试验速度达187 km/h，并且在规定速度下，各项安全指标、平稳性指标均符合要求。该型机车借鉴了SS_7型系列机车的成熟技术，机车主电路采用成熟的三段不等分半控桥整流电路，相控无级调压，取消了功率因数补偿装置。辅助供电系统采用两组辅助变流器供电，这是我国首次在直流电传动电力机车上运用四象限交流辅助变流器作为辅助供电系统电源，取代了传统的劈相机。此外，SS_{7E}型电力机车装备了两套DC 600 V列车供电系统，可向旅客列车提供空调、采暖、茶炉、照明等供电电源。在控制技术方面，SS_{7E}型电力机车采用计算机控制、逻辑控制单元（LCU）等技术。机车车头司机室采用全新流线型设计，司机室内结构设计充分应用了人机工程学原理，全新的内饰并配以先进的操作控制设备，提高了整体的美观性及舒适性。机车采用耐低温设计，例如新增设了防寒功能、机车风管路加热装置等，运行设计标准由常规的－25 ℃提高到了－40 ℃，以保证机车可以在高寒地区运用。

韶山$_{7E}$（SS_{7E}）型电力机车如图1－4所示。

图1－4　韶山$_{7E}$（SS_{7E}）型电力机车

4. 韶山$_9$型电力机车

韶山$_9$（SS_9）型电力机车为我国干线客运电力机车，其以成熟的韶山系列电力机车技术为基础，采用了许多国外机车的先进技术。其额定功率（持续制）为4 800 kW，最高运行速度为

170 km/h，轴列式为 $C_0—C_0$。机车主电路采用三段不等分半控桥整流电路，三台电动机并联，无级磁场削弱及加馈电阻制动，实现了机车全过程的无级调速。机车内装有 8 668 kVA 大容量主变压器，实现了六轴电力机车主变压器与平波电抗器及滤波电抗器的一体化。机车具有向列车供电能力，供电电压为 DC 600 V、容量为 2×400 kW。机车采用了轮对空心轴六连杆弹性传动机构和牵引电动机架承式全悬挂三轴转向架，并装有全叠片机座机构的 900 kW 脉流牵引电动机；一、二系悬挂系统及基础制动系统等结构设计合理，能满足 170 km/h 运用的要求，动力学性能良好。机车进行了空气动力学优化设计及轻量化设计，采用整体承载式全钢焊接结构的车体，各部件也进行了轻量化设计。

韶山$_9$（SS_9）型电力机车如图 1-5 所示。

图 1-5　韶山$_9$（SS_9）型电力机车

1.2.2 和谐系列电力机车

1. 和谐1型电力机车

和谐1（HXD_1）型电力机车是大功率干线货运电力机车，机车额定功率（持续制）为9 600 kW，最高运行速度为120 km/h，轴列式为2（B_0—B_0），这款机车在被命名为“和谐”型前，被称为DJ_4型。机车由两节完全相同的四轴机车通过内重联环节连挂成八轴机车，成为一个完整系统。司机可在任何一端司机室对两节机车进行控制。机车车体采用全钢框架结构的中央梁承载方式，司机室呈微流线型外形。车内设备采用模块化结构、两侧屏柜化布置，并设中间贯通走廊。单节机车装有四台西门子公司的1TB2624－0TD02型或国产的JD160型鼠笼式三相异步牵引电动机，采用架控方式供电。机车采用水冷IGBT元件的主变流器，其中含有4个四象限变流器供两个单独的中间直流电压环节，2个牵引逆变器，每个牵引逆变器向同一转向架的两台并联的牵引电动机供电。辅助逆变器集成在主变流器柜中，主变流器柜的集成度高，冗余性好，电制动采用再生制动。控制系统方面，机车装载了西门子公司开发的“SIBAS 32”计算机控制系统和列车通信网络（TCN），并安装了“LOCOTROL”多机牵引无线同步控制系统和克诺尔公司的CCB Ⅱ型电空制动系统。

和谐1（HXD_1）型电力机车如图1－6所示。

图1－6 和谐1（HXD_1）型电力机车

2. 和谐2型电力机车

和谐2（HXD_2）型电力机车为大功率交流传动货运机车，由中车大同电力机车有限公司与法国阿尔斯通交通股份公司在阿尔斯通公司的PRIMABB43700型电力机车的基础上联合开发，其额定功率（持续制）为10 000 kW，最高运行速度为120 km/h，轴列式为2（B_0—B_0）。机车采用计算机网络控制，标准化、模块化设计，具有恒功范围宽、轴功率大、黏着特性好、功率因数高、谐波干扰小、维护率低、全寿命运营成本低、适用范围广等优点，是中国铁路装备技术现代化的重要标志性产品之一。机车主变压器为模块化的卧式结构，包括1个原边绕组，4个牵引绕组，4个二次滤波电抗器，2个辅助滤波电抗器，强迫油循环风冷却系统及内置的多种保护电器。采用ONIX系统将IGBT技术应用于异步交流传动机车。牵引传动系统的每台牵引电动机与1个牵引逆变器和1个四象限整流器相连，组成四个独立的驱动单元，这样每根车轴驱动可以单独切除，因此发生一个单独的故障后，1台机车仍能保持3/4的牵引功率。先进的轴控技术提高了机车的黏着利用能力，牵引力也得到了更好的发挥。其控制网络系统是可升级的模块化产品。

HXD_2型电力机车按25 t轴重设计，去掉车内压铁可实现23 t轴重。可在－40℃环境条件下正常存放，采取加温和防寒措施后可正常运用。机车可单机牵引7 000 t重载列车，并具备多机无线重联远程同步控制功能，三机重联满足2万t以上重载列车的牵引要求。HXD_2 型电力机车2万t重载牵引采取“1+1”组合牵引模式，即由两台机车一前一中牵引210节车辆、2万t煤炭进行长达10余小时的一站直达运输。HXD_2 型电力机车开行2万t组合重载列车，使大秦铁路运输量成倍增长，极大地提高了铁路的运输效率。

和谐2（HXD_2）型电力机车如图1-7所示。

图1-7 和谐2（HXD_2）型电力机车

3. 和谐2B型电力机车

和谐2B（HXD_{2B}）型电力机车为大功率交流传动电力机车，由中车大同电力机车有限公司研制生产，集成了当今世界大功率交流传动电力机车的先进技术，处于世界领先水平，是满足中国铁路重载货运紧迫需求的主型机车。机车总功率为9 600 kW，最高运行速度为120 km/h，轴列式为 C_0—C_0。该车主要针对铁路重载运输而设计，面向货运重载，满足国内大部分铁路线路的气候环境和煤炭装卸地的环境要求。HXD_{2B} 型电力机车的牵引电传动系统主要由网侧电路、主变压器、牵引变流器和牵引电动机等组成。主变压器采用卧式结构，吊挂安装在机车的底架中部，采用强迫油循环风冷，与牵引变流器共用冷却风机组，具有完善的电气和冷却系统保护功能，为真正的免维护设计。机车采用完全的单轴控制技术，每台牵引电动机对应一套独立的四象限整流器和逆变器。六根轴的牵引传动装置的功率和控制在电气方面完全独立。每个牵引传动装置安装有一个调谐滤波器和一个基于斩波—电阻的过压保护装置。机车的控制采用计算机网络控制系统，具有完善的控制、监测和检修维护功能。列车控制和监测系统采用模块化设计，具有较高的扩展性，并能支持系统的不断升级。

和谐2B（HXD_{2B}）型电力机车如图1-8所示。

图1-8 和谐2B（HXD_{2B}）型电力机车

4. 和谐3型电力机车

和谐3（HXD_3）型电力机车是中国铁路电力机车车型之一，早期被称为SSJ_3型、DJ_3型和神龙1型，其由中车大连机车车辆有限公司和日本东芝公司联合研制。该型机车是为满足中国铁路客货运输需要而研发的大功率交流传动干线客货两用六轴电力机车，采用交—直—交流传动，额定功率（持续制）为7 200 kW，最高运行速度为120 km/h，轴列式为$C_0—C_0$。机车总体设计采用高度集成化、模块化的设计思路，中间走廊、电气屏柜和各种辅助机组分功能对称布置在中间走廊的两侧；采用了规范化司机室，满足单司机值乘的要求。机车装有两台结构相同的三轴转向架，牵引力传递系统采用中央低位斜拉杆推挽式牵引装置，具有黏着利用率高的优点。为提高车体的强度和刚度，车体采用带有中梁的、整体承载的框架式车体结构。电传动系统选用轴控技术，采用IGBT、水冷变流机组，1 250 W大转矩异步牵引电动机，具有起动（持续）牵引力大、恒功率速度范围宽、黏着性能好、功率因数高等特点。辅助电气系统采用2组辅助变流器，能分别提供VVVF和CVCF三相辅助电源，对辅助机组进行分类供电。该系统冗余性强，一组辅助变流器故障后可以由另一组辅助变流器对全部辅助机组供电。其采用计算机网络控制系统，可实现逻辑控制、自诊断功能及机车的网络重联功能。采用下悬式安装方式的一体化多绕组（全去耦）牵引变压器，具有高阻抗、重量轻等特点，并采用强迫导向油循环风冷技术。

和谐3（HXD_3）型电力机车如图1－9所示。

图1－9　和谐3（HXD_3）型电力机车

5. 和谐3C型电力机车

和谐3C（HXD_{3C}）型电力机车是我国干线客货运电力机车车型之一，该型机车是在HXD_3型和HXD_{3B}型电力机车的基础上研制的，通过更换、增加供电绕组的主变压器，增加列车供电柜、供电插座、客货转换开关、双管供风装置等，使机车具有牵引旅客列车的功能。采用PWM矢量控制技术等最新技术的同时，尽量考虑对环境的保护，减少维修工作量。该型机车以能够在中国全境范围内运行为前提，在满足环境温度在－40～＋40 ℃，海拔高度在2 500 m以下的条件的同时，兼顾3组机车重联控制运行的要求。

HXD_{3C}型电力机车轴列式为$C_0—C_0$，电传动系统为交—直—交流传动，采用IGBT水冷变流机组，1 250 kW大转矩异步牵引电动机，持续功率为7 200 kW（客运为6 400 kW），最高运行速度为120 km/h，具有起动（持续）牵引力大、恒功率速度范围宽、黏着性能好、功率因数高等特点。辅助电气系统采用2组辅助变流器，能分别提供VVVF和CVCF三相辅助电源，对辅助机组进行分类供电。该系统冗余性强，一组辅助变流器故障后可以由另一组辅助变流器对全部辅助机组供电。其采用计算机网络控制系统，实现了逻辑控制、自诊断功能，而且实现了机车的网络重联功能。

和谐 3C（HXD_{3C}）型电力机车如图 1－10 所示。

图 1－10　和谐 3C（HXD_{3C}）型电力机车

任务考核与评价

<table>
<tr><td>任务名称</td><td colspan="3">我国电力机车发展史</td></tr>
<tr><td>知识、技能目标点</td><td>考核项目</td><td>自我评价</td><td>教师评价</td></tr>
<tr><td rowspan="3">1. 了解电力机车的发展历史
2. 掌握电力机车新技术</td><td>1. 韶山系列电力机车发展历史（30 分）</td><td></td><td></td></tr>
<tr><td>2. 和谐系列电力机车发展历史（30 分）</td><td></td><td></td></tr>
<tr><td>3. 电力机车新技术（40 分）</td><td></td><td></td></tr>
<tr><td colspan="2">总分</td><td colspan="2"></td></tr>
</table>

任务 1.3 电力机车主要技术参数认知

任务引言

电力机车技术参数是反映机车主要性能的技术指标，电力机车技术参数与它的用途相适应时，能确保牵引任务顺利完成。电力机车主要技术参数有：机车功率、机车总重量、机车轴列式、机车轴重、轮对直径等。

任务知识点

1. 电力机车技术参数有哪些。
2. 电力机车主要技术参数定义。(重点)
3. 电力机车轴列式。(难点)

任务技能要求

1. 掌握电力机车主要技术参数的定义。
2. 掌握电力机车轴列式的含义。

核心知识技能

1.3.1 电力机车主要技术参数

电力机车技术参数是反映电力机车性能的技术指标，主要包括：轴重、单轴功率、构造速度、轴列式等。

1. 轴重

机车轴重，是指机车在静止状态下，每组轮对施加于钢轨的重力。轴重越大，机车的黏着牵引力越大，但轴重越大，机车运行中对线路和机车本身的冲击破坏作用也越大，运行速度必然受到限制。

2. 单轴功率

机车每根轮轴所能发挥的功率，称为单轴功率。单轴功率反映机车牵引电动机和转向架的制造水平，它的设定依据为运行速度和牵引力的设计要求。轴重相同的条件下，单轴功率越大，机车所能达到的运行速度就越高，但单轴功率不宜过大，受牵引力的黏着限制，机车速度不高时，会出现功率有余而牵引力不足的现象。

3. 构造速度

转向架在构造上所允许的机车最高运行速度，称为机车的构造速度，反映机车和转向架的设计、制造水平。机车的运行速度应小于由机车构造所决定的最大安全速度。为了保证高速机车的运行平稳性和零部件使用寿命，其转向架的结构、工艺等方面应满足更高的要求。

4. 轴列式

机车轴列式是表示机车走行部分结构特点的一种方法。轴列式表示的是一台机车上转向架的数目和每台转向架上车轴的数量。车架式机车轴列式采用数字表示法，转向架式机车轴列式采用字母表示法。

1）数字表示法

用数字表示每台转向架的动轴数，注脚“0”表示每一动轴为单独驱动。无注脚表示每台转向架的动轴为成组驱动。数字之间的“—”表示转向架之间无直接的机械连接。

2）字母表示法

用英文字母表示每台转向架的动轴数，英文字母分别对应数字。

例如：SS_4改型电力机车的轴列式为2（B_0—B_0），表示的含义为：SS_4改型电力机车是双机重联机车，每台机车有2台转向架，每台转向架上有2根车轴，每根车轴上都装有牵引电动机，转向架之间无直接的机械连接。

1.3.2 我国主要型号电力机车的技术参数

我国主要型号电力机车的技术参数见表 1－1。

表 1－1 我国主要型号电力机车的技术参数

项目	车型					
	SS_4改	SS_{7E}	SS_9	HXD_1	HXD_2	HXD_3
制造年代	1993	2002	2001	2006	2006	2003
轴列式	2（B_0—B_0）	C_0—C_0	C_0—C_0	2（B_0—B_0）	2（B_0—B_0）	C_0—C_0
最高运行速度/（km/h）	100	170	160	120	120	120
机车总重量/kg	1 840	1 260	1 260	1 840/2 000	2 000	1 380/1 500
转向架重量/kg	212	304	315	200.6	186.9	301
轴重/t	23	21	21	23/25	25	23/25
机车宽度/mm	3 100	3 105	3 105	3 100	3 100	3 100
机车落弓高度/mm	4 775	4 700	4 754	4 775	4 775	4 775 ±30
车钩中心线距/mm	2 ×16 416	22 016	22 216	35 222	2 ×19 025	20 846
车钩中心线高度/mm	880 ±10	880 ±10	880 ±10	880 ±10	880 ±10	880 ±10
转向架轴距/mm	2 900	2 150 +2 150	2 150 +2 150	2 800	2 600	2 250 +2 000
转向架中心距/mm	8 200	11 570	11 570	8 900	10 060	—
牵引点高度/mm	12	460	460	240	—	240
车轮直径（新造/全磨耗）/mm	1 250/1 150	1 250/1 150	1 250/1 150	1 250/1 150	1 250/1 150	1 250/1 150
额定功率（持续制）/kW	6 400	4 800	4 800	9 600	10 000	7 200
传动方式	双侧 刚性 斜齿轮传动	单边 直齿六连杆 空心轴弹性 传动	单边 直齿六连杆 空心轴弹性 传动	交流电动机 滚动抱轴承	单边 直齿六连杆 空心轴弹性传动	单边 直齿六连杆 空心轴弹性 传动
牵引电动机悬挂方式	抱轴式半悬挂	全悬挂	全悬挂	抱轴式半悬挂	滚动轴承 抱轴式半悬挂	滚动轴承 抱轴式半悬挂
齿轮传动比	88/21	75/32	77/31	106/17	120/23	101/21
二系弹簧悬挂静挠度/mm	6	96	96	103	—	93.1/107.4
基础制动方式	独立作用式 闸瓦间隙自调	独立作用式 闸瓦间隙自调	独立作用式 闸瓦间隙自调	轮盘制动单元	单侧双闸瓦 带闸瓦间隙自动 调整器的独立 踏面制动单元	轮盘制动单元

任务考核与评价

任务名称	电力机车主要技术参数认知		
知识、技能目标点	考核项目	自我评价	教师评价
1. 了解电力机车的主要技术参数 2. 掌握电力机车主要技术参数的定义 3. 掌握电力机车轴列式的含义	1. 电力机车的主要技术参数（30分）		
	2. 电力机车主要技术参数的定义（30分）		
	3. 机车轴列式的含义（40分）		
总分			

请扫描二维码，获取数字资源。

小结

本项目主要介绍了电力机车的特点、基本组成及电力机车的运用情况，重点介绍了我国电力机车的发展历史、电力机车的主要技术参数。通过实施教、学、做一体化项目教学，让学生了解电力机车的特点及基本组成，以及电力机车的发展历史，掌握电力机车的车型及主要技术参数。

复习思考

1. 电力机车的定义是什么？
2. 简述电力机车的基本部件。
3. 列举我国主要型号电力机车的技术参数。

模块 2

电力机车车体和设备布置认知

模块学习导语

车体是机车的主要承载部件之一，机车大部分机械、电气设备都安装在车体上，在机车运行过程中，车体要承受垂向、纵向和横向的载荷，并传递机车牵引力和制动力。所以车体结构首先必须有足够的强度和刚度，以保证机车运行的安全性和平稳性；同时要给车内设备提供足够的空间，并保证其正常运转；另外，还必须为司乘人员提供良好的工作环境。

模块学习目标

- 1. 了解电力机车车体的结构、组成与特点。
- 2. 掌握电力机车车体的基本组成、作用与运用技术要求。
- 3. 掌握电力机车各设备的布置情况。

任务 2.1 HXD_{2B} 型电力机车车体认知

任务引言

电力机车车体由底架、司机室、侧墙及车顶盖等部分组成。

任务知识点

1. 车体的组成。(重点)
2. 车体的作用。(难点)

任务技能要求

1. 能够辨识车体各部件。
2. 了解车体的作用。

核心知识技能

车体外形图如图 2 – 1 所示。

2.1.1　HXD_{2B}型电力机车底架

如图 2 – 2 所示，底架是整个车体的承载基础，它不但承受车体本身的重量和所有车内设备的重量，同时还传递牵引力和制动力。HXD_{2B}型电力机车车体底架是由端梁、牵引横梁、枕梁、砂箱梁、纵梁、侧梁、地板等组成的一个整体承载框架式结构。

为减少机车端部风阻和便于曲线通过，分别在底架前后端 2 870 mm、2 745 mm 长度处，底架两侧以 2.2°向端部中心倾斜。底架全部采用 S355J2G4 钢板制造。

1. 端梁

端梁是直接传递机车的纵向牵引力和纵向冲击载荷的主要部件。如图 2 – 3 所示，端梁是由 12 mm 厚的前端板、后端板、侧立板、下盖板及 8 mm 厚的上盖板、中立板组焊而成的“L”形封闭箱体。其下部为车钩箱，用于安装车钩和缓冲装置。前后从板座采用厚钢板焊接而成，其形位公差由专用焊接工装保证。车钩箱周围焊有磨耗板。端梁前端焊有冲击座，两侧设有机车救援用吊销孔。在端梁侧面利用箱体内部空间，设置了机车前后端砂箱。

2. 牵引横梁

牵引横梁不仅承受机车垂向载荷及垂向冲击，同时还承受牵引力的作用。牵引横梁是由 20 mm厚的上盖板、12 mm 厚的立板及压型钢板组成的箱形体结构，其两端有二系橡胶堆安装口与机车转向架相连接。牵引横梁中部与牵引座连接，牵引座与转向架牵引杆连接，因此，牵引横梁起传递牵引力的作用。此外垂向减振器座也安装在牵引横梁上，牵引横梁如图 2 – 4 所示。

3. 枕梁

枕梁主要承受垂向载荷，因此其结构相对较为简单。枕梁如图 2 – 5 所示，其是由 1 块 32 mm厚的上盖板、2 块 20 mm 厚的侧板、1 块 12 mm 厚的 U 形板（中间）组成的箱形体结构，枕梁两端焊有用于安装二系橡胶堆的筋板。

4. 砂箱梁

底架共有两根完全相同的砂箱梁，位于底架中部，砂箱梁两端与底架侧梁连接。砂箱梁如图 2 – 6 所示。砂箱梁是由砂箱横梁和砂箱体组成的承载结构。砂箱横梁由上下盖板、两侧立板及隔板组成，侧立板和上盖板的厚度为 8 mm，下盖板的厚度为 12 mm，横梁高220 mm，宽283 mm。在砂箱横梁的底部两侧设有砂箱体，砂箱体呈漏斗形，砂箱体高度为550 mm，宽度为 717 mm，厚度为 250 mm，可盛砂子约 750 L，砂箱体由 4 mm 厚的钢板焊接而成，底部有法兰，用于安装撒砂装置。

5. 侧梁

侧梁位于底架两侧，由端部侧梁、中部侧梁和左右侧梁三部分组成，它是主要的承载和传力部件。由于 HXD_{2B}型电力机车车内设备主要分布在中部两侧和左右侧梁上，中部侧梁处在底架的正中间，由两块 12 mm 厚的“L”形压型板组焊成高度为 400 mm的狭长封闭箱体，内部纵向分布有隔板。在中部侧梁的左右两侧连接着左右侧梁，高度为 300 mm，结构形状类似于中部侧梁，这样的封闭截面有着较大的抗弯扭刚度。端部侧梁位于底架端梁和左右侧梁之间，截面形状及高度与左右侧梁相同，端部侧梁上安装有登车用的脚踏孔。在左右侧梁上设置了用于机车整体起吊的吊销孔。在中部侧梁上对应砂箱梁的位置处开有砂箱孔用于注砂。根据车内设备安装的要求，在侧梁上安装有设备定位销。另外，在侧梁的中部焊接有用于悬挂变压器的安装座，安装座对称分布在左右侧梁上，变压器安装座呈“H”形结构，与侧梁的下端面和外侧面组焊在一起。

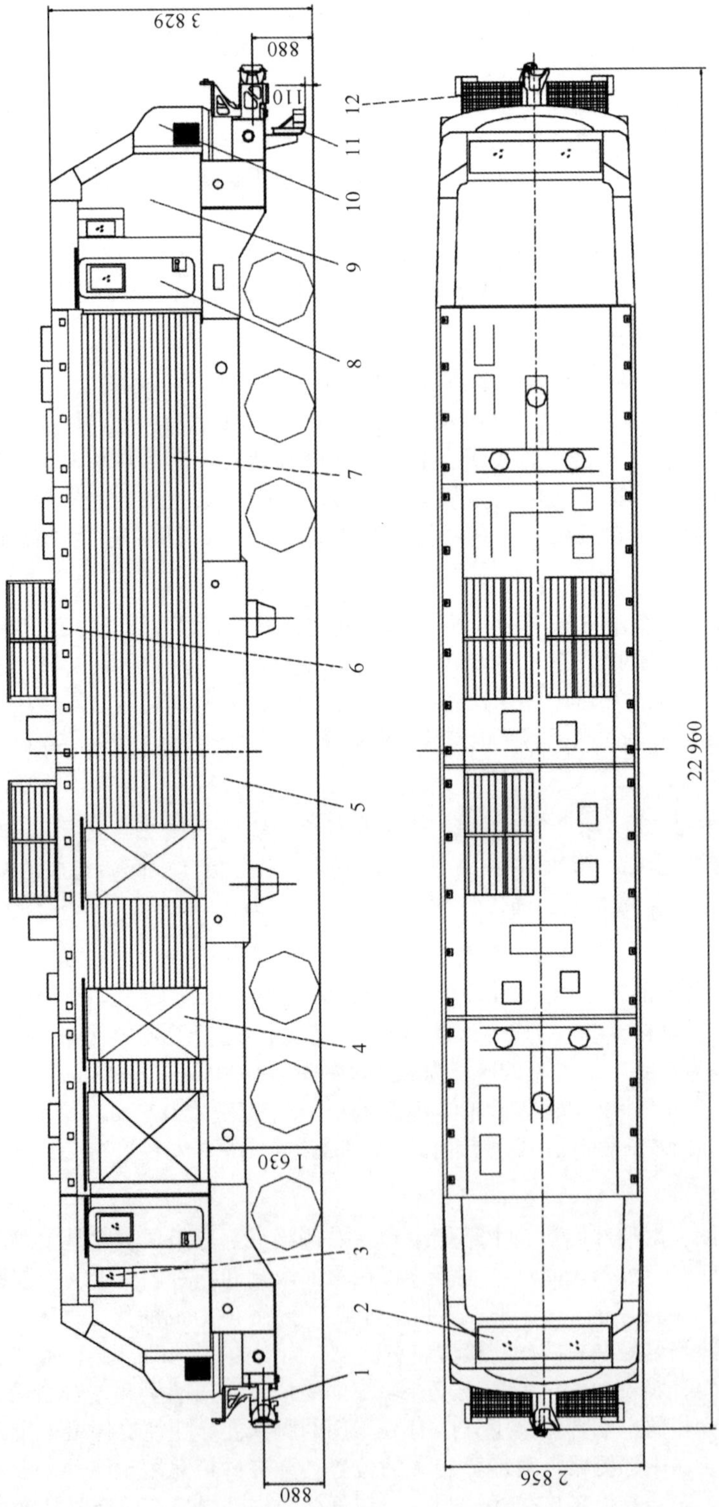

1—车钩缓冲装置；2—前窗玻璃；3—司机室侧窗；4—侧墙通风过滤器；
5—底架；6—顶盖；7—侧墙；8—机车入口门；9—司机室；10—玻璃钢导流罩；11—排障器；12—端部脚踏。

图2－1 车体外形图（单位：mm）

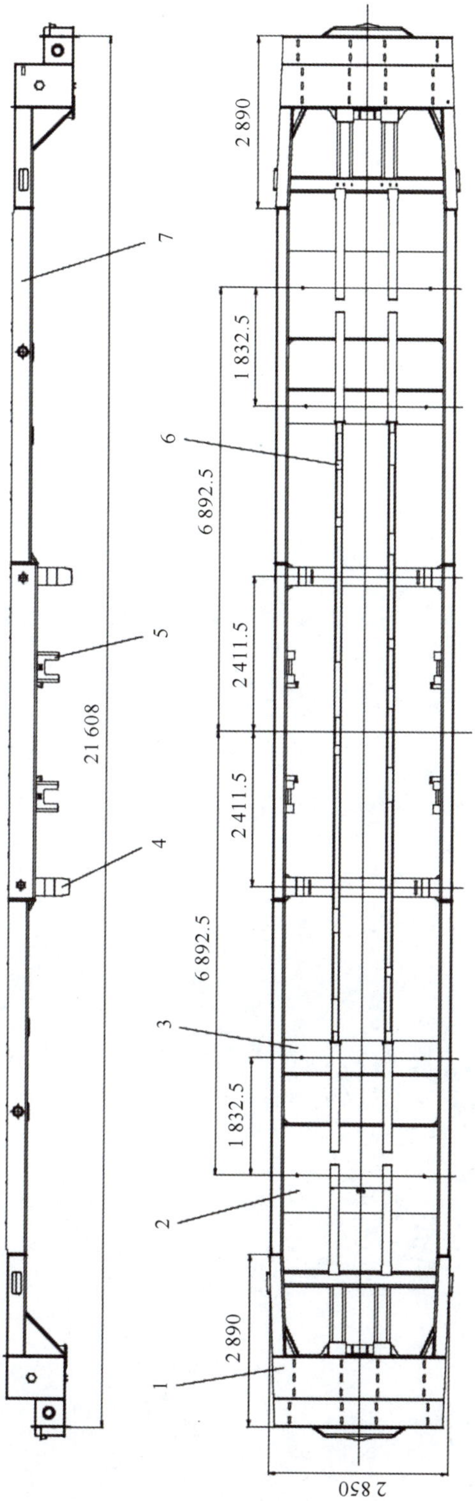

1—端梁；2—牵引横梁；3—枕梁；4—砂箱梁；5—变压器安装座；6—纵梁；7—侧梁。

图 2 - 2　底架总图（单位：mm）

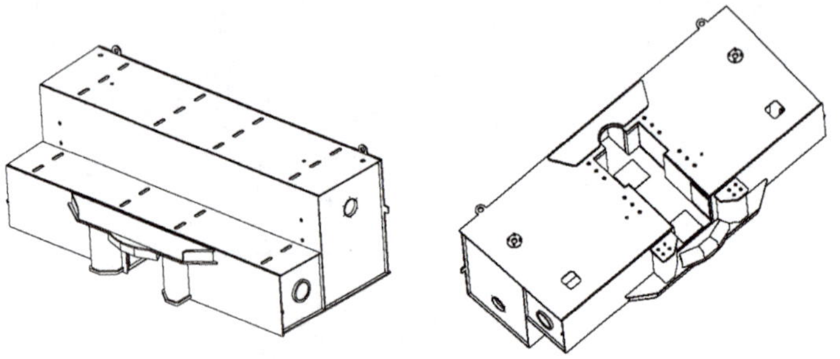

图 2－3　端梁

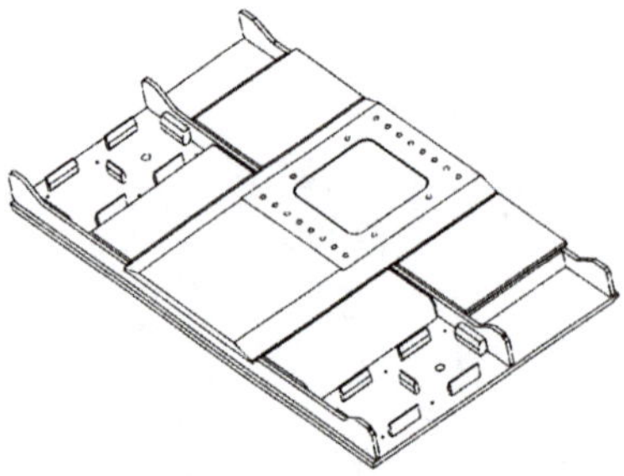

图 2－4　牵引横梁

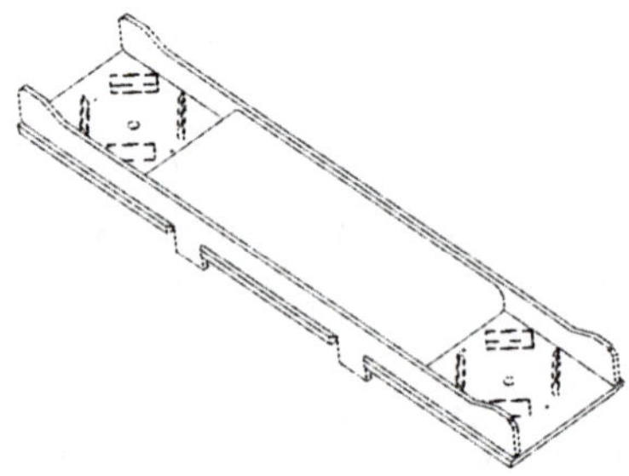

图 2－5　枕梁

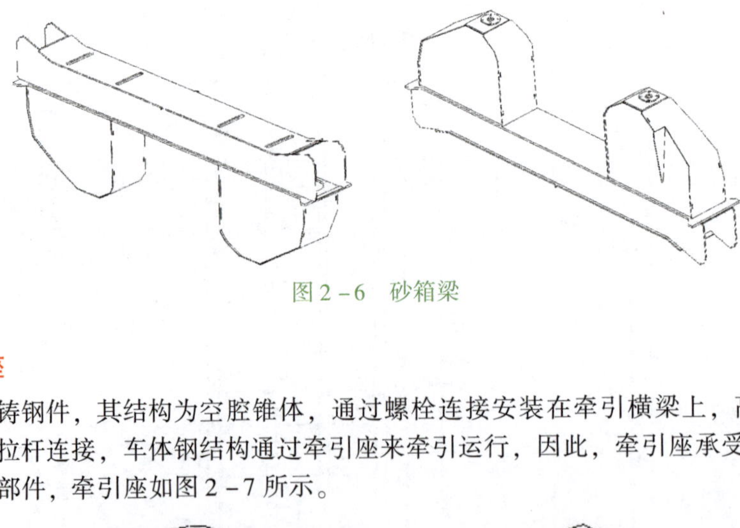

图 2－6　砂箱梁

6. 牵引座

牵引座为铸钢件，其结构为空腔锥体，通过螺栓连接安装在牵引横梁上，高度为 861 mm，牵引座下部与拉杆连接，车体钢结构通过牵引座来牵引运行，因此，牵引座承受着拉力和扭力，是主要的承载部件，牵引座如图 2－7 所示。

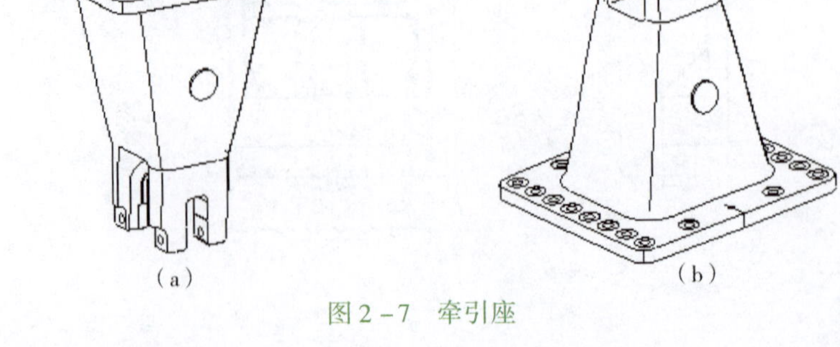

（a）　（b）

图 2－7　牵引座

7. 司机室钢结构

司机室钢结构采用模块化设计，由前墙，左、右侧墙及顶部结构四部分组焊而成。前墙上部向后倾斜 30°，由四根封闭的梁柱组成前窗窗口，用来安装前窗玻璃，下部用一块 8 mm 厚的整板压型蒙皮与前墙的 5 根立柱组焊成一体。左右侧墙的斜度与底架相同，其结构主要由门框立柱与连接司机室前墙的横、斜梁和 4 mm 厚的侧板组成，两侧上弦梁后部设计成与侧墙上弦梁截面形状一致的箱形结构，保证组焊后与侧墙上弦梁完全衔接起来。其前部与司机室前窗上梁采用一块 4 mm 厚的压型三维曲面板平滑过渡连接，在应力较高的门窗孔角处均焊有加强的圆弧板，保证了机车承受纵向压缩或拉伸时力流在整个车体内平稳传递，充分发挥整体承载作用。司机室钢结构如图 2－8 所示。

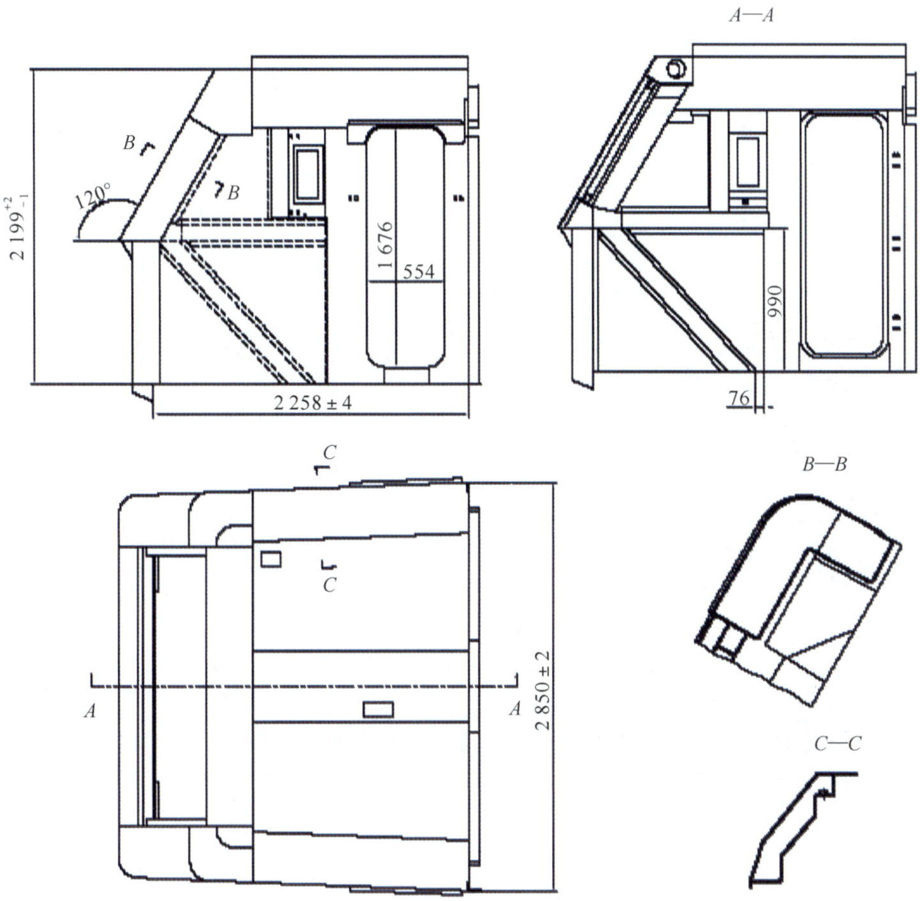

图 2－8　司机室钢结构（单位：mm）

司机室两侧的斜度与底架相同，其后部与底架宽度相同，为 2 850 mm，前墙下部内侧与底架端部平齐，距离司机室后墙为 2 258 mm，顶部距底架上平面 2 199 mm。

车体司机室结构强度符合相关标准要求，结构设计充分考虑安全性、可维修性及人机工程学，并加强了司机室的气密性设计，对主要的长大焊缝都有气密性要求。

2.1.2 HXD_{2B}型电力机车侧墙结构

侧墙结构（简称侧构）是车体钢结构的重要组成部分，主要由侧墙板和车顶侧梁及压型槽钢立柱组焊构成，侧墙结构如图2－9所示。侧构部分总长16 229 mm，高度均为1 950 mm。在侧构上设有车内各种设备的进风口，用于安装过滤器装置，在右侧墙后部还开有专供设备维修使用的维修门舱口。

侧墙板为波纹板，采用3 mm厚的钢板预先压制而成，它既起到封闭机车的功能，又承载着机车所受到的纵向载荷。立柱为120 mm×60 mm×6 mm槽钢。顶侧梁由6 mm厚的钢板折弯成形的内外顶板组焊成一斜向的空腹梁，以增强侧构的承载能力。顶侧梁内部焊有与截面形状一致的隔板，顶部焊有活动螺母座，用于安装、支撑车顶活动顶盖。在内侧面焊有用来连接车内设备及车体连接横梁的固定座。

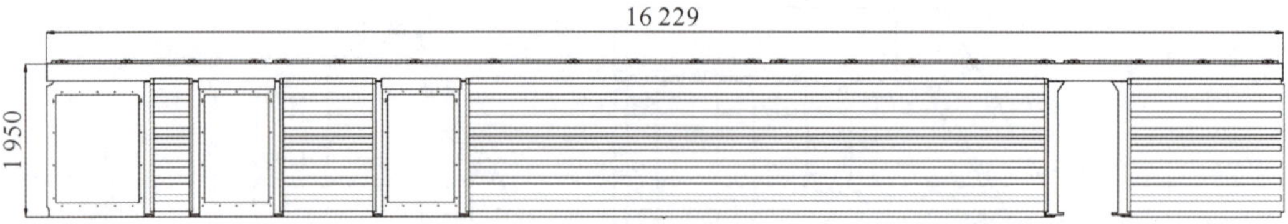

图2－9 侧墙结构（单位：mm）

1. 车顶连接横梁

车顶连接横梁用来将车体侧墙的上部连接起来，同时与车体侧墙顶侧梁共同支撑车顶盖。HXD_{2B}型电力机车车体共有三根车顶连接横梁，为可拆卸结构，横梁两端用螺栓与焊接在侧墙上的支座固定，这样便于车内设备的吊装。三根车顶连接横梁均采用4 mm厚的压型槽钢和封板焊接而成。

2. 排障器

为排除线路上的障碍物，在机车前端安装有排障器。按照GB/T 3317—2006《电力机车通用技术条件》规定，排障器中央底部应能承受相当于137 kN静压力的冲击。排障器的形状应利于排除轨道上的障碍物。HXD_{2B}型电力机车排障器为板式焊接结构。排障器如图2－10所示。其主体为8 mm厚的"L"形压型弯板，中部焊有6mm厚的筋板，在筋板和弯板之间向后倾斜对称焊接两块6 mm厚的三角形翼板。两边焊有工作人员调车用的脚踏板座，中部有各种管子卡座，后部为排障器安装座板。座板上开设能够调整排障器高度的长圆孔。

排障器用8个M16的螺栓安装于底架牵引梁下部。按要求，机车落车后其高度需要调整为距轨面（110±10）mm。

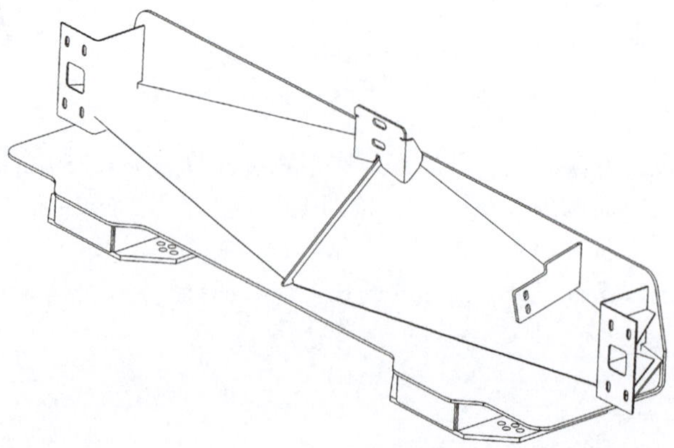
图2－10 排障器

3. 车顶盖装置

HXD_{2B}型电力机车车顶盖装置是机车车体的重要组成部件，每台机车有四个顶盖。车顶盖装置包括位于车内机械间上的顶盖Ⅰ、顶盖Ⅱ和顶盖Ⅲ，其中顶盖Ⅰ每台车两个，位于车体的两端，其余顶盖每台车各一个。顶盖外部顶面上有各种顶部设备的安装支座，其主要作用是能够安全可靠地支撑车顶上安装的所有设备。另外，顶盖上焊接有百叶窗，为车内设备提供清洁冷却空气。顶盖下部四周有密封装置，满足车体密封要求。车顶盖装置如图2-11所示。

车顶盖装置的主要特点如下。

（1）外形尺寸较长，顶盖Ⅰ、顶盖Ⅱ、顶盖Ⅲ的长度分别为2 910 mm、3 796 mm和6 506 mm，顶盖上平面为水平平面，在方便制造的同时，有利于机车顶部设备布置。

（2）采用单层大顶盖结构，主要材料为Q345低合金高强度钢板。

（3）顶盖下部四周镶嵌整体式中空橡胶密封条，保证了车体的密封性能。

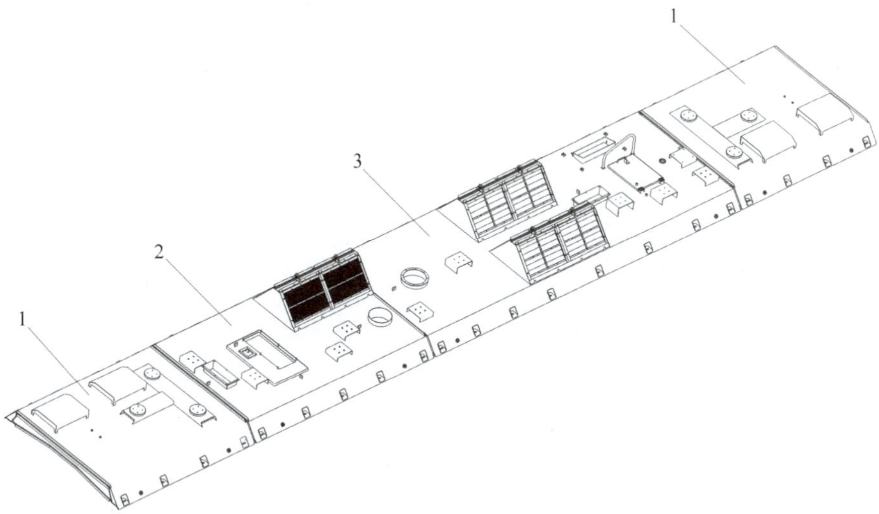

1—顶盖Ⅰ；2—顶盖Ⅱ；3—顶盖Ⅲ。

图2-11　车顶盖装置

任务考核与评价

任务名称	HXD_{2B}型电力机车车体认知		
知识、技能目标点	考核项目	自我评价	教师评价
1. 车体的作用 2. 掌握车体各个部件的结构、名称及安装位置	1. 描述车体的作用（20分）		
	2. 辨识车体各部件（40分）		
	3. 描述各部件的安装位置（40分）		
总分			

任务 2.2　HXD_{3C} 型电力机车车体认知

任务引言

车体结构的设计，一方面要满足机车总体布置的要求，并为乘务人员提供良好的工作环境；更重要的是车体钢结构要具有足够的强度和刚度，确保机车安全可靠。

任务知识点

HXD_{3C} 型电力机车车体的组成。

任务技能要求

辨识 HXD_{3C} 型电力机车车体的组成部件。

核心知识技能

HXD_{3C}型电力机车车体采用框架式整体承载结构，该车由 Q345E 低合金高强度结构钢、09CuPCrNi 耐候钢板和钢板压型件组焊构成，非关键承载部位采用 Q235A 材料。车体总图如图 2－12 所示。

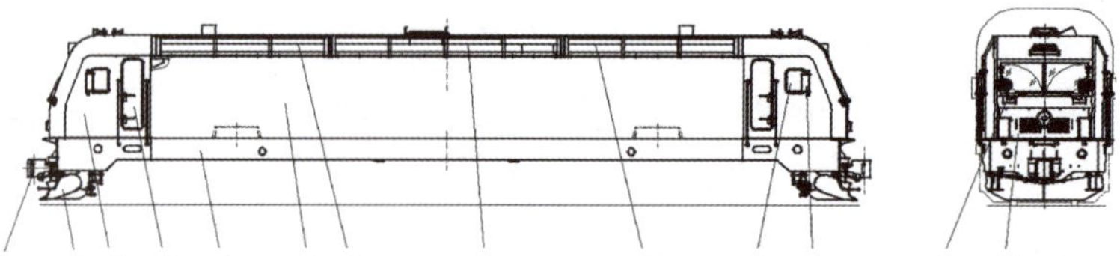

1—车钩；2—排障器；3—司机室；4—车门；5—底架；6—侧墙；
7—Ⅰ END 顶盖；8—中央顶盖；9—Ⅱ END 顶盖；10—侧提窗；11—后视镜；12—刮雨器；13—前罩板。

图 2－12 车体总图

2.2.1 HXD_{3C}型电力机车底架

底架是机车车体的主要承载部件，它不仅承受垂向载荷，而且还传递机车的纵向牵引力及承受各种复杂的运动力，因此 HXD_{3C}型电力机车对底架强度及刚度的要求较高。底架是由前后端牵引梁、旁承梁、变压器梁及边梁等组成的一个整体框架式承载结构，底架由 10、12、16、20 mm 的厚板组成，HXD_{3C}型电力机车底架组焊后应达到如下要求。

（1）车体组焊后，以前、后旁承座中心线为基准，整体挠度 5～8 mm。

（2）侧梁旁弯应小于 6 mm。

（3）前后旁承座中心孔对角线的长度差最大为 4 mm。

（4）车钩和旁承梁的纵向中心线对底架纵向中心线偏差最大为 4 mm。

底架结构如图 2－13。

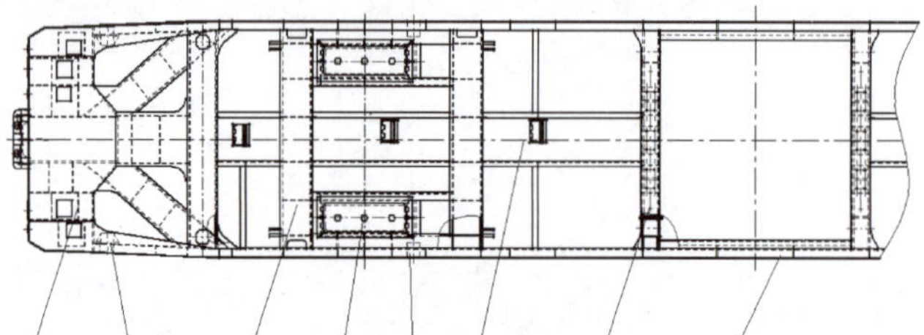

1—端部牵引梁；2—救援吊座；3—旁承梁；4—旁承座；5—吊车筒；
6—中梁；7—变压器梁；8—边梁。

图 2－13 底架结构

底架技术参数如下。

底架长度：	19 630 mm
底架宽度：	3 100 mm
两旁承座中心距：	10 520 mm
底架上平面距轨面高度：	1 600 mm
车钩安装中心线距轨面高：	880 mm
底架总重：	21 595 kg

2.2.2　HXD_{3C}型电力机车司机室钢结构

HXD_{3C}型电力机车Ⅰ、Ⅱ端司机室钢结构完全相同，司机室侧墙与顶棚和前脸交汇处采用大倒角形式。司机室顶棚前部有头灯安装箱；司机室前脸为内凹式，前窗下方外板为20 mm厚板，空调安装在内凹腔的空调墙上，凹腔外侧安装有前罩板。司机室侧墙蒙皮采用 10 mm 厚的 Q345E 钢板，顶棚和前窗框蒙皮均为 4 mm。在外板和蒙皮内侧，采用压型槽钢或方管等组成司机室钢结构框架。司机室钢结构如图 2－14 所示。

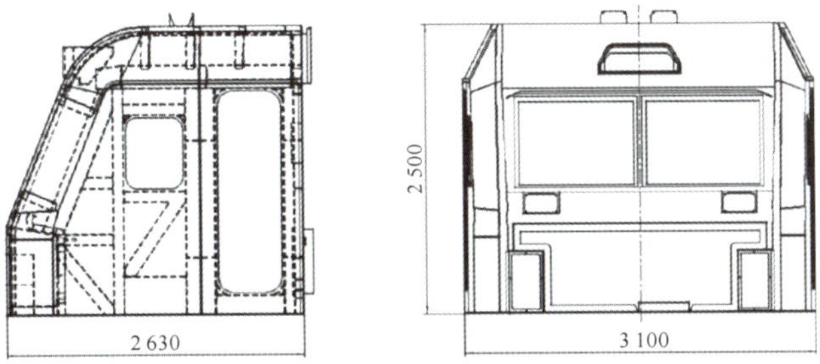

图 2－14　司机室钢结构（单位：mm）

司机室钢结构技术参数如下。

底架长度：	19 630 mm
底架宽度：	3 100 mm
两旁承座中心距：	10 520 mm
底架上平面距轨面高度：	1 600 mm
车钩安装中心线距轨面高：	880 mm
底架总重：	21 595 kg

侧墙左右相同，结构设计上采用网格结构。侧墙骨架由纵横交错的方管组成，方管尺寸为 120 mm × 75 mm × 6 mm。侧墙两端与Ⅰ、Ⅱ端司机室骨架连接，下方与底架边梁对接。侧墙蒙皮采用3 mm厚的 09CuPCrNi 钢板。

2.2.3　HXD_{3C}型电力机车顶盖

在车体上部设置了两根活动横梁，横跨在两侧墙之上，其将车顶分成三部分，分别形成顶盖Ⅰ、顶盖Ⅱ和顶盖Ⅲ。在顶盖Ⅰ和顶盖Ⅲ上有受电弓安装座、避雷器安装座等。在顶盖Ⅱ上设有活动天窗，通过车内人孔梯上车顶对顶盖设备进行检修维护。顶盖结构为夹层形式，中间夹层与左右侧面进风口形成通风道，进风口处配有百叶窗。顶盖上表面涂有防滑层。

2.2.4　HXD_{3C}型电力机车排障器

排障器安装在机车车体前端下部，它主要用于排除机车运行前方的障碍物，对机车的安全运行起保护作用。排障器为可拆卸结构，采用 12 个 M30 的螺栓悬挂在底架端部下方。排障器与轨面距离可随轮缘磨耗进行调整。排障器外形结构图如图 2－15。

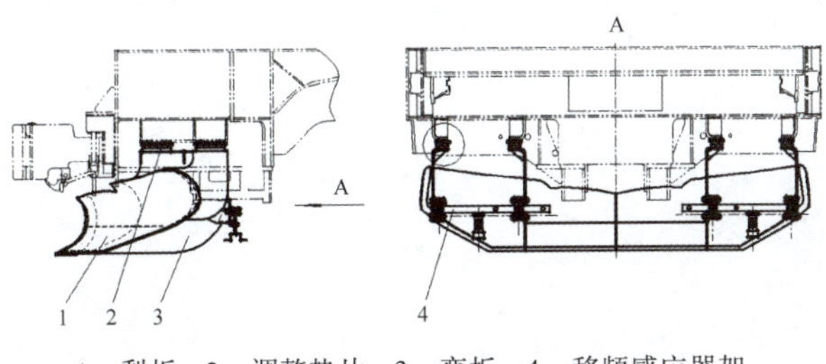

1—犁板；2—调整垫片；3—弯板；4—移频感应器架。

图 2－15　排障器外形结构图

任务考核与评价

任务名称	HXD_{3C}型电力机车车体认知		
知识、技能目标点	考核项目	自我评价	教师评价
1. HXD_{3C}型电力机车车体的结构 2. HXD_{3C}型电力机车车体主要尺寸	1. 辨识车体结构（60分）		
	2. 描述车体主要尺寸（40分）		
总分			

任务 2.3　HXD_{2B} 型电力机车设备布置认知

任务引言

电力机车的设备布置是指将机车上各种屏柜及部件进行合理布置，具体分为车体内设备布置和车体外设备布置。设备布置应满足安全可靠、便于运用、检修，不危及人身安全，并能充分利用车体内、外空间的要求。

HXD_{2B} 型电力机车的设备布置是按照标准化、模块化的设计理念和上述设备布置总体要求，结合国内机车设备的外形特点确定的。

任务知识点

1. 机车设备布置原则。
2. 机车设备布置具体方案。

任务技能要求

1. 掌握机车设备布置原则。
2. 描述机车设备布置具体方案。

核心知识技能

2.3.1 机车设备布置原则

1. 重量分配均匀

机车轴重分布均匀，才能充分发挥机车的最大牵引力，因此，成对的设备采用两端对称或斜对称布置。

2. 安装和维修方便

设备应尽量采用标准化、模块化的设计原则进行设计和布置，以便于车下组装和车上吊装，做到结构紧凑，易于接近，维护方便。特别是在运用过程中需要经常使用的设备，应该留有足够的作业空间。

3. 安全性

凡危及人身安全的设备，例如高压设备，要有相关的防护措施及警示标志。不耐热的设备和器件，应远离热源或与热源隔离。

4. 经济性

设备布置应充分利用空间以缩短车体长度，按电路和管路走向布置相应设备，电缆、母线、风管、风道尽可能集约化设计，以简化施工，节约用料。

5. 舒适性

对于司机室设备布置，在设计上应符合美学设计和人机工程的要求，人机之间的作业范围合适，操作方便，视线角度合理，有良好的瞭望和采光条件，易于正确观察显示屏、仪器、仪表及信号灯。要留出必要的工作和生活空间，尽量减少司机室噪声。对于某些部件须兼顾机车维修时检修人员的操作舒适性。

HXD_{2B}型电力机车为六轴货运机车，在机车的两端各设有一个司机室，两个司机室的中间为机械间。在机械间内设有 700 mm 宽的中央通道，在通道左右两侧设有机车牵引传动系统、辅助传动系统、空气制动系统、通风系统集成的模块等设备。在车体下设有两台三轴的转向架及主变压器，在顶盖上设有高压电器。车内设备布置以平面斜对称布置为主，设备成套安装，有利于机车的重量分配、检修和部件的互换。

从结构上分，机车设备布置大致可分为司机室设备布置、机械间设备布置、车顶设备布置、车端设备布置和车下设备布置等部分。HXD_{2B}型电力机车设备布置图如图 2 – 16 所示。

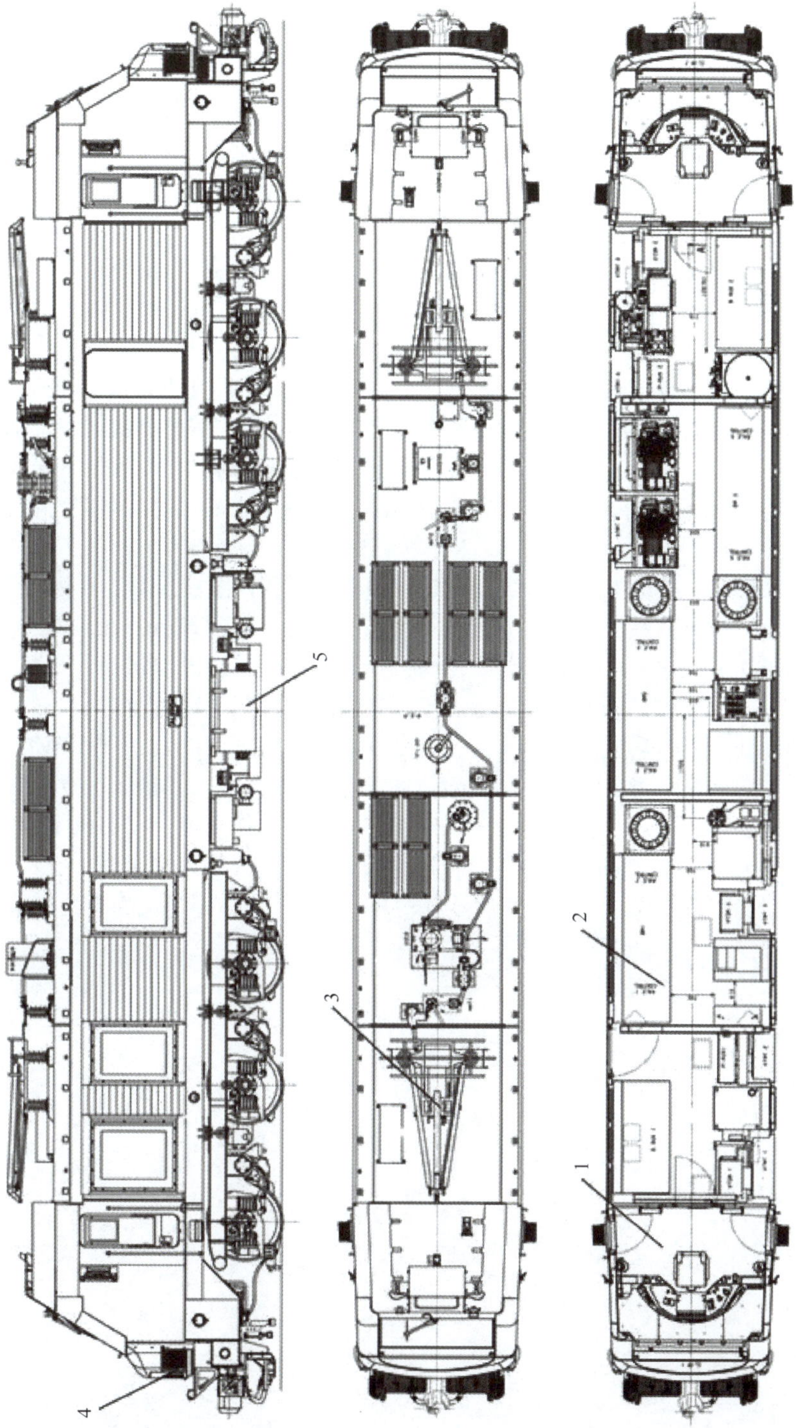

图2-16　HXD_{2B}型电力机车设备布置图

1—司机室设备布置；2—机械间设备布置；3—车顶设备布置；4—车端设备布置；5—车下设备布置。

2.3.2 HXD_{2B}型电力机车设备布置特点

HXD_{2B}型电力机车设备布置的特点是：轴列式为 C_0—C_0，车内设备沿宽度约700 mm 的中间走廊两侧斜对称布置，主变压器为下悬式安装，其技术的先进性、成熟性，具体体现在以下几个方面。

（1）机车最重的设备——主变压器安装在机车中部车下，在降低了机车重心的同时有利于机车重心的位置调整，为合理进行轴重分配和机车牵引力的充分发挥奠定了基础。

（2）主变压器油散热器与变压器集成于一体，最大限度地减少了油路泄漏，简化了管路布置。变压器储油柜与变压器用油管连接在一起，布置在车内，合理地利用了机车的空间，方便了安装。

（3）变流变压通风系统采用串联风路，牵引变流柜的水散热器与牵引变流柜集成为一体，冷却风机冷却水散热器后再冷却油散热器。此系统在国际及国内均属首创，其先进性体现在能合理地利用空间，缩短油路、水路走向，减少泄漏。

（4）机车设有维修门，变流柜模块的检修与维护能够保证在不拆卸机车顶盖的情况下进行。

（5）机车机械间内布管和布线采用先进的预布式中央管排、中央线槽和侧墙顶部线槽方式，中央管排和中央线槽安装在中央走道下，控制电路线槽位于侧墙顶部，美观且便于安装和维护。主回路的电缆和辅助回路的电缆安装在不同的线槽内，使主回路电缆与辅助回路电缆互相不受干扰，保证了可靠性。

机车通风系统采用独立通风方式，牵引变流柜、辅助变流柜、主变压器、牵引电动机等均采用独立通风进行冷却。为了保证机械间的正压和清洁，设有机械间风机，在过隧道时，控制回路会自动关断机械间风机，一旦机械间温度过高，控制回路会强迫开启机械间风机。辅助变流柜从机械间取风，通过风道从车顶排出。在风道内设有一个开闭装置，在春、夏、秋季时，打开开闭装置使辅助变流柜的热量散发到车外，在冬季时，关闭开闭装置，利用辅助变流柜的热量给机械间供热。压缩机采用车内循环方式。

为了给司乘人员提供一个方便、安全的操纵条件和舒适的工作环境，在司机室的设计上除符合单司机值乘外又要求人机之间的作业范围合适，操纵方便，视线角度合理，有良好的瞭望和采光条件，容易正确观察仪表、显示屏、信号灯、开关的指示，并尽量使噪声源远离司机室。

2.3.3　HXD_{2B}型电力机车司机室设备布置

HXD_{2B}型电力机车司机室内设备的布置，满足单司机值乘和人机工程学的要求，各种操纵、监控设备布置合理，为司乘人员提供了舒适的工作环境。司机室设备布置如图 2－17 所示。

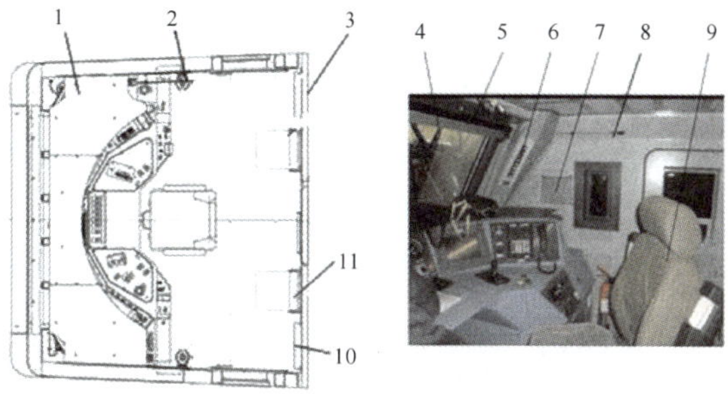

1—操纵台；2—灭火器；3—司机室后墙；4—刮雨器；5—遮阳帘；6—八显灯；7—网兜；8—刮雨器紧急操纵杆；9—司机座椅；10—电加热器（预选项）；11—添乘座椅。

图 2－17　司机室设备布置

为了便于夜间作业，在司机室入口门附近设有室内照明控制按钮（带灯），它由蓄电池直接供电。

司机操纵台上的设备环绕司机座椅布置，符合单司机值乘的要求。从结构方面划分，操纵台主要由控制台和箱体两部分组成，整体采用碳钢材料，操纵台的盖板为玻璃钢材料。从功能方面划分，操纵台主要由控制模块面板、左控制面板、右控制面板、辅助控制面板、操纵台箱体等组成。在司机座椅的 360°空间范围内都设置有空调通风口，为司乘人员提供了一个舒适的工作环境。

人机界面功能区域划分清晰、合理。操纵台上的设备主要包括主司机控制器、制动控制器、两个计算机显示屏、速度表、压力表及其他整备控制开关（如受电弓、主断、司机室控制等）。操纵台上还设有无线通信装置及监控显示屏、重联电话等设备。司机操纵台布置如图 2－18 所示。

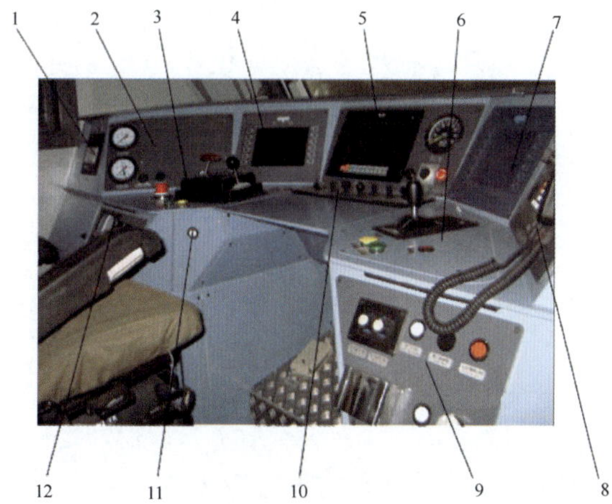

1—打印机和扬声器；2—模块 1；3—左侧控制面板；4—主显示屏；5—模块 3；6—辅助显示屏；7—右侧控制面板；8—模块 5；9—右控制模块；10—辅助模块；11—记点灯按钮；12—左控制模块。

图 2－18　司机操纵台布置

1. 控制模块面板

控制模块面板由模块 1、主显示屏、模块 3、辅助显示屏、模块 5 组成。

模块 1 为机车制动系统的操纵界面，安装有两块双针压力表、LOCOTROL 显示屏（预留）、中立开关、中立指示灯和制动隔离指示灯。

压力表用于显示机车总风管、列车管和制动缸的压力。总风管 - 列车管压力表量程为 0 ~ 1 600 kPa，红针指示总风管，黑针指示列车管；制动缸压力表量程为 0 ~ 1 000 kPa，红针指示制动缸 1 压力，黑针指示制动缸 2 压力。模块 1 如图 2 - 19 所示。

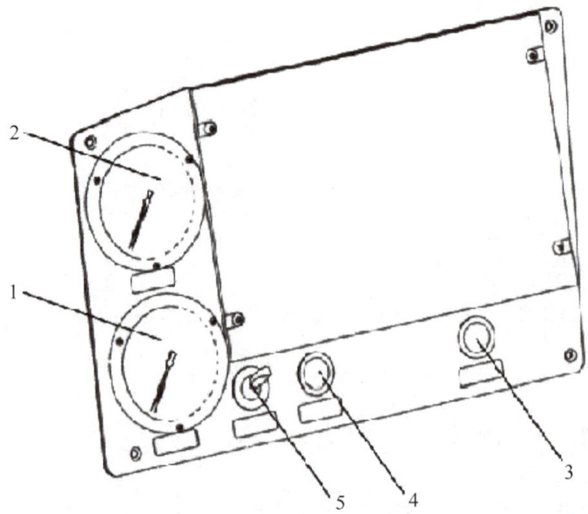

1—总风管 - 列车管压力表；2—制动缸压力表；3—制动隔离指示灯；4—中立指示灯；5—中立开关。

图 2 - 19 模块 1

模块 3 为机车行车安全系统的操纵界面，安装有 LKJ2000 监控显示屏、双针速度表（规格 160 km/h）、屏幕转换开关、备用速度开关、电控紧急制动按钮。模块 3 如图 2 - 20 所示。

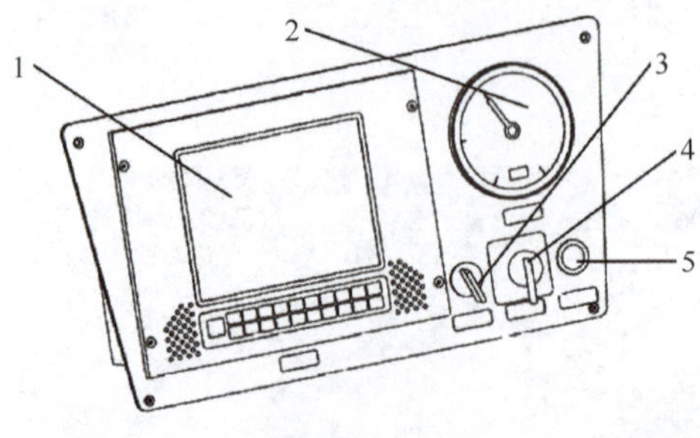

1—LKJ2000 监控显示屏；2—双针速度表；3—屏幕转换开关；4—备用速度开关；5—电控紧急制动按钮。

图 2 - 20 模块 3

模块 5 是机车的一些辅助功能操纵界面，安装有显示屏启动按钮、刮雨器开关、雨刷喷水按钮、LCIR - M 显示屏和通话手柄。模块 5 如图 2 - 21 所示。

主显示屏用于显示牵引界面，辅助显示屏用于显示故障及维护界面。主显示屏主要是通过图形化显示界面来实现人机交互功能。当其中一个显示屏故障时，另外一个显示屏将会投入使用。

2. 左控制模块

左控制模块安装有重联电话、仪表灯控制旋钮、走廊灯开关和底架灯照明按钮。左控制模块如图 2 - 22 所示。

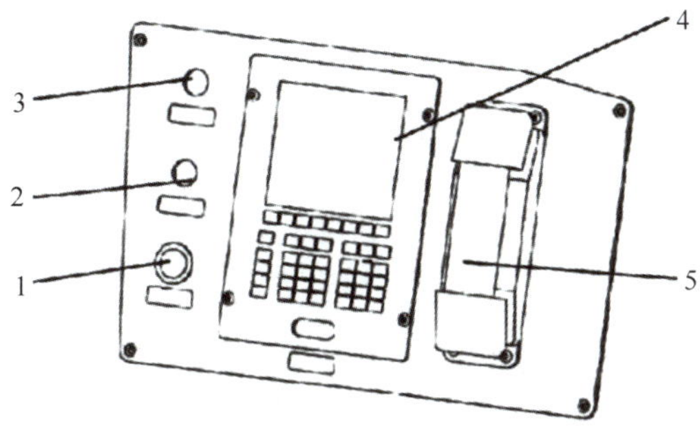

1—显示屏启动按钮；2—刮雨器开关；3—雨刷喷水按钮；4—LCIR－M 显示屏；5—通话手柄。

图 2－21　模块 5

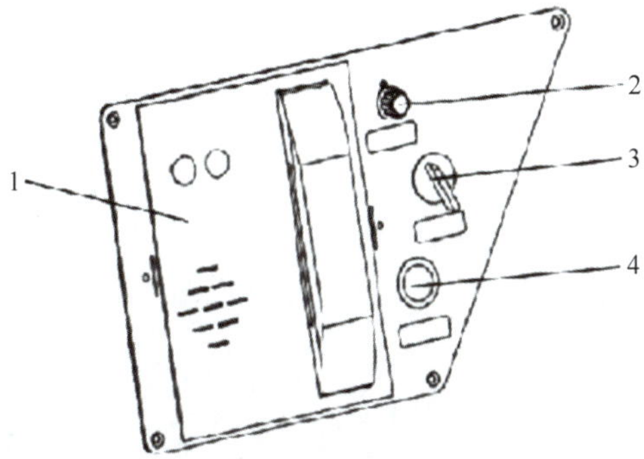

1—重联电话；2—仪表灯控制旋钮；3—走廊灯开关；4—底架灯照明按钮。

图 2－22　左控制模块

3. 右控制模块

右控制模块安装有空调控制旋钮、空调启动按钮、火灾报警确认按钮、操纵台开关、非操纵端指示灯和烟灰缸等。右控制模块如图 2－23 所示。

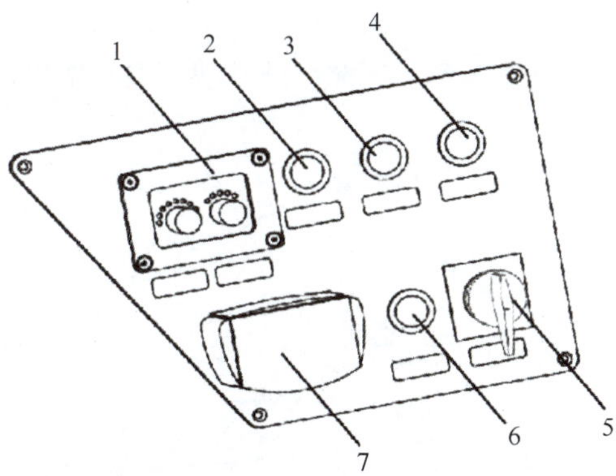

1—空调控制旋钮；2—空调启动按钮；3—火灾报警确认按钮；4—除霜按钮；
5—操纵台开关；6—非操纵端指示灯；7—烟灰缸。

图 2－23　右控制模块

4. 操纵台面板

操纵台面板主要由左侧控制面板、辅助控制模块和右侧控制面板组成。

左侧控制面板安装有紧急按钮、制动控制器、停车制动缓解按钮、停车制动按钮、无人警惕按钮及高音风笛按钮。左侧控制面板如图 2－24 示。

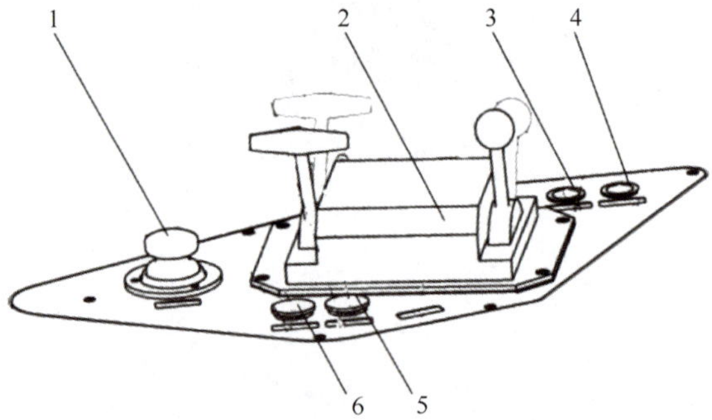

1—紧急按钮；2—制动控制器；3—停车制动缓解按钮；4—停车制动按钮；5—无人警惕按钮；6—高音风笛按钮。

图 2－24 左侧控制面板

辅助控制模块安装有主断路器扳键开关、受电弓扳键开关、压缩机扳键开关、前照灯扳键开关、辅照灯扳键开关、标志灯扳键开关和司机室灯扳键开关。辅助控制模块如图 2－25 所示。

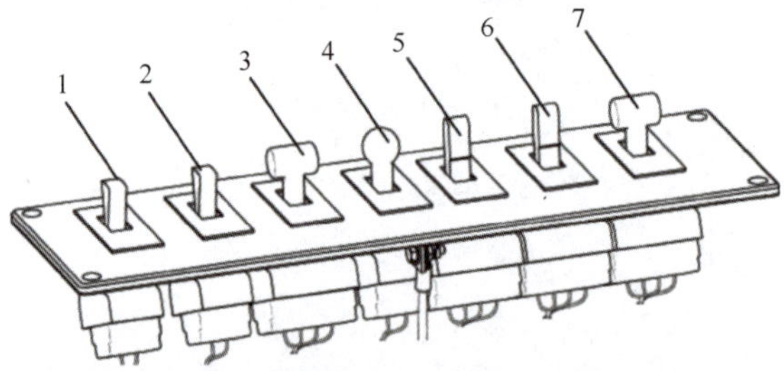

1—主断路器扳键开关；2—受电弓扳键开关；3—压缩机扳键开关；4—前照灯扳键开关；
5—辅照灯扳键开关；6—标志灯扳键开关；7—司机室灯扳键开关。

图 2－25 辅助控制模块

右侧控制面板安装有主司机控制器、撒砂切除按钮、高音风笛按钮和无人警惕按钮。右侧控制面板如图 2－26 所示。

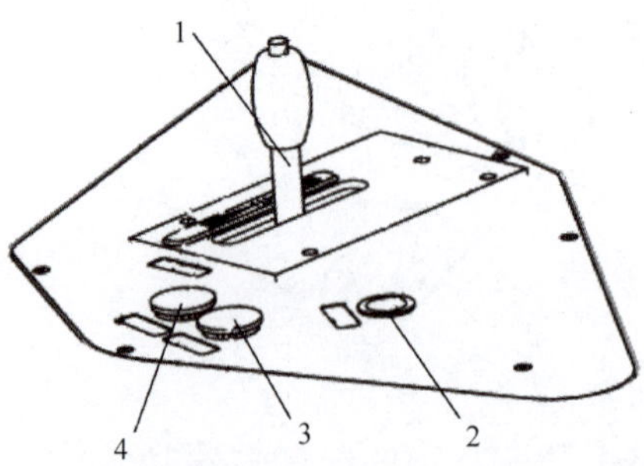

1—主司机控制器；2—撒砂切除按钮；3—高音风笛按钮；4—无人警惕按钮。

图 2－26 右侧控制面板

5. 操纵台箱体

操纵台箱体内部主要安装了空调控制箱、文件箱、制动系统阀板、空调通风管路、脚踏开关、端子排及状态显示屏 CPU 主机等。操纵台箱体如图 2－27 所示。

1—空调控制箱；2—文件箱；3—制动系统阀板；4—空调通风管路；
5—脚踏开关；6—端子排；7—状态显示屏 CPU 主机。

图 2－27　操纵台箱体

2.3.4　HXD_{2B}型电力机车机械间设备布置

机械间设备按功能斜对称均衡布置，机械间设备具体布置如图 2－28 所示。

在每节机车的机械间内设有 700 mm 宽的中间通道，在通道左右两侧布置有：牵引变流柜、牵引通风机、机械间通风机、辅助变流箱、系统柜、安全设备柜、工具柜、通用柜、制动柜、风源柜、一号气动柜、二号气动柜、无线电台柜、卫生间等。在机械间还放置了供司机使用的折叠床和生活设备（冰箱和微波炉）。

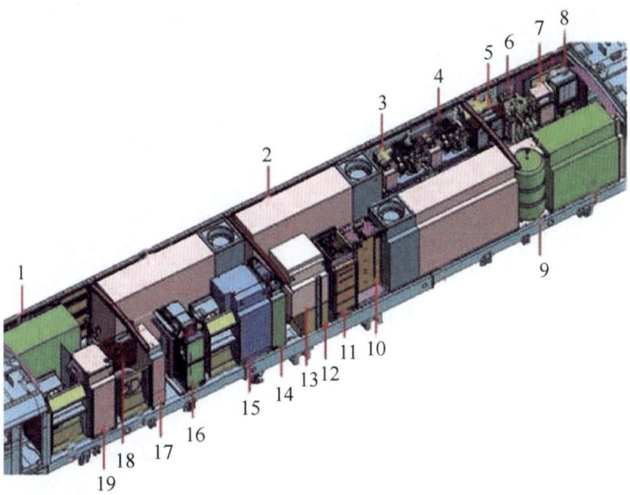

1—辅助变流柜；2—牵引变流柜（一、二、三）；3—牵引通风机（1～6）；4—风源柜；5—辅助变流箱一；
6—一号气动柜；7—生活设备（冰箱和微波炉）；8—机械间通风机；9—二号气动柜；10—无线电台柜；11—通用柜；
12—配重块；13—制动柜；14—储油箱；15—卫生间；16—系统柜；17—工具柜；18—辅助变流箱二；19—安全设备柜。

图 2－28　机械间设备具体布置

2.3.5 HXD_{2B}型电力机车车顶设备布置

1. 概述

每台机车设有四个顶盖，第一、第四顶盖设备布置完全相同。机车顶盖布置如图 2 - 29 所示。

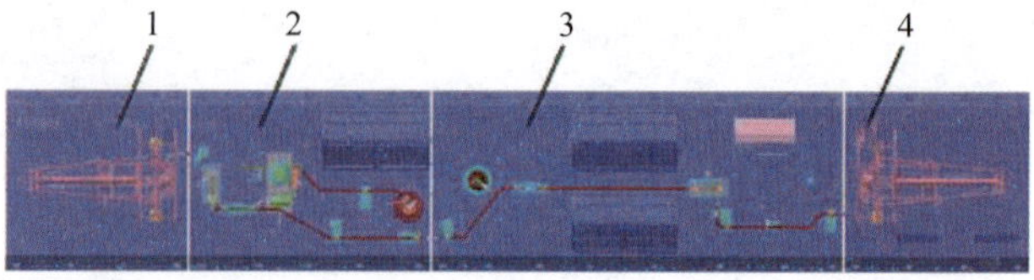

1—第一顶盖；2—第二顶盖；3—第三顶盖；2—第四顶盖。

图 2 - 29 机车顶盖布置

车顶设有高压设备及支持绝缘子，这些高压设备不但能满足机车电气性能要求并具有足够的绝缘强度，而且能承受风、沙、雨、雪侵袭及污染的危害。

2. 第一顶盖设备布置

第一顶盖的上面装有受电弓、支持绝缘子，下面除装有机械间照明灯、受电弓升弓阀板外，还安装有顶盖上设备的线路和控制管路。第一顶盖设备布置如图 2 - 30 所示。

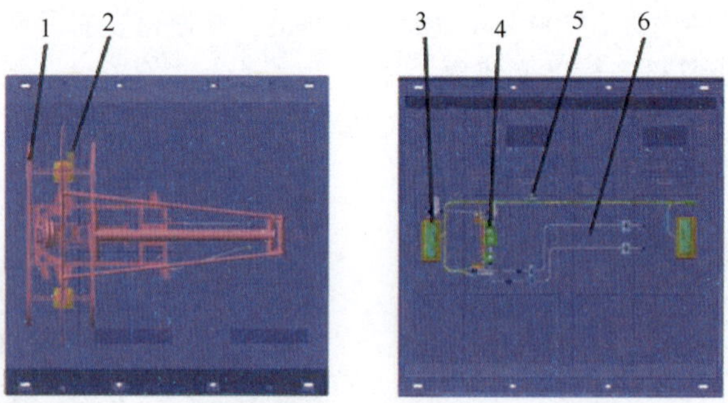

1—受电弓；2—支持绝缘子；3—机械间照明灯；4—受电弓升弓阀板；
5—第一顶盖下布线；6—第一顶盖下控制管路。

图 2 - 30 第一顶盖设备布置（左为顶盖外侧，右为顶盖内侧）

3. 第二顶盖设备布置

第二顶盖的上面装有主断路器、接地开关、避雷器、支持绝缘子、高压隔离开关、母线，下面除装有机械间照明灯外，还安装有顶盖上设备的线路和控制管路。第二顶盖设备布置如图 2－31 所示。

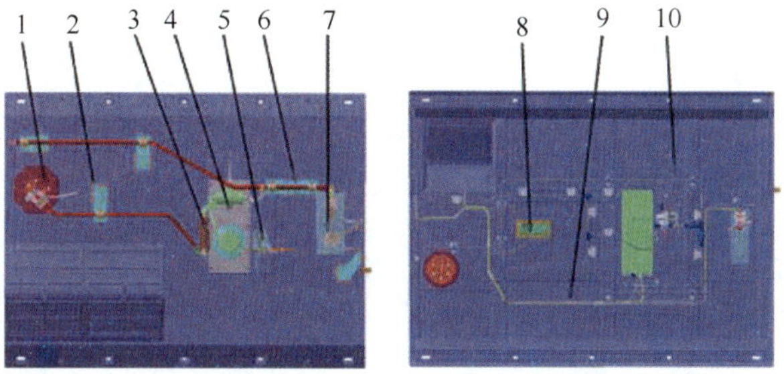

1—穿墙套管；2—支持绝缘子；3—避雷器；4—主断路器；5—接地开关；6—母线；
7—高压隔离开关；8—机械间照明灯；9—第二顶盖下布线；10—第二顶盖下控制管路。

图 2－31　第二顶盖设备布置（左为顶盖上，右为顶盖下）

4. 第三顶盖设备布置

第三顶盖的上面装有高压电压互感器、高压隔离开关、车顶入口门及其接地装置、母线、高压报警器天线、支持绝缘子，下面装机械间照明灯、登顶梯、高压报警器、伸缩杆、顶盖上设备的线路和控制管路等。第三顶盖设备布置如图 2－32 所示。

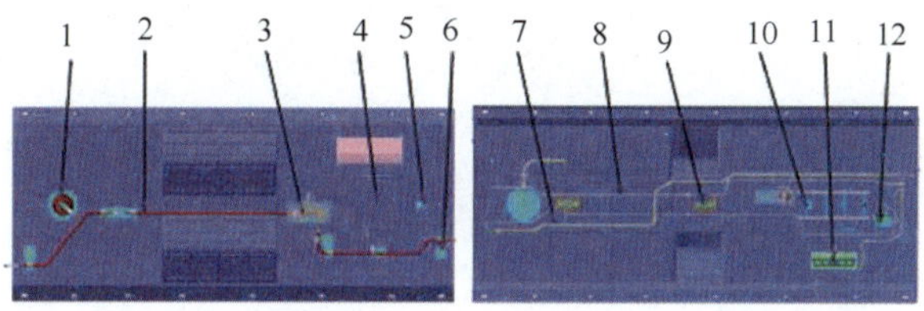

1—高压电压互感器；2—母线；3—高压隔离开关；4—车顶入口门及其接地装置；5—高压报警器天线；
6—支持绝缘子；7—第三顶盖下布线；8—第三顶盖下控制管路；9—机械间照明灯；10—登顶梯；
11—伸缩杆；12—高压报警器。

图 2－32　第三顶盖设备布置（左为顶盖上，右为顶盖下）

2.3.6 HXD_{2B}型电力机车车下及车端设备布置

1. 概述

车下设备主要有转向架、蓄电池柜、主变压器、复轨器箱、库用变压器、380 V 库用插座、底架照明灯等；车端设备主要有司机室空调、前照灯、副前灯及标志灯等。车下设备布置图如图 2－33 所示。

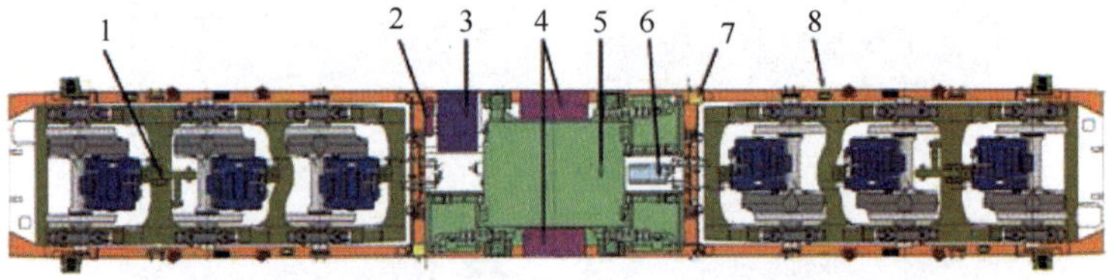

1—转向架；2—卫生间管；3—复轨器箱；4—蓄电池柜；5—主变压器；
6—库用变压器；7—380 V 库用插座；8—底架照明灯。

图 2－33 车下设备布置图

2. 蓄电池柜

1）概述

每节机车有两个蓄电池柜，蓄电池柜一和蓄电池柜二串联起来为机车升弓，以及升弓前的机车用电如照明、通风、控制、信号等提供稳定的 110 V 直流电源。以下是蓄电池组的电压参数。

系统额定电压：　110 V

蓄电池组的最低电压：　77 V

蓄电池组的最高电压：　137.5 V

下面分别介绍蓄电池柜一和蓄电池柜二。

2）蓄电池柜一

如图 2－34 所示，蓄电池柜一分为两部分，左边部分装有蓄电池组及温度传感器，蓄电池组是由 20 节 DM－170 阀控式密封铅酸蓄电池串联而成，温度传感器紧贴蓄电池安装，这样就可以准确地检测到蓄电池的温度，并把数据传输到辅助控制单元，有效地控制充电电流，达到保护蓄电池的目的。右边部分装有蓄电池控制单元的隔离开关、熔断器、电阻、自动开关（蓄电池柜一右边部分如图 2－35 所示）等，隔离开关和 160 A 熔断器是对与充电机相连的充电回路及蓄电池供电回路起隔离及电流保护作用的；110 V 插座实现库内充电功能，而与之相接的 50 A熔断器则对线路起保护作用；电阻、自动开关、过压吸收器构成了接地保护电路。

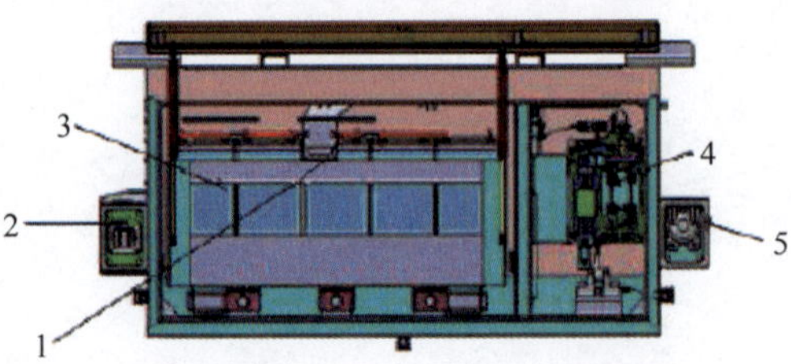

1—温度传感器；2—行灯插座；3—蓄电池组；4—控制单元；5—充电插座。

图 2－34 蓄电池柜一

3）蓄电池柜二

如图 2－36 所示，蓄电池柜二是由 28 节 DM－170 阀控式密封铅酸蓄电池串联而成，与蓄电池柜一的 20 节蓄电池串联共同为机车提供 110 V 直流电源。

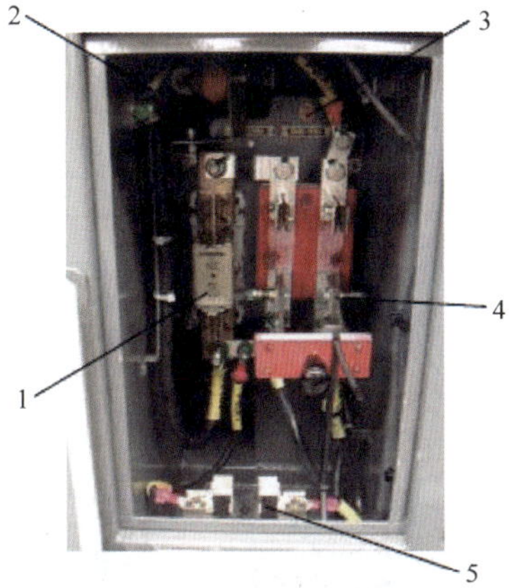

1—160 A 熔断器；2—电阻；3—自动开关；4—隔离开关；5—50 A 熔断器。

图 2－35　蓄电池柜一右边部分

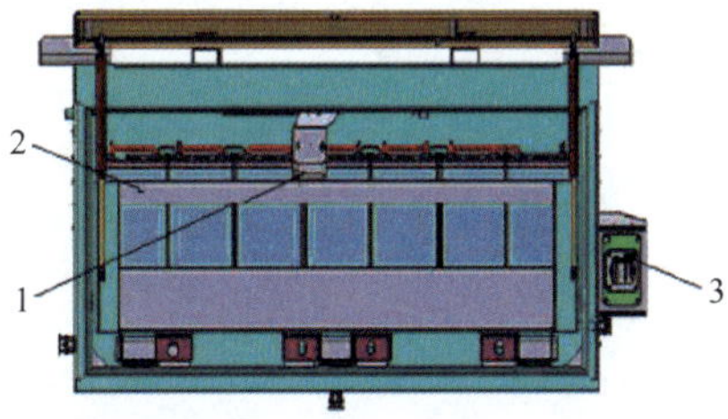

1—温度传感器；2—蓄电池组；3—行灯插座。

图 2－36　蓄电池柜二

4）结构

蓄电池柜一、蓄电池柜二柜体的骨架外形尺寸相同，为长方体结构，长×宽×高均为 1 330 mm×480 mm×680 mm（不包括吊装结构）。蓄电池柜一骨架重量：102 kg；蓄电池柜二骨架重量：123 kg。

受机车限界及空间结构的限制，蓄电池柜柜体呈不规则的形状。如图 2－37 所示，蓄电池柜二柜体主要由底板组装、左右侧板组装、顶板组装、左右吊耳、左右立板组装、后板组装及门组装等几部分焊接而成，与直流车屏柜柜体不同的是蓄电池柜二柜体没有用立柱支撑。柜体通过左右吊耳固定到机车上，内装蓄电池组，强度要求很高，所以底板采用折弯及内外增加加强筋两种方式处理、左右侧板内焊立板而成，受力较大的部分全部采用满焊处理。蓄电池柜二柜门主要是通过位于柜门左侧、右侧和下方的三把锁进行锁固，柜门采用液压支撑杆来撑开，便于检修人员进行日常检修、维护工作。检修人员只需将锁打开，拉起柜门即可进行检修作业。

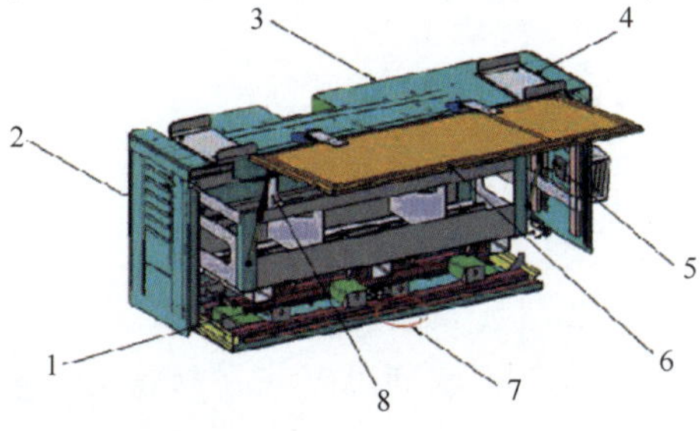

1—底板组装；2—左侧板组装；3—顶板组装；4—吊耳；5—右侧板组装；6—柜门；7—锁；8—支撑杆。

图 2－37　蓄电池柜二柜体

3. 复轨器箱

1）概述

机车配置有两个复轨器和一个复轨器工具箱，供机车脱轨时使用。这些工具安放在复轨器箱内，吊装在车体下部。

2）复轨器箱结构

复轨器箱体由薄钢板压型组焊而成。复轨器箱结构如图 2－38 所示。

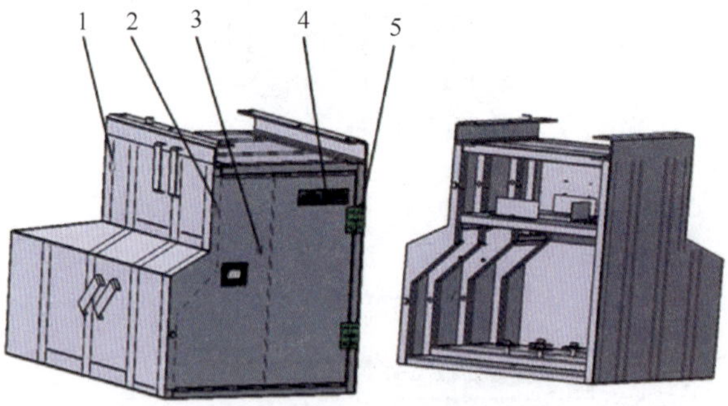

1—箱体；2—锁门螺栓；3—门；4—标牌；5—合页。

图 2－38　复轨器箱结构

3）复轨器箱设备布置

复轨器箱主要放置复轨器、复轨器工具箱。复轨器箱柜内布置如图 2－39 所示。

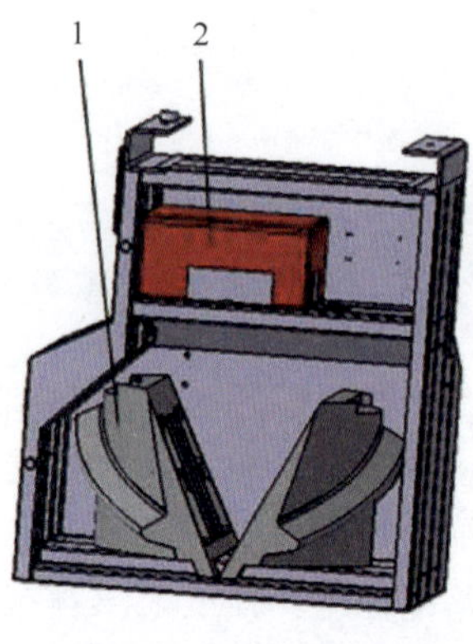

1—复轨器；2—复轨器工具箱。

图 2－39　复轨器箱柜内布置

4. 380 V 变压器箱

1）380 V 变压器箱结构

箱体由薄钢板压型组焊而成。380 V 变压器箱箱体结构如图 2－40 所示。

2）380 V 变压器箱设备布置

380 V 变压器箱内部设备布置如图 2－41 所示。

库用变压器的功能是将地面的三相 AC 380 V 电源转换为三相 AC 693 V，提供库内动车电源。

图2-40　380 V变压器箱箱体结构

1—库用变压器。

图2-41　380 V变压器箱内部设备布置

5. 司机室空调

为改善司机室的气候条件，调节司机室的温度和湿度，提高司机室的舒适度，HXD_{2B}型电力机车在司机室前端安装了空调机组，该空调机组安装于司机室外机车前端，打开机车前端导流罩即可进行检修维护。空调机组在机车上的安装位置如图2-42所示。

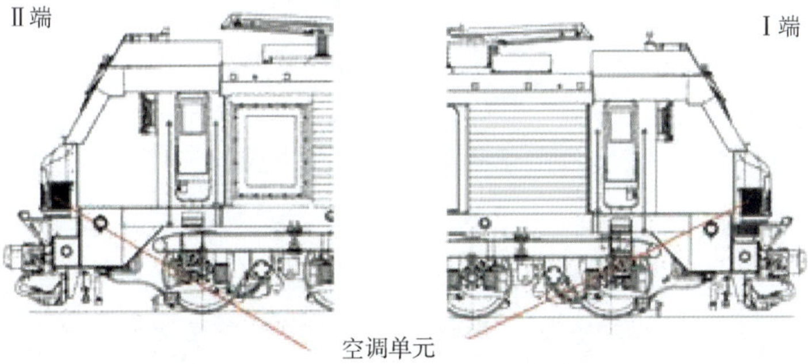

图2-42　空调机组在机车上的安装位置

2.3.7 HXD_{2B}型电力机车各类灯具

1. 前照灯

HXD_{2B}型电力机车前照灯安装于机车两端司机室的顶部，是以卤钨灯为光源，配以短焦距抛物面反光镜，为机车安全行驶提供必要的照明。前照灯安装位置如图 2－43 所示。

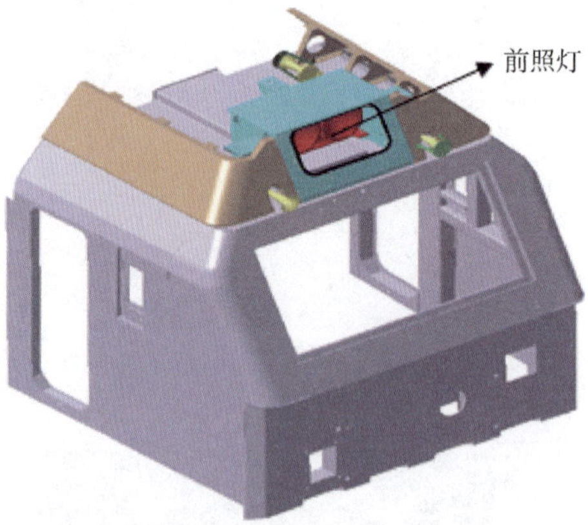

图 2－43 前照灯安装位置

前照灯外形如图 2－44 所示；前照灯结构分解如图 2－45 所示。

图 2－44 前照灯外形

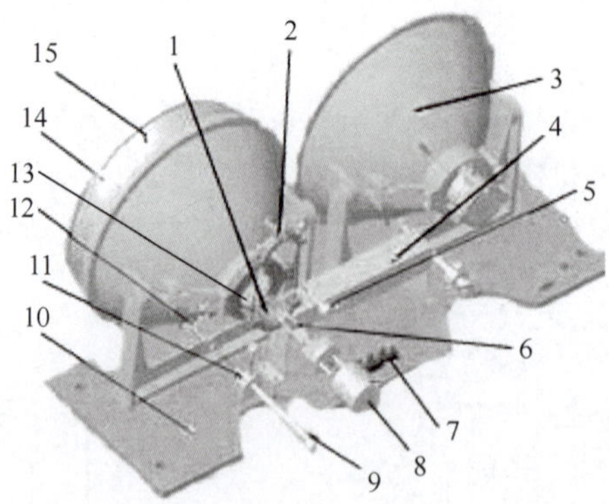

1—后腔体；2—灯座压圈；3—灯体；4—减光电阻组件；5—螺栓；6—灯泡；7—M6 接线柱；8—灯座；9—调整杆；10—底板；11—调整杆护套；12—调整杆附件；13—俯仰调节弹簧；14—反光镜压圈；15—反光镜。

图 2－45 前照灯结构分解

前照灯主要技术参数如下。

光源： 卤钨灯

灯泡平均寿命：　　　　　不小于 700 h
反光镜：　　　　　　　　ϕ297 mm
反光镜平均寿命：　　　　不小于 2.5 年
额定工作电压：　　　　　DC 24 V
电压适应范围：　　　　　22 ~ 28 V
输入功率：　　　　　　　450 W
负载功率：　　　　　　　400 W

前照灯在强、弱光两种工况下的功率如下。

强光工况：　　　　　　　额定功率≤400 W
弱光工况：　　　　　　　额定功率≤240 W

2. 底架照明灯

底架照明灯安装在机车底架下部，为检查、修理底架下部设备提供照明。底架照明灯外形如图 2－46 所示。

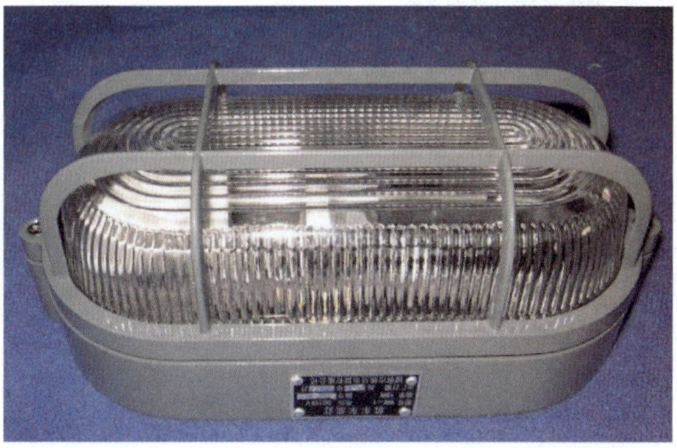

图 2－46　底架照明灯外形

底架照明灯主要技术参数如下。

额定工作电压：　　　　　DC 110 V，电压适应范围 77 ~ 137 V
功率：　　　　　　　　　13 W
光源：　　　　　　　　　节能灯管
灯泡平均寿命：　　　　　不低于 2 000 h，最低寿命应不低于平均寿命的 70%
光照范围：　　　　　　　≥2 m

3. 机械间照明灯

机械间照明灯安装在顶盖下部及系统柜的顶部，主要用于车内机械间走廊的照明。机械间照明灯外形如图 2－47 所示。

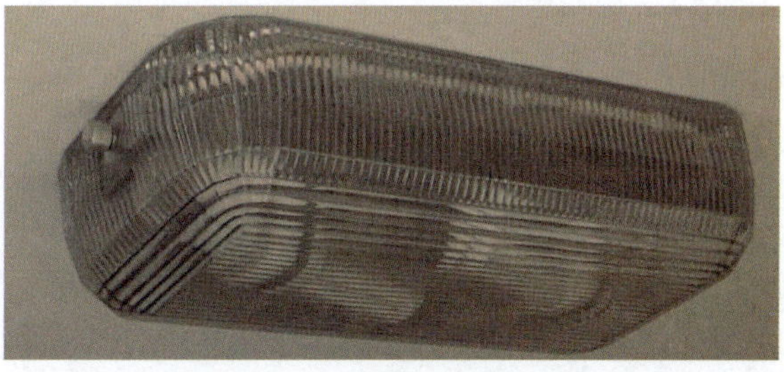

图 2－47　机械间照明灯外形

机械间照明灯主要技术参数如下。

型号：DP－4

额定电压：DC 110 V，电压适应范围 77～137.5 V

额定功率：2×13 W

光源：节能灯管

灯泡平均寿命：不低于 2 000 h，最低寿命应不低于平均寿命的 70%

灯罩阻氧指数：大于 30

4. 标志灯及副前灯

标志灯及副前灯布置在机车司机室前端导流罩的左右两侧。标志灯呈红色，为机车提供信号标志。副前灯用于机车近距离照明。标志灯和副前灯外形如图 2－48 所示。

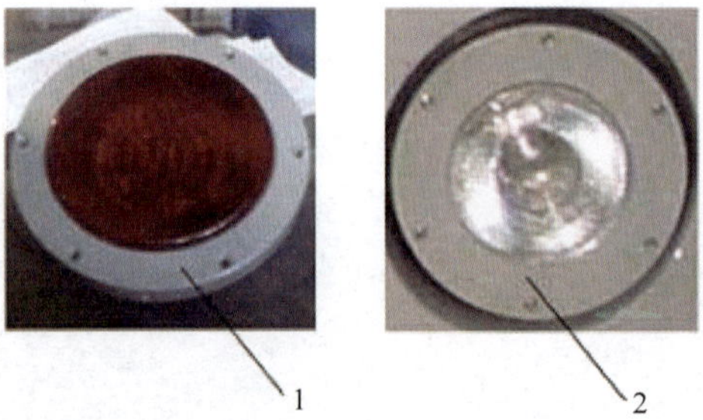

（a）标志灯　　（b）副前灯

1—灯座压圈；2—后腔体。

图 2－48　标志灯和副前灯外形

标志灯主要技术参数如下。

额定电压：DC 110 V

电压适应范围：DC 77 V～DC 137 V

光源：LED

在光轴上的发光强度：大于 15 cd

副前灯主要技术参数如下。

额定电压：DC 24 V

电压适应范围：DC 18 V～DC 31 V

光源：卤素 H4 灯泡

在光轴上的发光强度：12 000 ～ 18 000 cd

核心知识技能

任务名称	HXD_{2B}型电力机车设备布置认知		
知识、技能目标点	考核项目	自我评价	教师评价
1. 掌握 HXD_{2B} 型电力机车车上设备、司机室设备布置情况 2. 了解 HXD_{2B} 型电力机车车顶设备布置、车下设备布置情况	1. 车上设备布置（30分）		
	2. 司机室设备布置（30分）		
	3. 车顶设备布置（20分）		
	4. 车下设备布置（20分）		
总分			

任务 2.4　HXD_{3C} 型电力机车设备布置认知

任务引言

HXD_{3C} 型电力机车采用高度集成化、模块化的设计思路，电气屏柜和各种辅助机组分功能斜对称布置在中间走廊的两侧；采用了规范化司机室，有利于机车的安全运行。其采用带有中梁的、整体承载的框架式车体结构，有利于提高车体的强度和刚度。

任务知识点

1. 车体设备各部件。
2. 车体设备各部件的检查、维护。

任务技能要求

1. 辨识车体设备各部件。
2. 掌握车体设备各部件的检查、维护技能。

核心知识技能

2.4.1　HXD_{3C}型电力机车车顶设备

1. 受电弓

受电弓是电力机车从接触网获得电能的重要电气部件，通过支持绝缘子安装在机车车顶上。受电弓弓头升起后使碳滑板与接触网导线接触，从接触网上集取电流，并将电流通过车顶母线传送到车内供机车使用。

HXD_{3C}型电力机车采用 DSA200 型受电弓，在机车一、二端车顶盖上各安装一台。该型号受电弓采用气囊驱动方式升弓，主要用于干线电力机车，配备有阻尼器和 ADD 自动降弓装置。

1）DSA200 型受电弓的结构

气动升弓装置安装在底架上，通过钢丝绳作用于下臂。上臂和弓头由较轻的铝合金材料设计而成。DSA200 型受电弓结构如图 2－49 所示。

受电弓主要由底架、铰链机构、弓头部分、升弓装置及气路组装等几大部分构成。

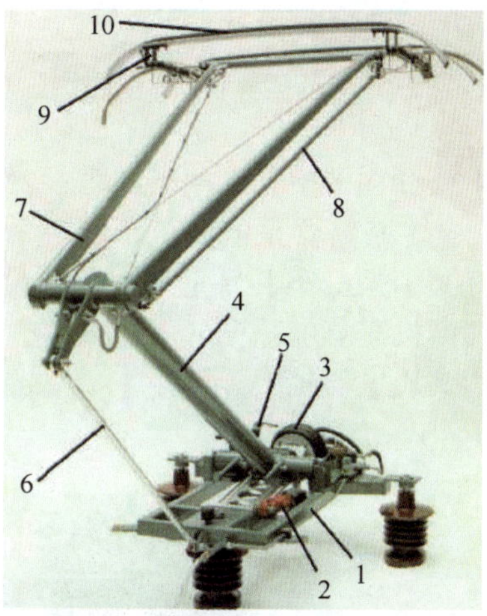

1—底架；2—阻尼器；3—升弓装置；4—下臂；5—弓装配；6—下导杆；
7—上臂；8—上导杆；9—弓头；10—滑板。

图 2－49　DSA200 型受电弓结构

2）DSA200 型受电弓的维护

必须由专业人员维护受电弓，同时必须采取以下必要的安全和防护措施。

（1）在车顶工作时，必须切断接触网线供电电源。

（2）受电弓升弓时，应确保压缩空气供给无意外故障发生。因为一旦压缩空气供应发生故障，受电弓就会下降，可能造成受电弓臂底下人员的人身伤害。

（3）受电弓落弓维修时，可用约 0.9 m 长的木棒支撑在底架和上交叉管间。

（4）调试受电弓接触压力时，为防止受电弓意外下降（如自动降弓装置出现故障时），应使自动降弓装置 ADD 阀处于关闭状态。

（5）受电弓的空气管路出现故障后，在重新运行前应将渗入其中的水或杂质清理干净。

（6）发生自动降弓的受电弓必须全面调试，才能重新使用。

2. 22CBDP1 型真空主断路器

HXD_{3C}型电力机车安装的是真空主断路器（22CBDP1 型真空主断路器）和接地开关（35KSDP1 型接地开关）组件。整个组件安装在车内的高压电器柜中。

真空主断路器和接地开关组件的外形见图 2－50。

图 2－50 真空主断路器和接地开关组件的外形

HXD_{3C}型电力机车目前采用 22CBDP1 型真空主断路器。22CBDP1 型真空主断路器的外形如图 2－51所示。22CBDP1 型真空主断路器是电力机车的一个重要电气部件，它是整车与接触网之间电气连通、分断的总开关，是机车上最重要的保护设备，当机车发生各种严重故障时，其能迅速、可靠、安全地切断机车总电源，从而保护机车设备。该断路器与 35KSDP1 型接地开关直接装配，安装在车内高压电器柜中。

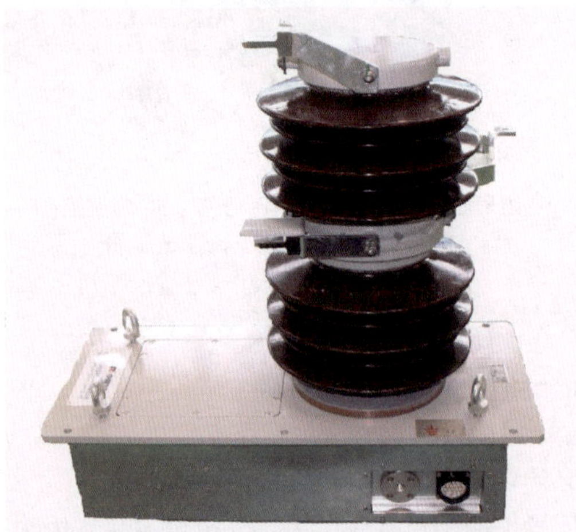

图 2－51 22CBDP1 型真空主断路器的外形

22CBDP1 型真空主断路器是以真空作为绝缘介质和灭弧介质，利用真空状态下的高绝缘强度和电弧扩散能力形成的去游离作用进行灭弧，其结构特点为单断口直立式，直动式气缸传动，电空控制，是一种新型的电力机车主断路器，适用于干线交流 25 kV 各类型电力机车。与空气断路器相比，其具有结构简单、工作可靠、动作速度快、绝缘强度高、维修方便等优点。采用真空断路器可以彻底避免以往空气断路器灭弧室绝缘子爆炸，非电性电阻绝缘子爆炸，隔离开关轴折断、主阀卡位和漏风、控制线圈烧损等惯性故障，减少机车事故，保证铁路运输安全。同时可延长主断路器的检修周期，减少维修工作量。

3. 35KSDP1 型接地开关

接地开关的主要功能是在受电弓降下、主断路器断开状态下，将主断路器两侧的车顶高压设备回路和主变压器原边接地，与主断路器配套使用。接地开关保证了机车的安全操作，当工作人员进行机车检查或维护时，其保证了工作人员的人身安全。

HXD_{3C}型电力机车采用的是与 22CBDP1 型真空断路器配套的 35KSDP1 型接地开关。35KSDP1 型接地开关的外形见图 2－52。

接地开关的结构如图 2－53 所示。其主要部件有接地夹、接地臂、箱体、转轴、锁组装、手柄组装、转盘、连接杆组成、转套、微动开关（1）、微动开关（2）、AMP 连接器、凸轮等。

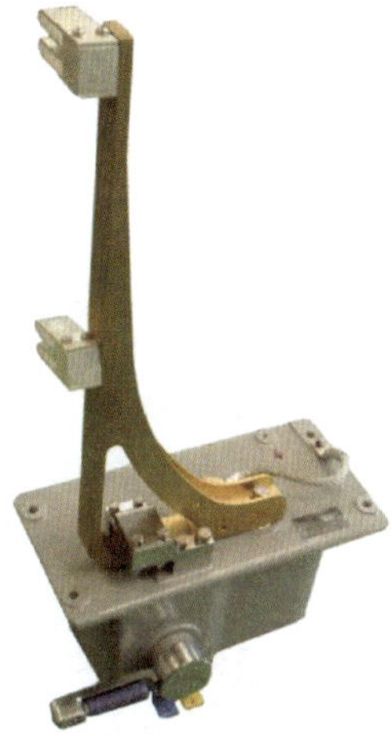

图 2－52　35KSDP1 型接地开关的外形

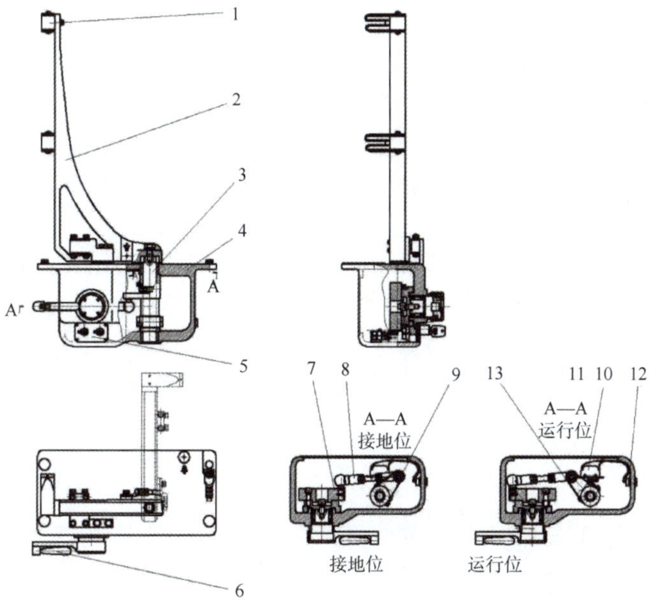

1—接地夹；2—接地臂；3—箱体；4—转轴；5—锁组装；6—手柄组装；7—转盘；8—连接杆组成；9—转套；10—微动开关（1）；11—微动开关（2）；12—AMP 连接器；13—凸轮。

图 2－53　接地开关的结构

4. 高压电压互感器

JDZX18－25C 型高压电压互感器为户内全封闭式电压互感器，在 HXD_{3C}型电力机车上使用。该产品采用户外环氧树脂（CW5837）浇注绝缘支柱式结构，适合在户内交流 50～60 Hz，额定电压为 25 kV 的电力机车电网中作电压测量或继电保护使用。其具有耐机械冲击能力强、重量轻、便于安装、不易损坏、维护周期长的特点。其在正常运行时不需维护和检修，在机车检修期间，需做如下维护工作。

（1）外观检查表面有无损伤，如表面完好，可用洁净水或普通洗洁剂清洁表面并擦拭干净，做到表面清洁、无积尘或污垢。切不可用尖锐物体刮刺产品表面，也不得用强酸、强碱等腐蚀剂擦拭。

（2）检查紧固一次、二次引线连接件是否有松动、表面氧化、接触不良现象，必要时清除氧化层，涂抹导电膏，确保接线端子无氧化层，确保连接可靠；检查二次熔断器相关紧固件是否已按要求紧固。

(3) 检查安装板是否有松动现象，必要时用专用工具重新紧固，确保产品安装牢固，运行时不松动。

(4) 为保证绝缘及连接更加可靠，一次导线连接完毕后，建议用加热缩套等绝缘材料包封住一次导线裸露部分。

(5) 绝缘电阻检测。

一次对地≥1 000 MΩ，二次对地≥100 MΩ。

(6) 工频耐压试验。

一次绕组对二次绕组及对地 3 000 V，1 min，二次绕组间及对地 3 000 V，1 min。

(7) 感应耐压试验。

采用 150 Hz 频率，从二次施加电压 320 V，一次绕组应感应到 80 kV 电压，耐压时间为 2 s。

5. 高压电流互感器

LMZB－25C 型高压电流互感器为电力机车高压侧专用电流互感器，采用支柱穿心母线环氧树脂浇注绝缘式结构，适合在交流 50 Hz，额定电压为 25 kV 的 HXD_{3C} 型电力机车内高压侧作继电保护使用。

该产品在正常运行时不需维护和检修，在机车检修期间，需做如下维护工作。

(1) 外观检查表面有无损伤，如表面完好，可用洁净水或普通洗洁剂清洁表面并擦拭干净，做到表面清洁、无积尘或污垢。产品表面不得用强酸、强碱等腐蚀剂擦拭。

(2) 检查紧固二次引线连接件是否有松动及表面氧化接触不良现象，必要时清除氧化层，涂抹导电膏，确保接线端子无氧化层，确保连接可靠。

(3) 检查紧固夹件及安装接线盒的螺钉是否有松动现象，若已松动，加以紧固。

高压电流互感器外形与安装如图 2－54 所示。

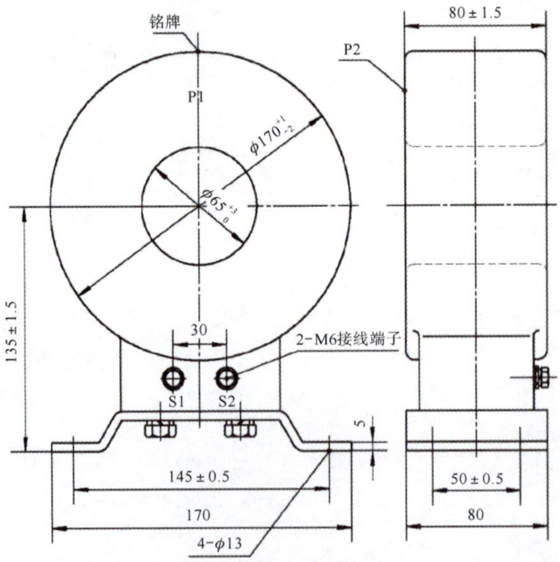

图 2－54 高压电流互感器外形与安装（单位：mm）

6. 高压隔离开关

高压隔离开关采用电空控制方式，当开关打至隔离位时，动触头端自动接地，确保故障端受电弓可靠接地，保证高压柜内部的安全可靠。一台受电弓发生故障时，可通过计算机显示屏上的受电弓预选软开关将其隔离。通过 TCMS 发出指令来控制相应的电空阀，实现高压隔离开关的开闭操作，以切除故障的受电弓，同时使用另一台受电弓维持机车正常运行，减少机破，提高电力机车运用可靠性。

1）作用

2PIS型高压隔离开关属于保护装置。它的作用表现在以下几个方面。

（1）电力机车或重联机车运行时，机车的高压隔离开关都闭合，接通机车的车顶高压线路，从而可用机车一端的受电弓、主断路器控制机车或重联机车的受流。

（2）如果某一端机车的车顶高压部分发生故障，可以通过断开故障侧的高压隔离开关，切断故障机车，维持运行。

如图2－55所示，2PIS型高压隔离开关通过高隔底架（1）安装在机车车内高压电器柜中。它装有两个刀闸板（2），一端固定在固定座（3）上，另一端延伸到接触头（4）上。刀闸板通过拉杆（5）与下面的传动机构相连，传动机构采用长槽滑块机构，采用电控、气动的控制方式。在高隔底架两侧，分别固定安装电磁阀（6）和传动气缸（7）、传动轴（8），保证了刀闸板与传动机构的转动。高隔底架上装有接地座，当高压隔离开关处于分闸状态时，刀闸板转到接地位与接地座连接。转轴末端上的凸轮用来控制安装在高隔底架上的两个辅助触头开关，两个辅助触头开关用于高压隔离开关状态信号的输出。

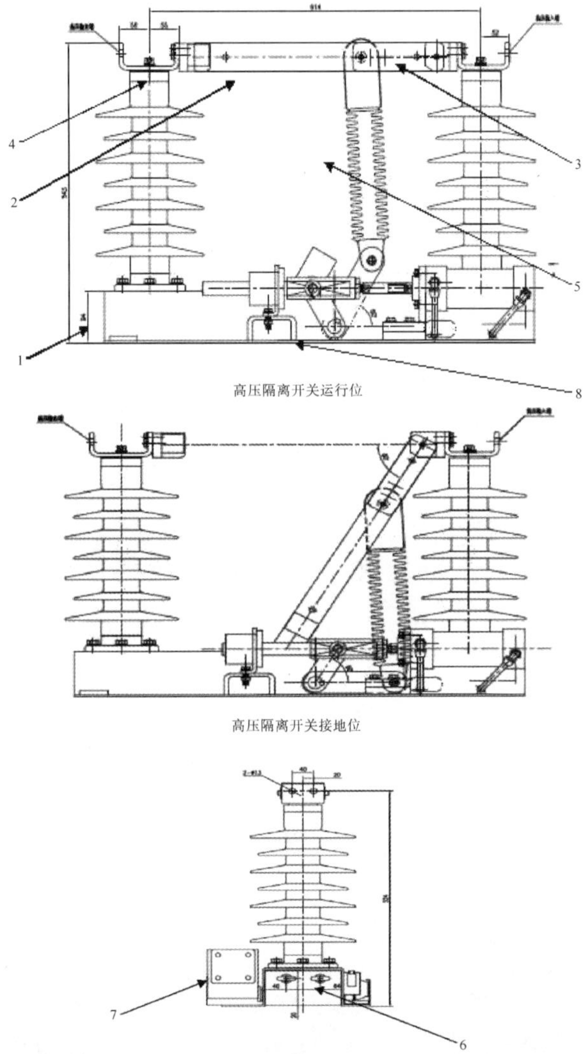

1—高隔底架；2—刀闸板；3—固定座；4—接触头；5—拉杆；6—电磁阀；7—传动气缸；8—传动轴。

图2－55　2PIS型高压隔离开关结构图（单位：mm）

2）安装

2PIS 高压隔离开关安装在牵引机车车内高压电器柜中（通过 8 个 M12 螺栓来固定）。完成了供电电缆的布线和连接后，再检查隔离开关动作性能，要确保刀闸板能够在合闸位与分闸位之间正常转动，并且接触面积满足技术条件要求。

（1）降弓之前，禁止进行任何安装及导线的连接操作。

（2）仔细检查输气管路和进气螺旋管件的密封性，确保连接压缩气源时的干净和无泄漏。

（3）为了保证安全和正确的接地连接，正确进行隔离开关底板上边的接地终端和机车接地系统之间的电缆连接是非常重要的。

（4）在机车检查、维护和修理期间，隔离开关必须处在“隔离受电弓”的位置，一直到所有的检查、维护和修理操作完成。

3）维护

（1）小修。

每个月进行一次小修，检查刀闸板与接触头之间的接触性能是否良好。通过 0.05 m 塞尺和弹簧秤检测刀闸板与接触头之间的压力应在（80 ± 10）N 之间。绝缘子应保持整洁干净，表面无裂纹或碰痕。检查各风管接头是否有泄漏现象，检查各滑动配合面及连杆销是否润滑。

（2）中修。

每 1 年 6 个月要进行一次中修。检查各联锁触头接触状况是否良好，接触不良的零部件必须更换。同时检查刀闸板和接触头的状况是否良好，旋转机构能否自由转动，传动气缸和电磁阀能否正常动作，有损坏的零部件必须更换。

（3）大修。

每 3 年要进行一次大修。主要检查的部件为刀闸板和接触头，并检查所有部件能否正常动作。更换损坏的零部件时，要清洗和润滑的部件必须进行单独的维护，特别是要对开关触头和凸轮进行润滑，对辅助开关触头与凸轮间隙、宽度和开闭是否正常进行检查。

①辅助联锁的检查。

按压微动开关的触点，其应具有较好的弹性（接触压力约 3 N），开断声音清脆，如果触头磨损必须更换，接触宽度为 3.2 mm。在辊子顶部位置凸轮接触的地方，要保证有 0.25 mm 的间隙。凸轮与辅助联锁示意图如图 2－56 所示。

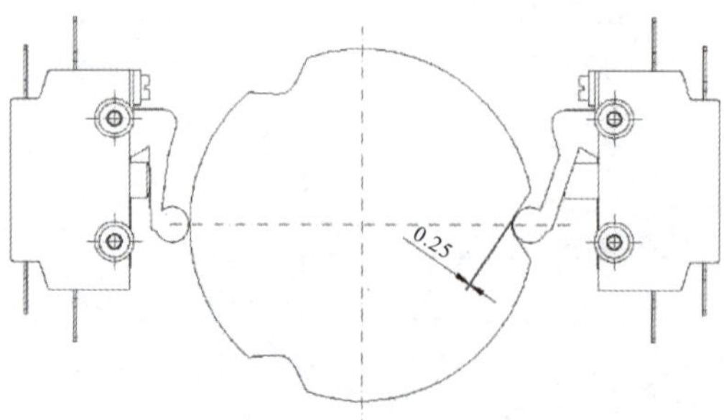

图 2－56 凸轮与辅助联锁示意图

②润滑。

在大修期间，要清洁刀闸板和隔离开关的连接处并紧固，同时要涂一些油脂。这些操作应在机车与电网断开且整个回路接地的前提下进行。

应采用机车专用油脂来润滑转轴。

（4）检测。

所有检修完成后必须进行性能测试，各技术参数及动作性能都必须满足试验大纲的要求。

2.4.2　HXD_{3C}型电力机车车下设备

1. 主变压器

HXD_{3C}型货运电力机车采用 JQFP2－9000/25（DL）型主变压器，HXD_{3C}型客运电力机车采用 JQFP－10160/25 型主变压器。主变压器是采用下悬式安装方式的一体化多绕组变压器，冷却方式采用强迫导向油循环风冷。主变压器采用全密封结构。

1）主要设计特点（两种主变压器相同）

（1）采用下悬式安装，强迫导向油循环风冷方式，内装一台主变压器，总重 13.8 t。主变压器与储油柜一体化设计，冷却装置分开布置。

（2）变压器采用心式卧放结构，A 级绝缘；变压器及油循环系统均采用真空注油，储油柜封入高纯度氮气，是与空气完全隔离的全封闭结构。

（3）采用高阻抗绕组结构，使变压器内部空间磁场很强，大量采用无磁结构件。

（4）油箱采用磁屏蔽的方式，避免漏磁干扰外部信号。

（5）线圈导线采用 Nomex 纸绝缘，具有耐热等级高，机械强度大的特点。

（6）采用全铝板翅式冷却器，两路油循环系统。

（7）高压端子采用 Nexans 公司 M400 AR－3 端子。低压端子与 HXD_3型电力机车主变压器采用的端子一致。

2）外部结构布置、外形尺寸及接线端子布置

两种主变压器外部结构布置、安装尺寸相同，只有主变压器顶盖上的接线端子布置不同，JQFP－10160/25 型主变压器比 JQFP2－9000/25（DL）型主变压器多 4 个列车供电端子（a9x9，a10x10）。主变压器外部结构布置（两种主变压器布置相同）如图 2－57 所示，主变压器外形尺寸及接线端子布置如图 2－58 所示，主变压器产品实物如图 2－59 所示。

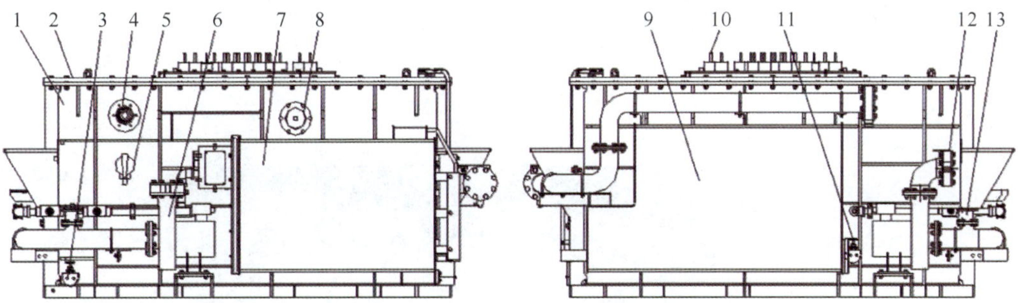

1—油箱；2—箱盖；3—注放油阀；4—高压端子；5—温度继电器；6—油泵；7—储油柜；8—压力释放阀；9—氮气膨胀箱；10—低压端子；11—注氮阀；12—蝶阀；13—油流继电器。

图 2－57　主变压器外部结构布置（两种主变压器布置相同）

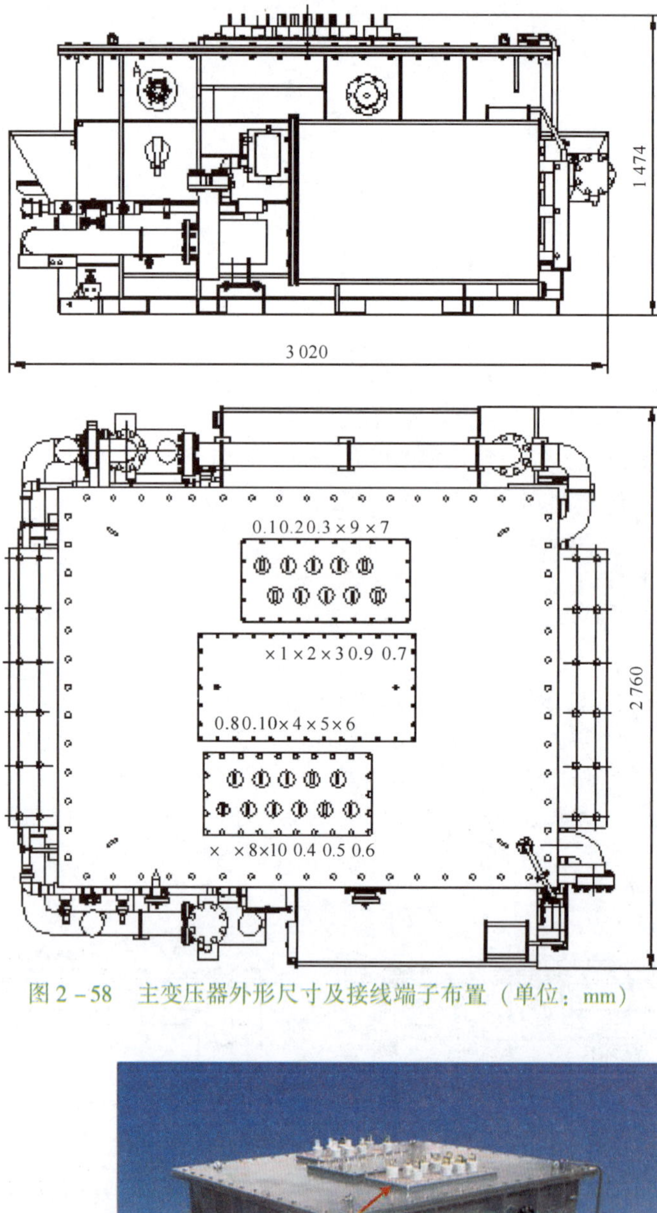

图 2－58 主变压器外形尺寸及接线端子布置（单位：mm）

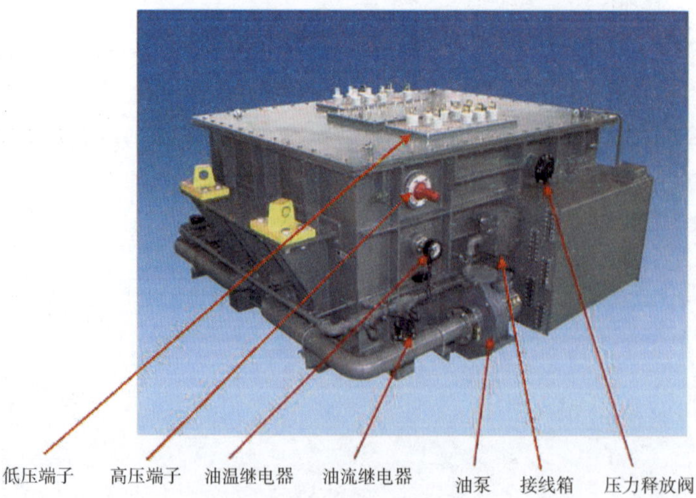

图 2－59 主变压器产品实物

2. 保养及维护

主变压器的日常保养及维护内容如下。

1）保护装置

检查主变压器外观及主变压器的油流继电器、压力释放阀、温度继电器等保护装置部件，不应有损坏，如发现渗、漏油现象，需更换密封垫。

2）冷却循环系统管路和其他附件

检查主变压器的密封性，主变压器油箱及冷却系统连接管路、油泵、高低压套管、蝶阀、活门、储油柜上的油标等附件，不应有渗漏现象发生，如出现渗、漏油需更换密封垫。

3）连接电缆

检查所有与主变压器连接的电缆，外部绝缘不应有损伤，接线端子连接处的紧固件应安装牢靠，无松动；检查接线箱内接线柱上电缆的连接状态，应紧固牢靠，无松动现象，接线箱内部不应有雨水进入。

4）油泵

检查主变压器油泵，接通工频电源时应无异常噪声及渗漏现象发生。

5）紧固件

检查主变压器及其部件的安装螺栓，应安装牢靠，无松动现象。

6）变压器油

从油箱底部的注放油阀处采集变压器油样，进行化验、分析（每年至少一次）。

2.4.3　HXD_{3C}型电力机车车上设备

1. 变流装置

每台机车装有两台变流装置，每台变流装置内有三组牵引变流器和一组辅助变流器，其结构紧凑，便于设备安装。为了使装置小型化并提高冷却性能，牵引变流器采用强制循环水冷方式。这种方式具有冷却效果好、无污染、重量轻、维修方便等特点，是国际上流行的冷却方式。冷却液采用亚乙基二醇＋纯水溶液，确保在－40 ℃时不冻结。另外，牵引变流器的冷却液和主变压器（Mtr）的冷却油经过复合冷却器循环，依靠复合冷却器风机进行强制风冷。辅助变流器（APU）单独采用强制风冷方式。整流器单元使用了模块化 IGBT 元件，采用脉宽调制（PWM）方式、两点式电压型组件，通过高次谐波整流和错开各组控制载波的相位，从而降低高次谐波并提高功率因数。逆变器单元同整流器单元一样使用模块化 IGBT 元件、实现单元的标准化。

通过 IGBT 元件和 32 bit 高速演算控制装置的配合，采用矢量控制方式，来实现电动机转矩的控制，达到快速响应，提高黏着利用率并实现空转滑行保护控制。辅助变流器是辅助电动机供电电路的核心。APU 向牵引通风机电动机和压缩机电动机等辅助机器供给三相交流电，具有变压变频（VVVF）控制和恒压恒频（CVCF）两种控制方式。两台复合冷却器风机和六台牵引通风机电动机为了确保适应机车状况的冷却风量和降低运转声音，按照 VVVF 控制模式进行设定。APU 通过使用 IGBT 的 PWM 整流器单元把从主变压器三次线圈供电的交流电转换为恒定电压的直流电，再供给由 IGBT 构成的逆变器单元，通过逆变器转换为三相交流电。

机车共设有两套辅助变流器 UA11、UA12。在正常情况下辅助变流器 UA11、UA12 全部工作，基本上以 50% 的额定容量工作，辅助变流器 UA11 工作在 VVVF 方式，辅助变流器 UA12 工作在 CVCF 方式，分别为机车辅助电动机供电。当某一套辅助变流器发生故障时，不需要切除任何辅助电动机，另一套辅助变流器可以承担机车全部的辅助电动机负载。此时，该辅助变流器按照 CVCF 方式工作，从而确保机车辅助电动机供电系统的可靠性。两台变流装置分别布置在机车中部、中间走廊的两侧。变流装置采用封闭的箱形结构，除复合冷却器连接的管路外，其他器件都安装在箱体内部。其主要结构参数如下。

外形尺寸： 4000 mm×2050 mm×1060 mm（长×宽×高）

重量： 3 700 kg

变流器外形尺寸如图 2－60 所示。

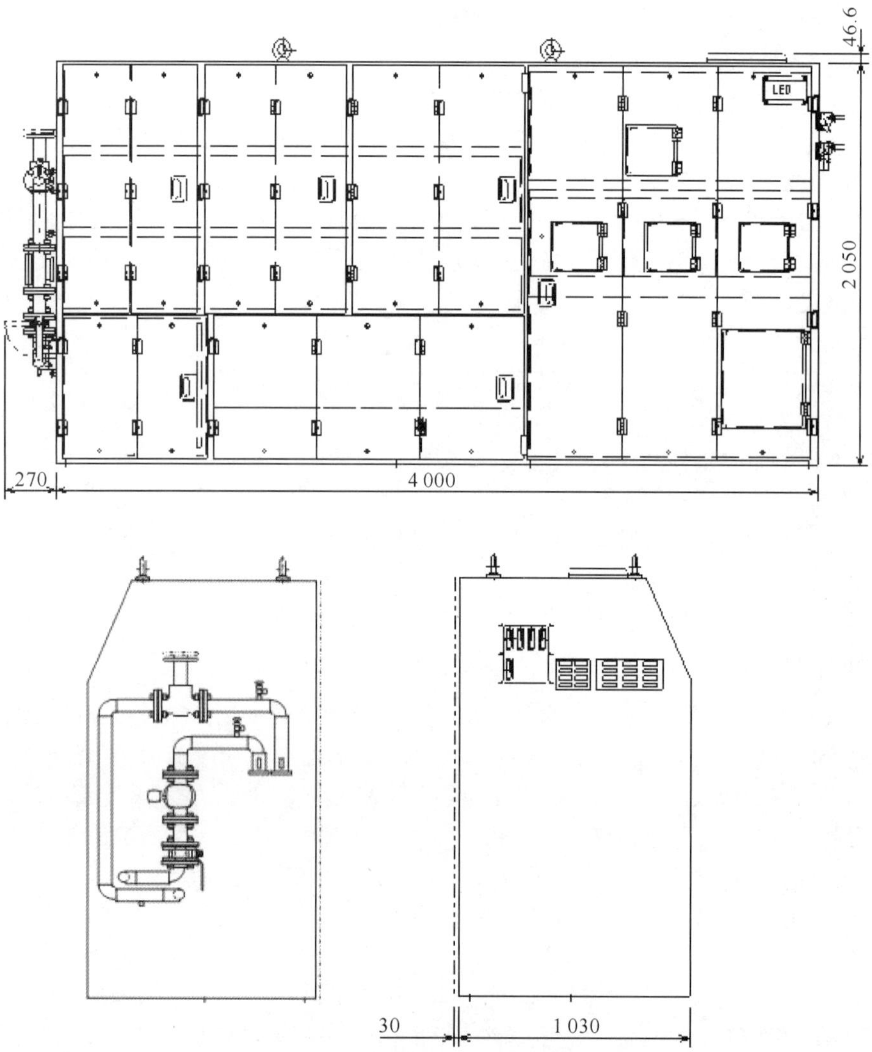

图 2－60 变流器外形尺寸（单位：mm）

2. 牵引通风机组

牵引通风机是为冷却 HXD_{3C} 型电力机车牵引电动机而安装在机械室内的。冷却风从顶盖的通风窗处进入，再送入牵引通风机中，然后由牵引通风机通过通风道将冷却风送入牵引电动机中进行冷却，最后排到大气中。

牵引通风机组由 BAF－80A 型通风机和 YPBD200L2－2、FVF180M2－2 型电动机组成。

1）构造

牵引通风机组的构造如图 2－61 所示。

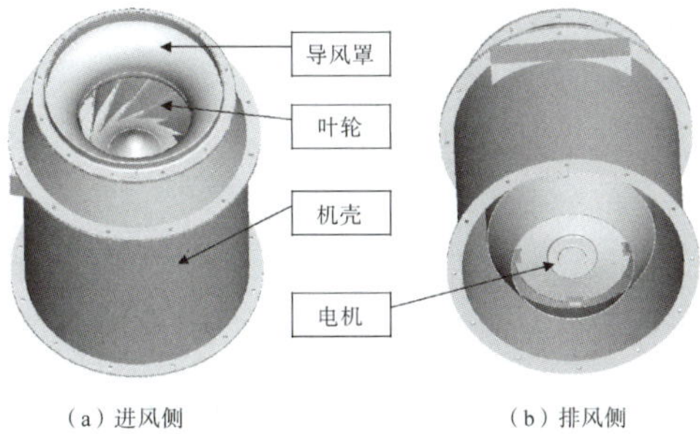

图 2－61 牵引通风机组的构造

电动机为单轴带脚全封闭外冷式三相感应电动机（F 级绝缘），安装在牵引通风机 4 个基座上，叶轮为低噪声离心式，安装在电动机轴端部，为轴承室内置式构造。

电源线连接在风扇罩外侧端子箱内的端子板上。牵引通风机外形如图 2－62 所示。

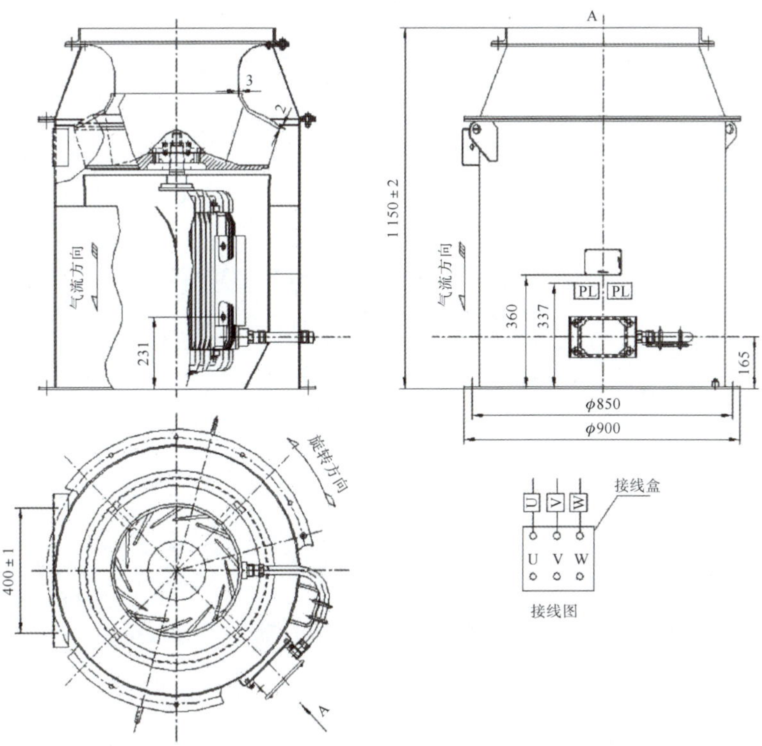

图 2－62 牵引通风机外形（单位：mm）

2）检修周期

牵引通风机组的检修周期因运行条件、使用条件的不同而不同，以下为标准的检修周期。

（1）日常检查（日检）——日常检查。

确认有无异常声响及异常振动。

(2) 重要部位检查（中修）——2 年或 30 万 km（以先到为准）。

确认有无异常声响、异常振动及螺丝松动等现象。

(3) 全部检查（大修）——4 年或 60 万 km（以先到为准）。

拆卸检查、更换轴承及易耗品。

3）检修项目及检查基准

通风机的检查项目见表 2－1，电动机的检查项目见表 2－2。

表 2－1 通风机的检查项目

序号	检查项目	检查划分			检查基准及要领
		日检	中修	大修	
1	运转时检查有无异常声响、异常振动	○	○	○	无异常声响及异常振动
2	检查各安装螺栓有无松动		○	○	安装螺栓无松动
3	检查各个部件有无损坏及灰尘附着（叶轮、机壳、导风板等）			○	无损坏及灰尘附着。 清扫各部件
4	检查叶轮静平衡			○	用手轻轻拨动叶轮时，叶轮不停在同一位置。 如果停在同一位置，是叶轮不平衡的表现，因此要确认有无平衡配重，并清扫叶片
5	检查叶轮和导风板的间隙			○	最低间隙 3 mm（用塞规等工具进行测量）
6	确认再组装后的振动情况（振幅），在振幅超过限值的情况下，确认动平衡			○	振幅的限值： 将通风机放于操作台上，以额定电压、额定频率运转，其风扇罩安装支架的振幅在上下、左右、轴向三个方向小于 3.5 mm/s。 残留不平衡量的限值为 G2.5 级（两面要一起修正）

注：全部检查时，如有损伤、磨耗应更换新品。特别是垫圈等橡胶类易老化的部件，建议更换新品。

表 2－2 电动机的检查项目

序号	检查项目	检查划分			检查基准及要领
		日检	中修	大修	
1	运转时检查有无异常声响、异常振动	○	○	○	无异常声响及异常振动
2	检查各安装螺栓有无松动			○	安装螺栓无松动
3	定子组装及转子组装			○	无变色、损伤
4	检查绝缘电阻			○	各端子和接地间为 500 V 用兆欧表测量在 10 M 以上
5	轴承（大修时更换）			○	更换新品
6	轴承套有无磨耗			○	如有磨耗，应修补或更换。 容许值： ϕ（130＋0.025）mm 以下（负载侧） ϕ（110＋0.022）mm 以下（非负载侧）
7	确认垫圈的老化情况			○	确认垫圈类部件的老化情况 确保无裂痕等不良现象，如有裂痕应更换

注：因为电动机的轴承是带防尘盖的轴承，在运行中无须注油，所以在进行大修时必须更换新品。

3. 列车供电柜

机车设有2个完全相同的TGF60型列车供电柜。列车供电柜将来自主变压器列车供电绕组的单相交流电通过相控整流变换为稳定的DC 600 V直流电源，供给旅客列车，供电功率为2×400 kW。当一组故障时，另一组可以维持供电，以提高可靠性。TGF60型供电柜外形如图2-63所示。

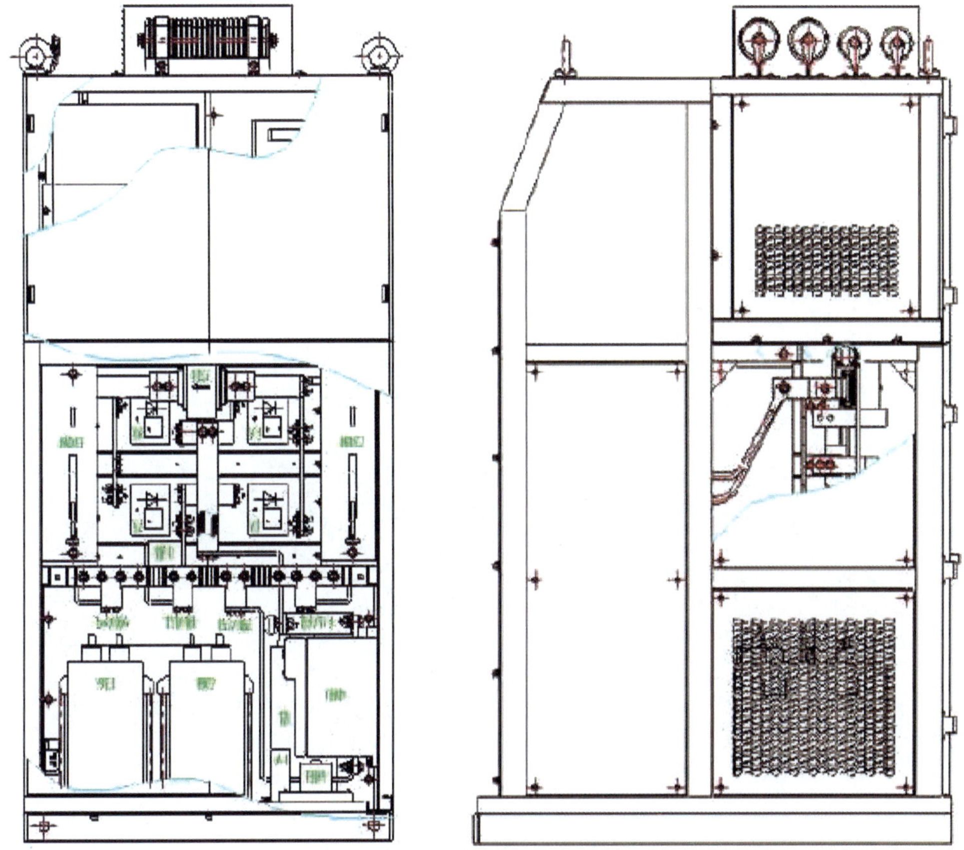

图2-63　TGF60型供电柜外形

4. 计算机柜

计算机柜设备布置如图2-64所示。

计算机柜由上下两层构成，装有TCMS装置和自动过分相主机。

柜体正面通过合页形成了可开闭、上下独立的平开门。

打开上半部分的平开门后，有TCMS装置的控制单元主体和继电器盘。

柜体背面是螺栓固定的背板，打开背板后，两块TCMS接口板上下配置。

下层装有网关、自动过分相主机和12 V电源转换单元，其余空间预留。

配线用的连接器装在柜体背面上部，共计8个。XS301为64芯，其余均为46芯连接器。

网关和自动过分相主机的部分配线，不通过计算机柜上部的8个连接器，而是直接接线。

计算机柜的维护、保养要求如下。

通过目视确认连接器，配线等是否松动。通常不需要做其他维护。

卸下TCMS的控制单元时，拆下连接器后，不可有作业干扰，一旦在装置上部的架子上抬起了连接器，需两个人慎重取出。

另外，为了不让灰尘进入装置内部，控制单元要存放在清洁的场所。

再次安装装置的时候，将连接器同样地抬到上部的架子上，两人作业时要慎重装载。

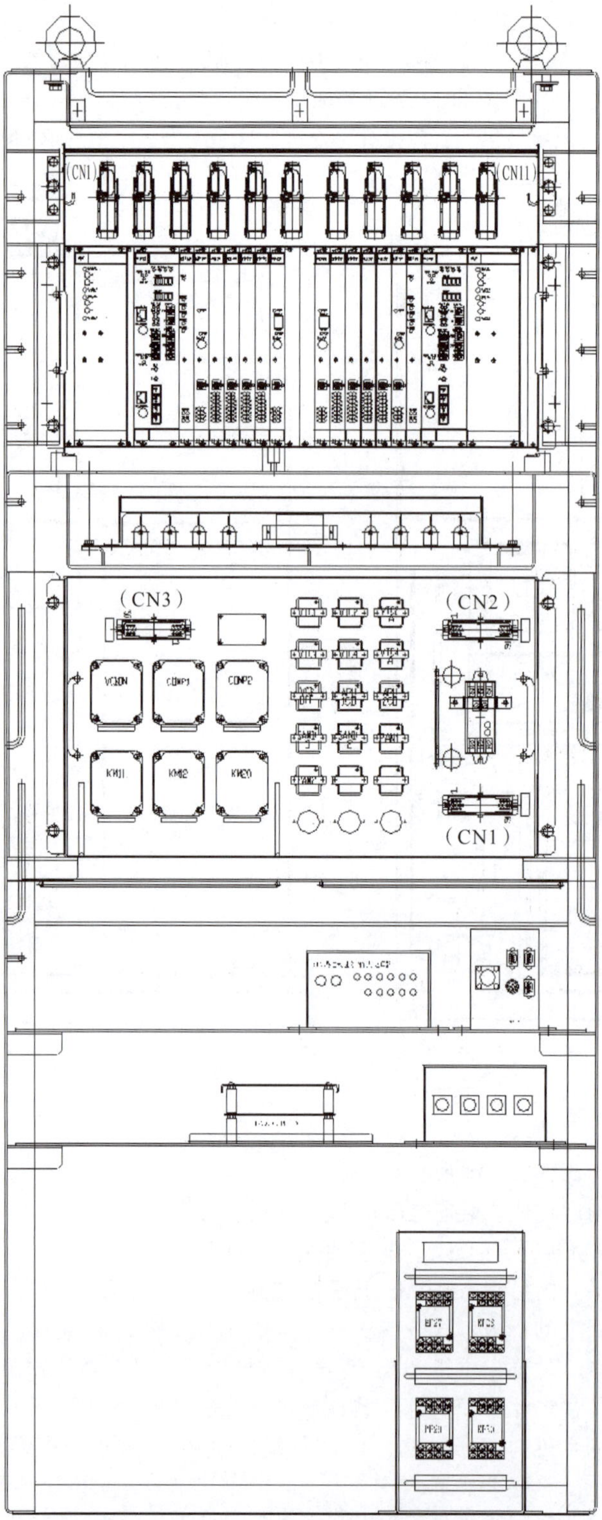

图 2-64 计算机柜设备布置

连接器要按照编号顺序正确地插入。

详细内容参考 TCMS 装置和计算机柜内其他装置各自的维护标准。

5. 第三方设备柜

第三方设备柜设备布置如图 2－65 所示。

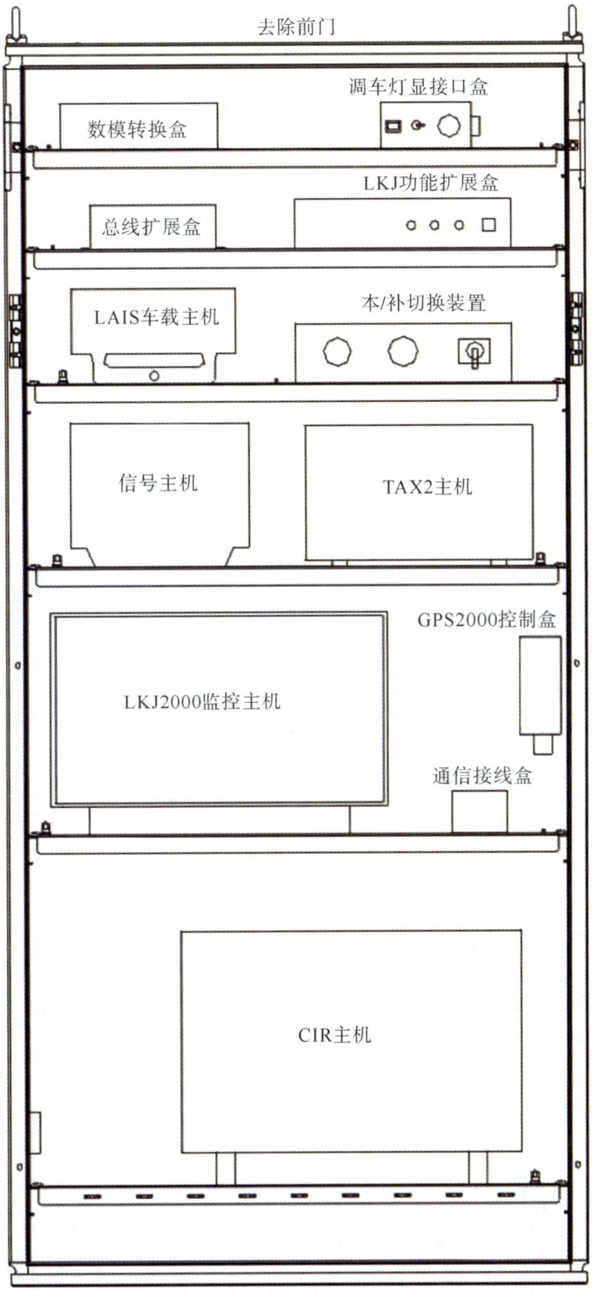

图 2－65　第三方设备柜设备布置

此装置共有 6 层，从上面数，第一层装有数模转换盒及调车灯显接口盒；第二层装有总线扩展盒、LKJ 功能扩展盒；第三层装有 LAIS 车载主机、本/补切换装置；第四层装有信号主机、TAX2 主机；第五层装有 LKJ2000 监控主机、GPS2000 控制盒、通信接线盒；第六层装有 CIR 主机。

装置正面通过合页形成了可开闭的平开门。

打开平开门后，可以看到所有设备。在第六层左侧，可以同时看到 XT7 接线排、外连插座 XP311、XP312 及外接电缆进线口。

背面是螺钉固定式的后罩，设有底部通风口，打开这个盖后，可以方便地插拔各部件的连接器。

第三方设备柜的维护、保养要求如下。

通过目视确认协调接线排及 XP311/XP312 连接器配线等是否松动。通常不需要进行其他维护。

当需要更换设备或设备对应的部件时，需严格按第三方设备对应的部件维护方法进行。

更换过程中不得伤害对应连接器及导线。

另外，为了不让灰尘进入各装置内部，在装置安装完毕后，柜体应放在清洁无尘处。

再次安装装置的时候，连接器要按照编号顺序和颜色顺序正确地插入。

详细内容参考第三方设备各装置的维护标准。

6. 控制电源装置

机车控制电源装置（以下称电源柜）是为机车提供稳定的 110 V 直流控制电源的重要设备，同时也兼作蓄电池充电器使用。电源柜输入电源为 DC 750 V，来自机车牵引变流柜内辅助变流器的中间直流回路，然后通过高频绝缘变换为 DC 110 V。

电源柜长度为 1 200 mm（加上安装底座后为 1 320 mm），高度为 1 000 mm，宽度为 500 mm，质量约 305 kg。电源柜外观及内部视图如图 2－66 所示。

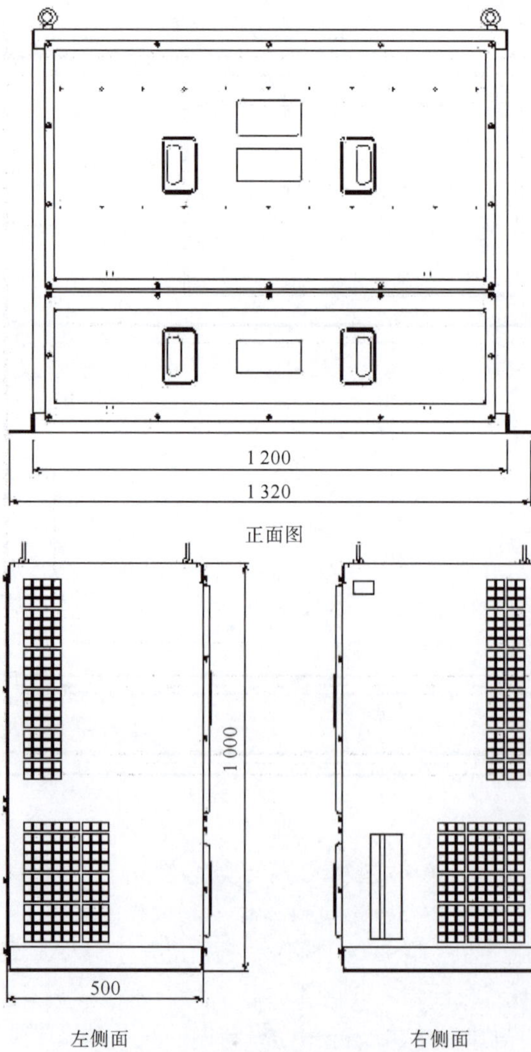

图 2－66　电源柜外观及内部视图（单位：mm）

电源柜配置如下。

(1) 在正面上腔体中，装有两台逆变单元装置、辅助控制器盘、仪表盘，正面下腔体中装有接触器、单元转换用万转开关、主电路接线端子台和控制电路接线端子台。

(2) 在背面，设置有两种不同的直流电感线圈各两台和高频变压器两台。

(3) 在两台功率单元的下部和正面右侧的电磁接触器盘下部分别配置了一台加热盘。

(4) 外接线从右侧面下侧的配线用孔引入主电路接线端子台和控制电路接线端子台。

7. 端子柜

连接两端司机室及各个台柜间的控制线缆通过端子柜Ⅰ、Ⅱ进行转接。

端子柜Ⅰ如图 2－67 所示，端子柜Ⅱ如图 2－68 所示。

导线应可靠插入连接端子，并准确地连接到相应的插头或插座中。机车振动不会产生松动，应定期检查接线状态是否良好。

绝缘件明显老化时，要更换连接端子、插头或插座。

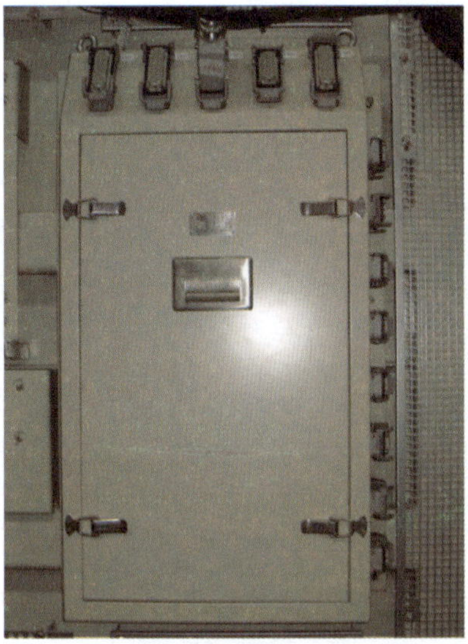

图 2－67　端子柜Ⅰ

图 2－68　端子柜Ⅱ

任务考核与评价

<table>
<tr><td>任务名称</td><td colspan="3">HXD$_{3C}$型电力机车设备布置认知</td></tr>
<tr><td>知识、技能目标点</td><td>考核项目</td><td>自我评价</td><td>教师评价</td></tr>
<tr><td rowspan="3">1. 了解 HXD$_{3C}$ 型电力机车各设备结构
2. 掌握 HXD$_{3C}$ 型电力机车各设备的检查、维护方法</td><td>1. 牵引通风机的检查与维护（40 分）</td><td></td><td></td></tr>
<tr><td>2. 受电弓的检查与维护（30 分）</td><td></td><td></td></tr>
<tr><td>3. 牵引电动机的检查与维护（30 分）</td><td></td><td></td></tr>
<tr><td colspan="2">总分</td><td colspan="2"></td></tr>
</table>

小结

本项目主要介绍了现役主要型号电力机车车体结构及车顶、车内，车下设备及布置知识，通过教、学、做一体化项目教学，让学生掌握车体检查、维护方法。

复习思考

1. 简述电力机车车体的作用。
2. 简述 HXD_{2B} 型电力机车车顶、车内、车下主要设备布置。
3. 简述 HXD_{3C} 型电力机车车顶、车内、车下主要设备布置。

请扫描二维码，获取数字资源。

模块 3

电力机车通风系统和空气管路系统认知

模块学习导语

通风系统是构成电力机车的一个非常重要的系统，它的作用是对机车上一些需要强迫冷却的电器设备进行通风冷却，本模块介绍各型电力机车通风系统的结构、组成、作用，以及各型机车通风冷却的通路。

空气管路系统主要由风源系统、控制管路系统、辅助管路系统和制动机管路系统组成，本模块主要介绍制动机管路系统以外的空气管路系统。

模块学习目标

➡ 1. 掌握 SS_4 改型电力机车通风系统和空气管路系统的基本组成、结构、特点、通风通路和日常维护。

➡ 2. 掌握 HXD_{2B} 型电力机车通风系统的基本组成、结构、特点、通风通路和日常维护。

➡ 3. 掌握 HXD_{3C} 型电力机车通风系统的基本组成、结构、特点、通风通路和日常维护。

➡ 4. 掌握风源系统的作用、组成、工作通路和日常维护。

➡ 5. 掌握控制气路系统和辅助气路系统的作用、组成和工作通路。

任务 3.1　SS_4 改型电力机车通风系统认知

任务引言

SS_4改型电力机车采用车体通风方式，分为三大通风系统：牵引通风系统、制动通风系统和主变压器通风系统。在三大通风系统中共采用了 2 台离心式通风机，3 台轴流式通风机。

任务知识点

1. 机车通风系统的作用、通风方式。(重点)
2. 通风机的类型和特点。
3. SS_4改型电力机车牵引通风系统的组成及工作通路。(难点)
4. SS_4改型电力机车制动通风系统的组成及工作通路。(难点)
5. SS_4改型电力机车主变压器通风系统的组成及工作通路。(难点)

任务技能要求

1. SS_4改型电力机车牵引通风系统的维护。
2. SS_4改型电力机车制动通风系统的维护。
3. SS_4改型电力机车主变压器通风系统的维护。

核心知识技能

电力机车通风系统是电力机车的一个非常重要的系统，它的主要作用是对机车上一些需要进行强迫冷却的电气设备进行通风冷却。电力机车强电设备的工作电流和电压都较大，主变压器、牵引变流器、牵引电动机等都需要进行强迫冷却，使这些强电设备在工作中产生的大量热量经空气强制循环，散发到大气中，令工作温升不超过允许值，从而保证机车正常、可靠地工作。

3.1.1 通风机的类型和特点

按工作的原理不同，通风机分为两大类型。

1. 离心式通风机

离心式通风机又称鼓风机，是工业上广泛使用的一种通风机。离心式通风机结构如图 3－1 所示。离心式通风机的工作特点：风压较大，风力比较集中，适用于较远距离通风。

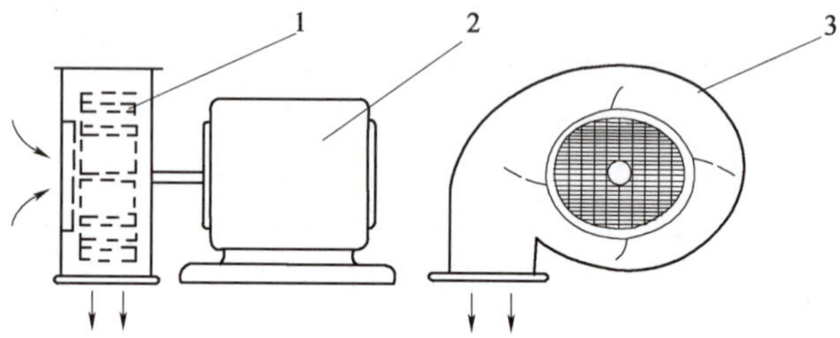

1—叶轮；2—电动机；3—蜗壳。

图 3－1 离心式通风机结构

2. 轴流式通风机

轴流式通风机通常称为风扇。轴流式通风机结构如图 3－2 所示。

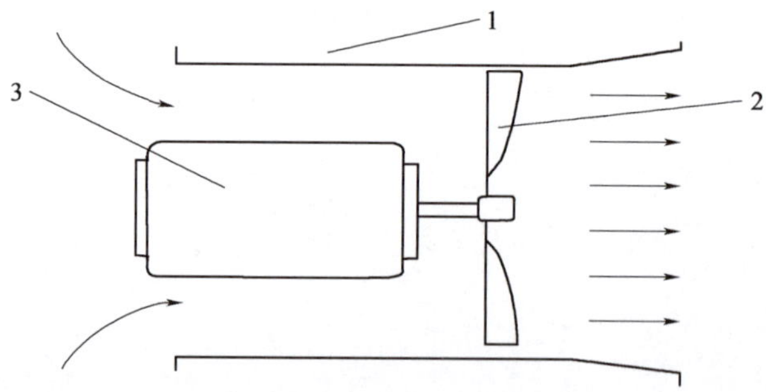

1—风道；2—叶片；3—电动机。

图 3－2 轴流式通风机结构

轴流式通风机工作特点：风压小，风力较分散，因此不适宜远距离送风；体积小，但转速高，效率较高。

离心式通风机和轴流式通风机在电力机车通风系统中均被采用。对于一些距离车体较远的设备，如牵引电动机，通常用离心式通风机冷却；一些设备因位置局限，如制动电阻柜，通常用轴流式通风机冷却。

3.1.2　通风方式

电力机车上电气设备很多，机车空间又十分有限，因此机车通风装置通常数量较少，既要充分利用有限的风源，还要求进风速度低，减少尘埃侵入；同时要求风道短、弯道少且圆滑过渡，减少风压损失。机车通风方式通常有两种：一种是独立通风，即设置专用风道，便于集中去尘；另一种是车体通风，即风由侧墙吸入车体内，再自行分配进入各风道，这两种通风方式也可以混合采用。在对多台设备进行冷却时，主要利用通风支路和进、出口来实现。通风机同时冷却多台设备如图3－3所示。

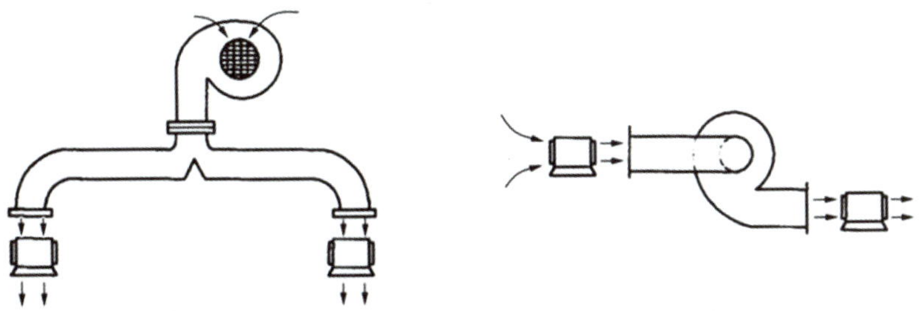

(a) 利用通风支路　　(b) 利用进、出口

图3－3　通风机同时冷却多台设备

3.1.3 SS_4改型电力机车通风系统

SS_4改型电力机车采用车体通风方式，分为三大通风系统：牵引通风系统、制动通风系统和主变压器通风系统。采用双侧走廊侧墙大面积双层V形百叶窗进风。SS_4改型电力机车通风系统示意图如图3－4所示。

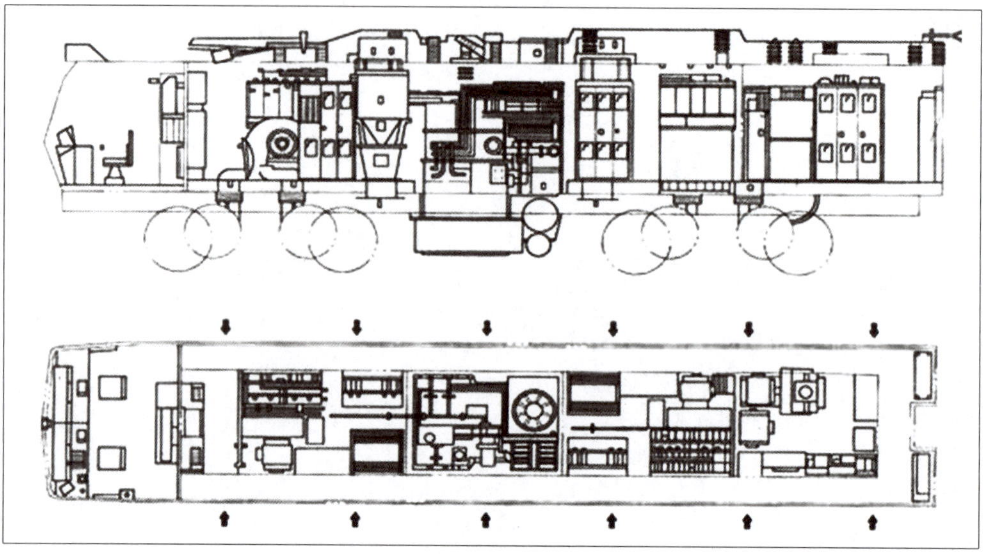

图3－4 SS_4改型电力机车通风系统示意图

SS_4改型电力机车通风系统具体通风通路如下。

1. 牵引通风系统

车外冷空气→侧墙百叶窗→滤尘网→

(1) 1号硅机组→1号PFC电容柜→1号牵引通风机→1、2位牵引电动机→车底大气。

(2) 2号硅机组→2号PFC电容柜→2号牵引通风机→3、4位牵引电动机→车底大气。

2. 制动通风系统

制动通风系统在每节机车中有两个独立的且完全相同的通风支路，冷却对象为制动电阻柜，使用轴流式通风机（每节机车2台）。

其冷却通路为：车底冷空气→进风口（不过滤）→Ⅰ（Ⅱ）端制动通风机→风道→Ⅰ（Ⅱ）端制动电阻柜→车顶百叶窗→大气。

3. 主变压器通风系统

主变压器通风系统仅有一个通风支路，冷却对象为主变压器和平波电抗器（两者共用同一油箱），采用轴流式通风机，每节机车1台，其冷却通路为：

车外冷空气→侧墙百叶窗→滤尘网→主变压器油散热器→主变压器通风机→车顶百叶窗→车顶大气。

任务考核与评价

<table>
<tr><td>任务名称</td><td colspan="3">SS_4改型电力机车通风系统认知</td></tr>
<tr><td>知识、技能目标点</td><td>考核项目</td><td>自我评价</td><td>教师评价</td></tr>
<tr><td rowspan="5">1. 了解机车通风系统的作用、通风方式
2. 通风机的类型和特点
3. SS_4改型电力机车牵引通风系统的组成及工作通路
4. SS_4改型电力机车制动通风系统的组成及工作通路
5. SS_4改型电力机车主变压器通风系统的组成及工作通路</td><td>1. 通风系统的作用、通风方式（20 分）</td><td></td><td></td></tr>
<tr><td>2. 通风机的类型和特点（20 分）</td><td></td><td></td></tr>
<tr><td>3. SS_4改型电力机车牵引通风系统的组成及工作通路（20 分）</td><td></td><td></td></tr>
<tr><td>4. SS_4改型电力机车制动通风系统的组成及工作通路（20 分）</td><td></td><td></td></tr>
<tr><td>5. SS_4改型电力机车主变压器通风系统的组成及工作通路（20 分）</td><td></td><td></td></tr>
<tr><td colspan="2">总分</td><td colspan="2"></td></tr>
</table>

任务 3.2 HXD_{2B} 型电力机车通风系统认知

任务引言

HXD_{2B} 型电力机车采用侧墙独立通风方式，机车通风系统对车上电气设备进行强迫通风冷却，使主变压器、牵引变流器、牵引电动机等强电设备工作温升不超过允许值，从而保证机车正常、可靠地工作。另外，机车还设有机车司机室空调通风系统，给司乘人员提供了一个舒适的工作环境。

任务知识点

1. HXD_{2B} 型电力机车通风方式。
2. HXD_{2B} 型电力机车通风系统特点。(重点)
3. HXD_{2B} 型电力机车通风系统的组成及工作通路。(难点)
4. HXD_{2B} 型电力机车通风机组的结构、主要技术参数。
5. HXD_{2B} 型电力机车通风系统过滤装置的结构、工作方式。

任务技能要求

1. HXD_{2B} 型电力机车通风系统的维护。
2. HXD_{2B} 型电力机车通风机组的维护。
3. HXD_{2B} 型电力机车通风系统过滤装置的维护。

核心知识技能

3.2.1 HXD_{2B}型电力机车通风系统概述

HXD_{2B}型电力机车采用侧墙独立通风方式，通风系统采用高度集成化、模块化的设计思路，具有结构简单，进风面积大，风阻小，各通风支路风量分配均匀等特点。牵引变流器水冷却器与主变流器油冷却器采用一体化设计，两个冷却器之间通过过渡风道相连，缩减了油、水连接管路，改善了制造工艺性，减少了流阻，提高了冷却性能，减轻了重量，使得机车总体设计更加合理。为了保证机械间清洁和维持在正压状态，设有机械间通风系统。通风系统的冷却空气尽量进行净化，牵引电动机通风冷却系统采用惯性过滤器，分为一、二级过滤器，具有自动排尘功能；进入机械间的空气经过三级过滤器防尘，保证了机械间的清洁，使机械间内电气部件少积灰尘，提高了工作的可靠性。当机车通过隧道时，为了避免灰尘进入机械间，控制系统会自动关断机械间通风机。

HXD_{2B}型电力机车独立通风系统由牵引电动机通风系统、主变流柜和主变压器冷却器通风系统、辅变流柜通风系统、机械间补风系统、压缩机通风系统、机械间排风系统和空调通风系统等组成，除辅变流柜通风系统和压缩机通风系统为车内吸风，其余各部分均为独立从车外进风，经过风道，最后排出车外。机车的通风系统按机车纵向中心线斜对称布置在机车中间走廊两侧。司机室通风系统布置在两端司机室端部。各通风系统有各自相对独立的通风部件和管道，各风路系统相互不影响，进风量均匀，不需进行风量再分配。HXD_{2B}型电力机车通风系统流向示意图如图3－5所示。

3.2.2 HXD_{2B}型电力机车通风系统

1. 牵引电动机通风系统认知

牵引电动机通风系统采用独立通风方式，在机车机械间内前后斜对称各设三台牵引电动机通风机。每台通风机给一台牵引电动机通风冷却。通风机进风口和车体侧墙过滤器之间通过过渡风道连接，车外空气经车体侧墙过滤器进入过渡风道、再通过通风机进风口进入通风机，再经下风道和车体及转向架之间的软风道进入牵引电动机。过渡风道采用焊接结构，下风道焊接在车体台架上。牵引电动机通风系统冷风流向示意图如图3－6所示。

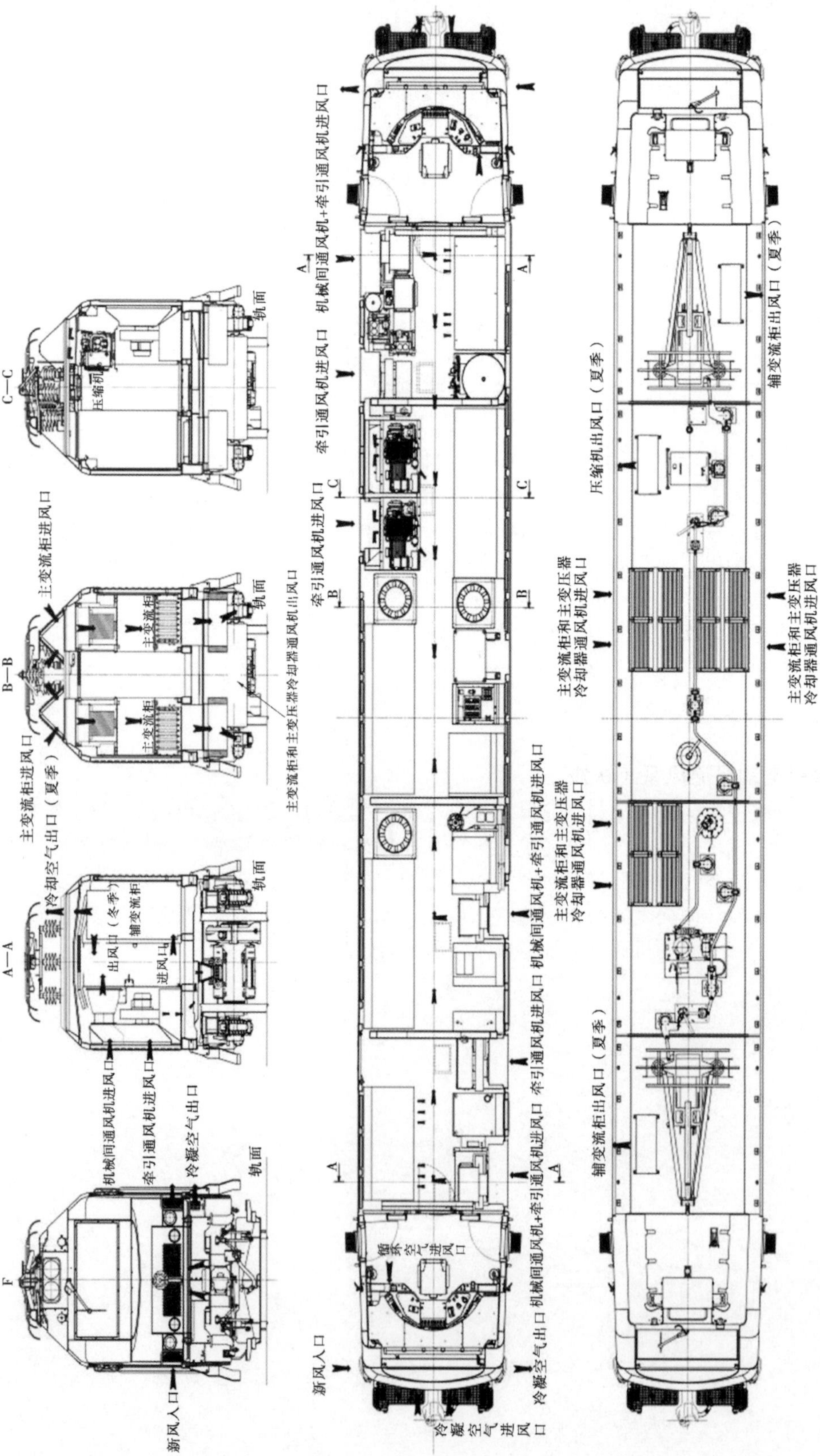

图 3-5 HXD_{2B}型电力机车通风系统流向示意图

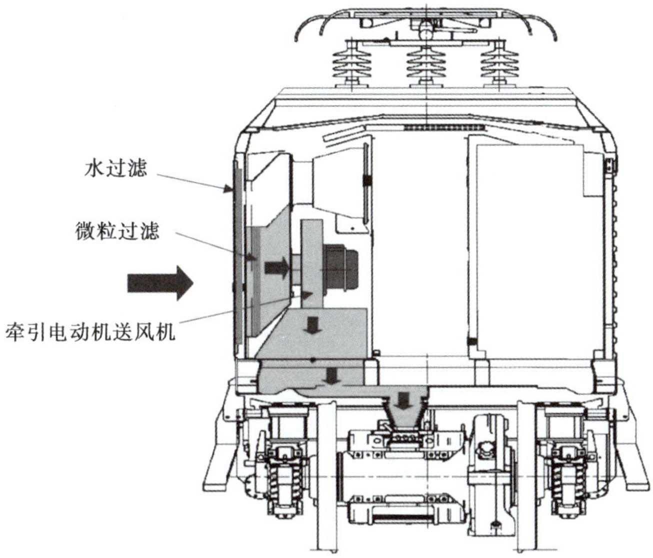

图3－6　牵引电动机通风系统冷风流向示意图

2. 主变流柜和主变压器冷却器通风系统认知

主变流柜通风系统采用独立通风方式，每台机车共有三套完全相同的主变流柜和主变压器冷却器通风系统，通过主变流风机将空气从车顶百叶窗吸入，向下先冷却主变流柜的水/乙二醇混合液散热器，再通过主变流柜和主变压器的连接风道冷却主变压器的油散热器，最后将热风吹向大气。主变流柜和主变压器冷却器通风系统冷风流向示意图如图3－7所示。

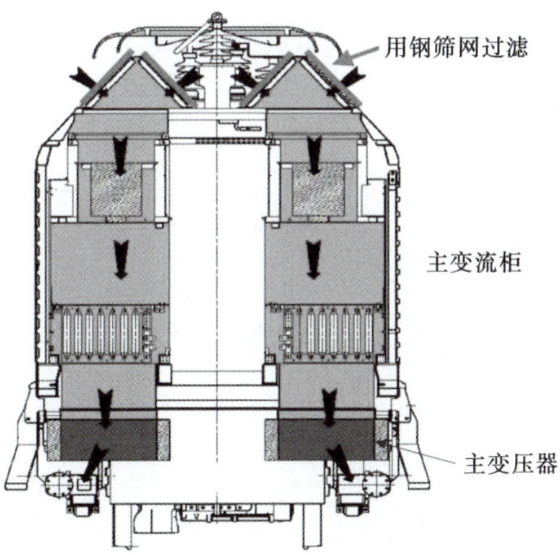

图3－7　主变流柜和主变压器冷却器通风系统冷风流向示意图

3. 辅变流柜通风系统认知

辅变流柜通风系统在冬季采用车内循环的方式，夏季采用车内吸风、车顶排风的方式，通过辅变流柜上部风道隔板进行调整，在机车机械间内前后斜对称各设一台辅变流柜，每个辅变流柜有两台轴流通风机。进风方式为车内吸风，在春、夏、秋季为车内吸风、车外排风，降低机械间的温度，冬季为车内循环，即车内吸风、车内排风，以利于机械间的保温。辅变流柜通风系统冷风流向示意图如图 3－8 所示。

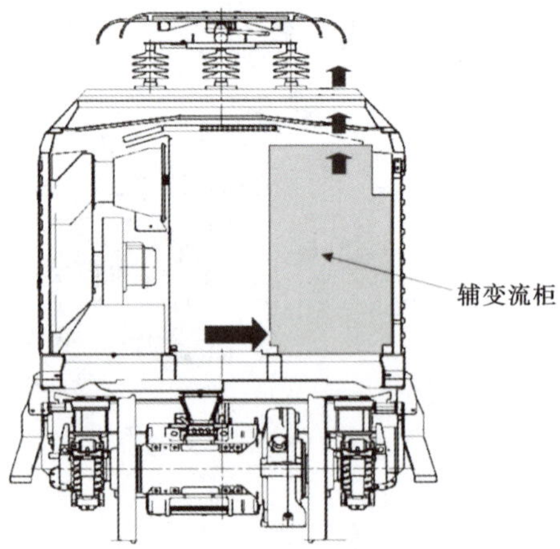

图 3－8　辅变流柜通风系统冷风流向示意图

4. 机械间补风系统认知

机械间补风系统采用独立通风方式，在 1、3、6 位牵引电动机通风机上部设有机械间通风机。空气从侧墙过滤器引入，经过渡风道、机械间通风机、三级过滤器后进入机械间，空气质量可达到 G4 级，从而给机械间补风，使机械间保持微正压。另外，为了保证机械间的相对清洁，当机车通过隧道时，机车控制系统会自动关闭机械间通风机。机械间补风系统冷风流向示意图如图 3－9 所示。

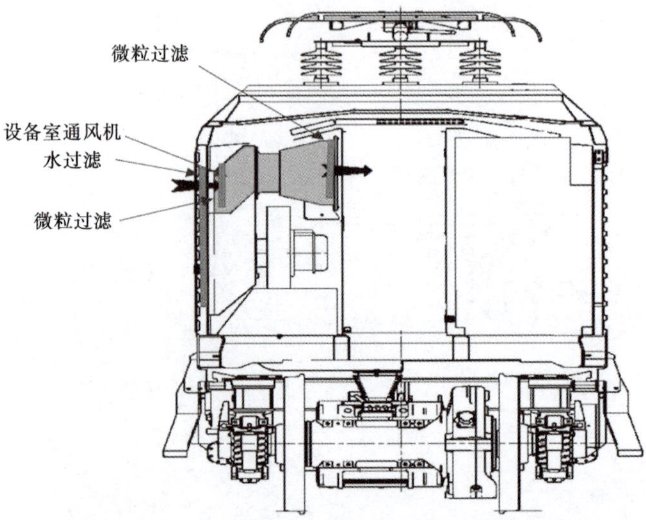

图 3－9　机械间补风系统冷风流向示意图

5. 压缩机通风系统认知

压缩机通风系统采用车内循环的方式，压缩机电动机轴上装有风扇，空气经过渡风道，由压缩机散热后，经出风口排到车内。压缩机通风系统冷风流向示意图如图 3－10 所示。

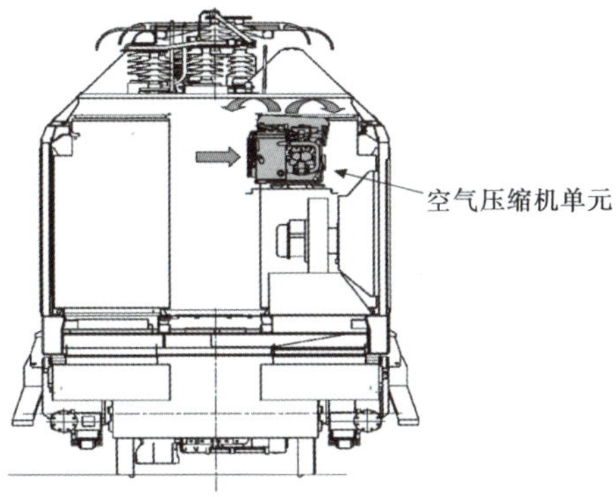

图 3－10　压缩机通风系统冷风流向示意图

6. 机械间排风系统认知

当机械间温度达到一定值时，控制系统会作用顶盖上部的气动伸缩杆，使其打开通风口，机械间内的热量通过通风口排到车外。当机械间温度没有达到此值时，机械间通过自然对流的方式将热量均匀分布。

7. 空调通风系统认知

空调通风系统采用独立通风方式，冷凝风从机车前鼻端中部进入，经空调主机单元的冷凝器后，被冷凝风机吸入机组，再通过压缩冷凝单元底面上的出口被吹出，从前鼻端的两侧排出车外；新鲜风从车下吸入，通过机组侧壁上一个开口进入空气处理单元，以保证司机室内空气新鲜；司机室回风通过操纵台上的空调软管经机组侧壁上一个开口进入空气处理单元，混合风由送风风机吸入，期间经过空气过滤器、蒸发器及加热器，空气将在一个内部风道中得到一定程度压缩并通过机组后侧的送风口吹至司机室，从而形成一个室内循环。空调通风系统冷风流向示意图如图 3－11所示。

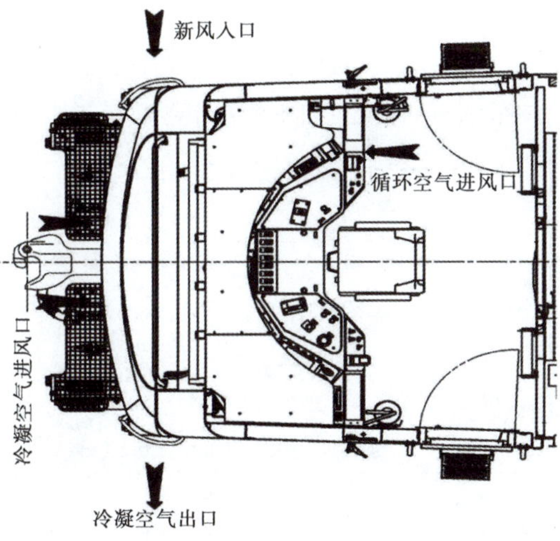

图 3－11　空调通风系统冷风流向示意图

3.2.3 HXD_{2B}型电力机车通风系统各主要部件认知

1. 牵引通风机组

在机车机械间内前后斜对称各设三台牵引电动机通风机组，每台通风机组由一台 FVF180S－2 型牵引通风机电动机驱动一台离心式通风机。

离心通风机主要由叶轮、蜗壳、集流器、电动机等组成。叶轮在蜗壳内通过锥轴直接装在电动机轴上，并用锁紧垫与螺栓连接紧固，蜗壳通过法兰盘与电动机连接起来。牵引通风机组外形及结构如图 3－12 所示。

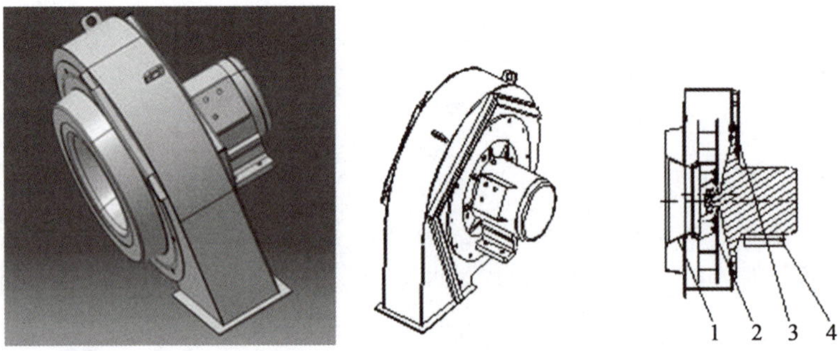

1—集流器；2—叶轮；3—蜗壳；4—电动机。

图 3－12 牵引通风机组外形及结构

FVF180S－2 型牵引通风机电动机由定子、转子、端盖、轴承、接线盒等组成。机座顶部有出线孔和接线盒。电动机两端盖上铸造有扇形出风口，三相绕组为 Y 型联结。

定子绕组在浸漆前进行绝缘介电强度试验，试验电压为 2 500 V，历时 1 min，不许有击穿闪络现象。新的干燥定子绕组对地绝缘电阻一般不小于 100 MΩ，要求最小冷态值不小于 10 MΩ。受潮电动机其绝缘电阻应不小于 0.5 MΩ，否则，需要将其清洗干净或烘干，必要时需重新浸漆。

转子为铸铝转子结构。电动机传动端轴承和非传动端轴承均为进口 NSK 全封闭球轴承。在轴承寿命周期内，不需要加油。牵引通风机组主要技术参数见表 3－1。

表 3－1 牵引通风机组主要技术参数

牵引通风机参数		电动机参数			
风量	1.85 m^3/s	额定功率	12.5 kW	极数	2 极
风压	4 800 Pa	额定电压	400 V	绕组接法	Y
额定轴功率	12.5 kW	额定电流	24 A	绝缘等级	H 级
额定转速	2 920 r/min	额定效率	88%	安装方式	B35
机组总重	200 kg	额定功率因数	0.87	电动机重量	80 kg

2. 辅助变流柜通风机组

每台辅助变流柜有两台轴流通风机，每台通风机组由一台 FVF90S－1 型电动机驱动一台 4RDUKL797C0 型离心通风机。

辅助变流柜通风机组主要由叶轮、蜗壳、集流器、电动机等组成。蜗壳为焊接结构，又称螺线形机壳。辅助变流柜通风机外形及结构如图 3－13 所示。

叶轮通过键直接装在电动机轴上，并用锁紧垫与螺栓连接紧固，蜗壳通过电动机法兰盘与电动机连接起来。

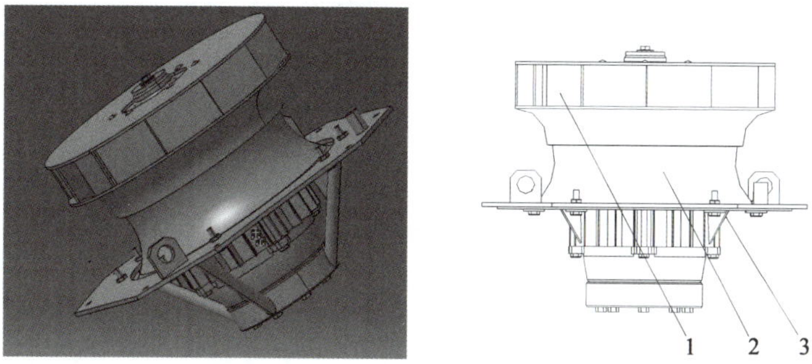

1—集流器；2—叶轮；3—电动机。

图3-13　辅助变流柜通风机外形及结构

FVF90S-1型电动机由定子、转子、端盖、轴承等组成。机座顶部有出线孔。定子无散齿，可改善槽口电气绝缘强度。定子绕组端部全部包扎，嵌线定子真空压力浸漆。三相绕组采用Y型联结。

定子绕组在浸漆前进行绝缘介电强度试验，试验电压为2 500 V，历时1 min，不许有击穿闪络现象。新的干燥定子绕组对地绝缘电阻一般不小于100 MΩ，要求最小冷态值不小于10 MΩ。受潮电动机其绝缘电阻应不小于0.5 MΩ，否则，需要将其清洗干净或烘干，必要时需重新浸漆。转子为铸铝转子结构。端盖采用HT200铸铁，电动机传动端轴承和非传动端轴承均为进口NSK全封闭球轴承，在轴承寿命周期内，不需要加油。

3. 机械间通风机组

机械间通风系统采用独立通风方式，在1、3、6位牵引电动机通风机上部各设一台机械间通风机组，每台通风机组由一台FVF90S-2型电动机驱动一台轴流式通风机。

1）通风机组结构

通风机组主要由叶轮、机壳、集风器、电动机等组成。机壳和集风器均为焊接结构。叶轮采用ZL104铝铸造结构，轮芯采用S355J2或1Cr18Ni9Ti加工成型后与叶轮体铸造成一体。

叶轮在机壳内通过键直接装在电动机轴上，并用锁紧垫与螺栓连接紧固，电动机垂直安装在机壳内筒的固定环上。机械间通风机组外形及结构如图3-14所示。

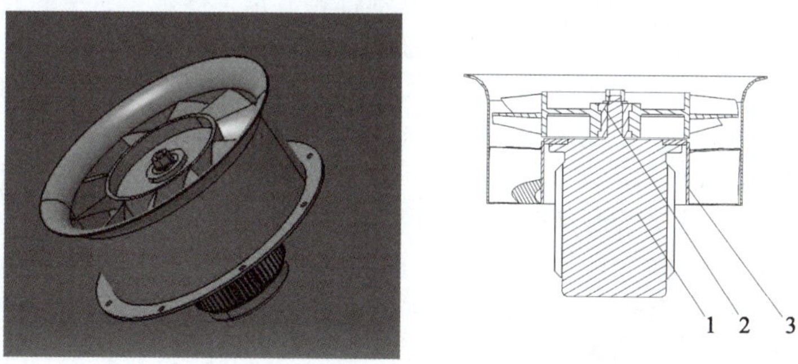

1—电动机；2—叶轮；3—机壳。

图3-14　机械间通风机组外形及结构

2）FVF90S-2型电动机结构

FVF90S-2型电动机由定子、转子、端盖、轴承等组成。机座顶部有出线孔。机座由灰铸铁HT200铸造而成，轴端顶部有出线孔和接线盒。定子无散齿，可改善电动机槽口电气绝缘强度。定子绕组端部全部包扎，嵌线定子真空压力浸漆。

定子绕组在浸漆前进行绝缘介电强度试验，试验电压为 2 500 V，历时 1 min，不许有击穿闪络现象。新的干燥定子绕组对地绝缘电阻一般不小于 100 MΩ，要求最小冷态值不小于 10 MΩ。受潮电动机其绝缘电阻应不小于 0.5 MΩ，否则，需要将其清洗干净或烘干，必要时需重新浸漆。

转子为铸铝转子结构，转子的端环、风叶、平衡块及槽内导体用 99.5AL 铝一次铸成，并热套在转轴上。电动机传动端轴承和非传动端轴承均为进口 NSK 全封闭球轴承，在轴承寿命周期内，不需要加油。

3）主要技术参数

机械间通风机组主要技术参数见表 3－2。

表 3－2　机械间通风机组主要技术参数

通风机参数		电动机参数			
风量	1.65 m^3/s	额定功率	1.5 kW	极数	2 极
风压	500 Pa	额定电压	400 V	绕组接法	Y
额定轴功率	1.5 kW	额定电流	3.4 A	绝缘等级	H 级
额定转速	2 830 r/min	额定效率	77%	安装方式	B14
机组总重	37 kg	额定功率因数	0.84	电动机重量	21 kg

4. 过滤器装置

1）概述

HXD_{2B} 型电力机车过滤器装置有侧墙过滤器和顶盖百叶窗装置两种。侧墙过滤器共设 6 组进风滤水除尘装置，为牵引通风和机械间通风系统服务。采用两级过滤系统，第一级为滤水装置，其特点是阻力小、阻水效率高、免维护、自清洁；第二级为除尘装置，采用纤维层过滤器，框架采用焊接结构；滤料采用可反复水洗的无纺布，其特点是根据通风系统的要求采用 G2～G4 级的滤料，满足通风系统的要求，具有拆装方便，滤料易更换的特点。顶盖百叶窗装置共有 3 组，安装在顶盖主变流柜进风口处，为主变流柜和主变压器通风除尘和挡雨。

2）滤水装置

（1）滤水装置原理。

滤水装置即侧墙百叶窗采用竖式结构，在其前部设有前部导流体，中间设有中部漩流体，后部设有后部出风体，下部设有沉积室，在沉积室的下部前方设有排尘、排水口，外界空气在前部导流体的进风口处加速，加速后的灰尘和水滴因含有较高的冲量而进入中部漩流体和后部出风体并减速，由于本身的重力而下坠至沉积室，随即排出，实现免维护和自清洁。滤水装置采用不锈钢合页定位在机车侧墙通风口上，用锁固定，为防止滤水装置在开启状态自由摆动，在下部设有防开锁。滤水装置原理如图 3－15 所示。

（2）滤水装置结构。

滤水装置主要由框架、滤芯、不锈钢合页，以及防开锁等组成，框架采用铝板压型焊接结构，滤芯主要由滤材、卡子、门楣等组成，滤芯通过铆钉固定在框架上。滤水装置外形如图 3－16 所示。

3）除尘装置

除尘装置采用纤维层过滤器，主要由骨架、滤料等组成，骨架（框架、前支架、后支架）采用铝板焊接结构，滤料采用可清洗重复利用的无纺布，无纺布在过滤器前部和过滤器后部之间，该结构设计简单，易于检修维护，除尘装置通过紧固件固定在风道上。除尘装置外形如图 3－17 所示。

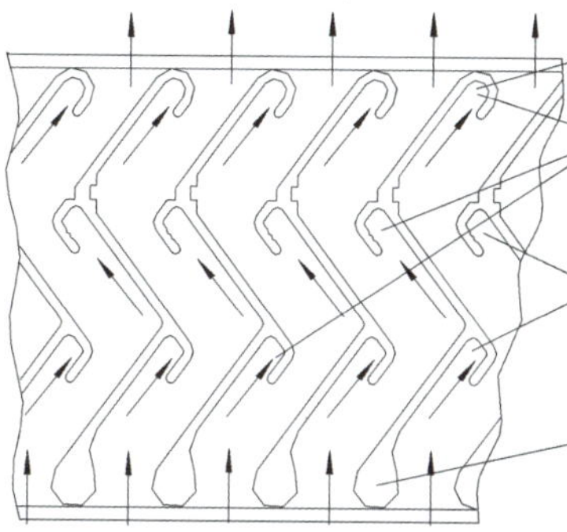

图3-15　滤水装置原理

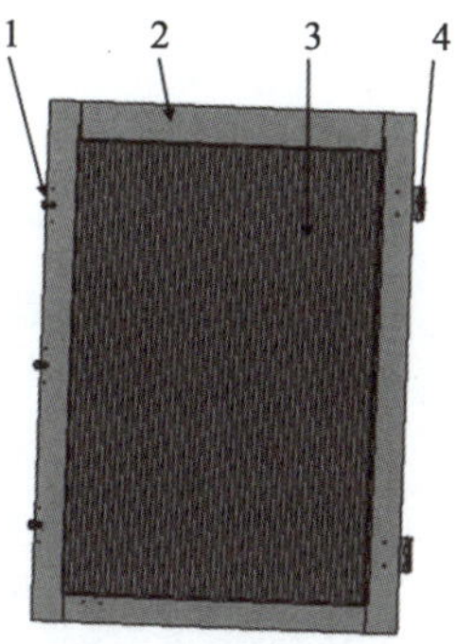

1—防开锁；2—框架；3—滤芯；4—不锈钢合页。

图3-16　滤水装置外形

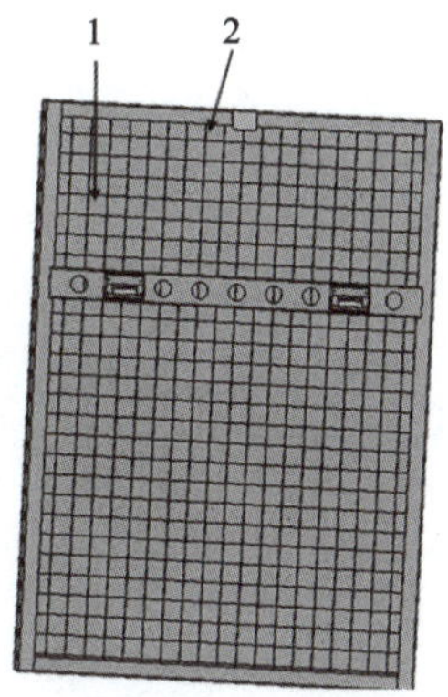

1—骨架；2—滤料。

图3-17　除尘装置外形

5. 顶盖百叶窗装置

顶盖百叶窗装置安装在顶盖主变流柜进风口处，为主变流柜和主变压器通风除尘和挡雨。其主要由骨架、叶片和过滤器装置等组成，骨架和叶片采用钢板焊接结构，过滤装置采用钢板和不锈钢丝网组成。该结构设计简单，易于检修维护，百叶窗装置通过紧固件固定在风道口上。百叶窗装置外形与结构如图3-18所示。

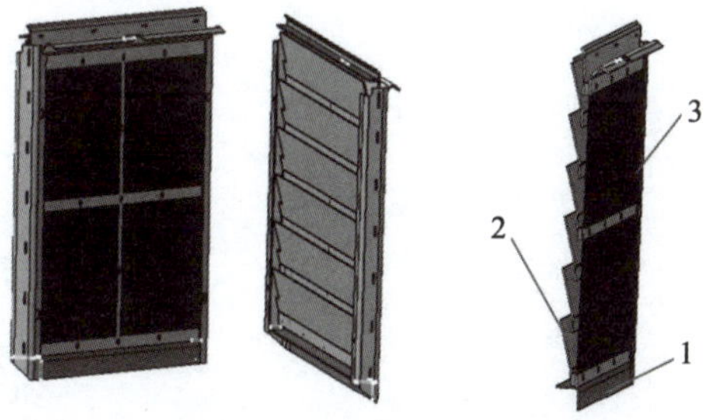

1—骨架；2—叶片；3—过滤器装置。

图3-18　百叶窗装置外形与结构

任务考核与评价

<table>
<tr><td>任务名称</td><td colspan="3">HXD$_{2B}$型电力机车通风系统认知</td></tr>
<tr><td>知识、技能目标点</td><td>考核项目</td><td>自我评价</td><td>教师评价</td></tr>
<tr><td rowspan="5">1. 了解 HXD$_{2B}$型电力机车的通风方式
2. 了解 HXD$_{2B}$型电力机车通风系统的特点
3. 掌握 HXD$_{2B}$型电力机车通风系统的组成及工作通路
4. 了解 HXD$_{2B}$型电力机车通风机组的结构、主要技术参数
5. 掌握 HXD$_{2B}$型电力机车通风系统过滤装置的结构、工作方式</td><td>1. HXD$_{2B}$型电力机车的通风方式（10 分）</td><td></td><td></td></tr>
<tr><td>2. HXD$_{2B}$型电力机车通风系统的特点（20 分）</td><td></td><td></td></tr>
<tr><td>3. HXD$_{2B}$型电力机车通风系统的组成及工作通路（40 分）</td><td></td><td></td></tr>
<tr><td>4. HXD$_{2B}$型电力机车通风机组的结构、主要技术参数（20 分）</td><td></td><td></td></tr>
<tr><td>5. HXD$_{2B}$型电力机车通风系统过滤装置的结构、工作方式（10 分）</td><td></td><td></td></tr>
<tr><td colspan="2">总分</td><td colspan="2"></td></tr>
</table>

任务3.3　HXD_{3C}型电力机车通风系统认知

任务引言

HXD_{3C}型电力机车采用独立通风方式，对机车上需要进行强迫冷却的电气设备实施强迫通风冷却，以使它们的工作温升不超过允许值，保证电气设备正常、可靠地工作。另外，通风系统还有司机室空调、机械间换气、卫生间通风等装置，以给司乘人员提供一个舒适的工作环境。

任务知识点

1. HXD_{3C}型电力机车通风方式。
2. HXD_{3C}型电力机车通风系统特点。(重点)
3. HXD_{3C}型电力机车通风系统的组成及工作通路。(难点)
4. HXD_{3C}型电力机车通风机组的结构。
5. HXD_{3C}型电力机车通风机组的维护。

任务技能要求

1. HXD_{3C}型电力机车通风系统的结构及工作通路。
2. HXD_{3C}型电力机车通风机组的结构。
3. HXD_{3C}型电力机车通风机组的维护。

核心知识技能

3.3.1 HXD_{3C}型电力机车通风系统概述

HXD_{3C}型电力机车通风系统主要特点如下。

(1) 通风系统采用高度集成化、模块化的设计思路。根据机车总体对称布置的被冷却装置的要求，采用独立通风冷却技术，具有结构简单、进风面积大、风阻小，各通风支路风量分配均匀等特点。

(2) 通风的冷却空气尽量进行净化。如牵引电动机通风冷却系统采用离心沉降式过滤器加棕纤维过滤器的二级过滤方式对吸入的空气进行净化。冷却空气净化较好，电气部件少积灰尘，提高了工作可靠性。

(3) 主变压器油冷却和牵引变流器水冷却使用油、水复合冷却器。采用这种“复合冷却”技术，使机车主要部件减少，缩减了油、水连接管路，减小了流阻，提高了冷却性能，减轻了重量，使得机车总体设计更加合理。

(4) 通风系统采用性能较好的轴流通风机组。它们所采用的滚动轴承是进口单列深沟球轴承，密封方式为双面非接触橡胶密封，具有较好的密封性、防尘性，平时不需要加润滑脂，日常维护方便，运用寿命长。

3.3.2 HXD_{3C}型电力机车通风系统的维护

HXD_{3C}型电力机车通风系统主要包括：牵引电动机通风系统、复合冷却器通风系统、辅助变流器通风系统、列车供电柜通风系统、司机室通风系统、空气压缩机通风系统和机械间通风系统等。

机车通风系统按机车纵向中心线斜对称布置在机车中间走廊两侧。司机室通风系统布置在两端司机室内。各通风系统有各自相对独立的通风部件和管道，各通风系统相互不影响，进风量均匀，不需进行风量再分配。

1. 牵引电动机通风系统

牵引电动机通风系统由两台通风机组成，每台通风机冷却三台牵引电动机。牵引通风机组额定风量为5.5 m^3/s，额定风压（静压）≥3 600 Pa（20 ℃状态下空气密度为1.2 kg/m^3）。

如图3－19所示，室外的空气经过过滤器、车顶进气间，直接被通风机使用，在通风机底座分成三条通风道，分别通过连接软管和牵引电动机相连接。每组牵引电动机通风支路空气走向如下：

车外大气（5.5 m^3/s）→离心沉降式过滤器→棕纤维过滤器→车顶进气间→牵引通风机→通风机底座→车体风道→连接软管→牵引电动机→大气。

2. 复合冷却器通风系统

复合冷却器通风系统由2台复合冷却通风机组等部件组成，分别对2台复合冷却器进行独立冷却。复合冷却器通风机组有两种型号，分别为：RPF－67B（分别装有YFDL200、FVF160DL2－2型电动机）和TZTF6.7（装有JD160L型电动机），额定风量6.5 m^3/s，额定风压（静压）≥1 570 Pa（20 ℃状态下空气密度为1.2 kg/m^3）。

复合冷却器通风系统示意图如图3－20所示，每台复合冷却器通风支路的冷却空气走向如下：

车外空气（6.5 m^3/s）→离心沉降式过滤器→侧墙板式粗滤器→车顶进气间→复合冷却器通风机组→异径风道→复合冷却器→车底大气。

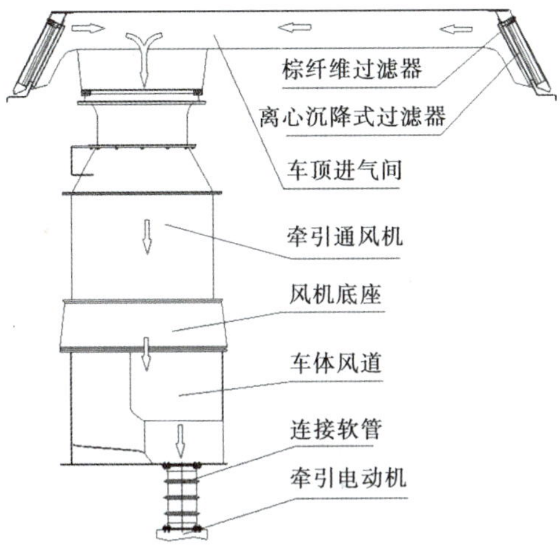

图 3－19　牵引电动机通风系统示意图

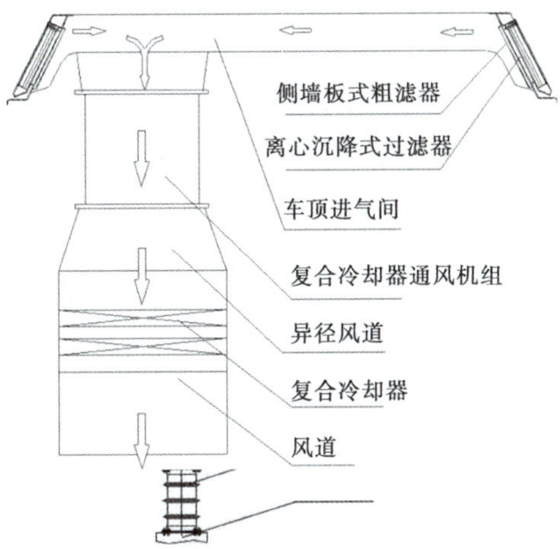

图 3－20　复合冷却器通风系统示意图

3. 辅助变流器通风系统

辅助变流器通风系统示意图如图 3－21 所示，机车机械间设有 2 台辅助变流器装置，分别安装在 2 台牵引变流器装置柜内，每台辅助变流器具有独立的通风冷却系统，其通风支路的冷却空气走向如下：

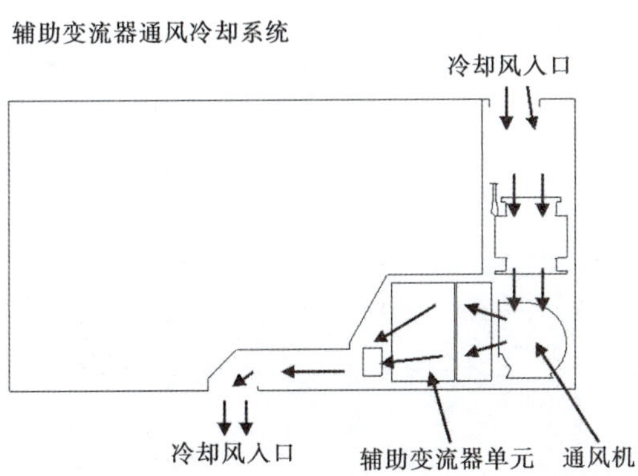

图 3－21　辅助变流器通风系统示意图

车外空气（0.5 m^3/s）→离心沉降式过滤器→棕纤维过滤器→车顶进气间→辅助变流器装置柜进风口→通道→离心通风机→各散热元件→风道→出风口→车底大气。

4. 列车供电柜通风系统

列车供电柜通风支路的作用是采用强迫风冷方式对供电柜的功率开关器件和电抗器等发热电器件进行冷却。全车共有 2 个列车供电柜，由于供电柜不允许冷却空气中含有水珠及灰尘，故采用机械间内进气方案。每台列车供电柜通风支路的冷却空气走向如下：

机械间进气（约 1.5 m^3/s）→列车供电柜→车体底架→大气。

5. 司机室通风系统

HXD_{3C}型电力机车司机室通风采用单元式空调机组，分别安装在机车Ⅰ、Ⅱ端司机室前端罩板内。

降温通风支路：

司机室内的循环空气由空调机组内的通风机组经过装有滤尘网的回风道吸入，并与外界的新鲜空气混合，在通过空调机组内的蒸发器后，冷空气经过出风口处的可调出风栅送入司机室内。制冷系统连续工作，使车内温度逐渐降低，从而达到制冷、除湿的目的，车内空气温度由控制器自动进行控制。

升温通风支路：

司机室内的循环空气被空调机组内通风机吸入，通过空调机组内的电加热器加热，被加热的空气由通风机送入司机室内，使司机室内温度上升。

6. 卫生间通风系统

机车内设有一个卫生间。车内空气经过卫生间侧壁的电动排风扇进入卫生间内，再经过卫生间顶部的格栅将空气排到车顶进气间并排出车外。

7. 空气压缩机通风系统

空气压缩机通风系统采用机械间进气，冷却空气压缩机后，冬季热空气排到车内，并由车体排气口排出车外；夏季热空气直接通过风道排出车外。

8. 机车机械间通风系统

在机械间顶部布置了两个机械间通风机，分别往机械间吹风，其主要作用如下：首先是保证机械间始终有一正压，约为 70 Pa；其次是保证提供空气压缩机、卫生间等所需的清洁空气；最后是带走机械间电器设备所散发的热量。

风扇吹入机械间的风量约为 4 m^3/s，通过车体底架排出的风量约为 1 m^3/s。机械间内有一压力平衡装置，当机械间压力超过 70 Pa 时，在压力作用下自动打开平衡装置的排气门，降低车内压力。

3.3.3　HXD_{3C}型电力机车通风系统各主要部件认知

1. 复合冷却器通风机组

HXD_{3C}型电力机车主变压器和主变流器安装在机械室内，其工作时产生大量热量，由复合冷却器先进行冷却，后通过复合冷却器通风机组将热量带走。如图3－22所示，复合冷却器通风机组由RPF－67B型通风机和TIKK－FCKW8型电动机组成。

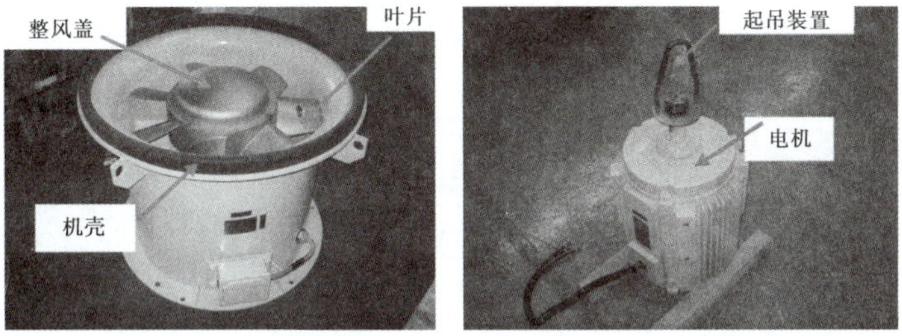

(a)RPF-67B型通风机　(b)TIKK-FCKW8型电动机

图3－22　复合冷却器通风机组

2. 牵引通风机

为冷却HXD_{3C}型电力机车牵引电动机，在机械室内安装了牵引通风机组。此通风机组由BAF－80A型通风机和YPBD200L2－2、FVF180M2－2型电动机组成。牵引通风机组构造如图3－23所示。

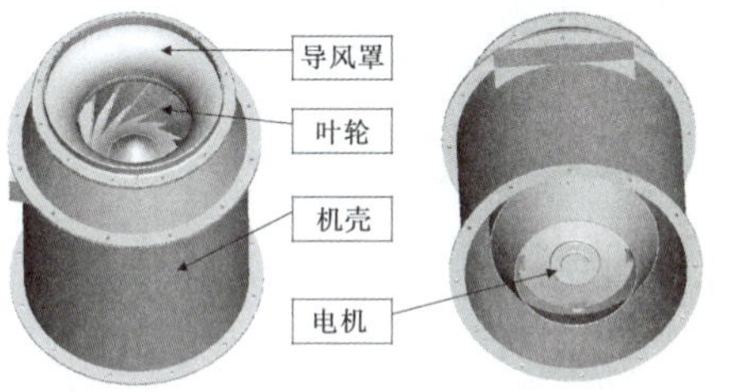

图3－23　牵引通风机组构造

3. 通风机组的检查

1）通风机的检查

通风机的检查项目包括：运转时检查有无异常声响、异常振动；检查各安装螺栓有无松动；检查各部件有无损坏及灰尘附着（叶轮、机壳、导风筒等）；检查叶轮静平衡；检查叶轮和导风筒的间隙；确认再组装后的振动情况（振幅），在振幅超过限值的情况下，确认动平衡。全部检查时，如部件有损伤、磨耗，应更换新品，特别是垫圈等较易老化的部件，建议更换新品。

2）电动机检查项目

电动机检查项目包括：运转时检查有无异常声响、异常振动；检查各安装螺栓有无松动；检查定子组装及转子组装；检查绝缘电阻；检查轴承（大修时更换）；检查轴承套有无磨耗；确认垫圈类部件的老化情况。因为电动机的轴承是带防尘盖的轴承，在运行中不需要注油，因此在进行大修时必须更换新品。

4. 空气过滤装置

由于牵引电动机及辅助变流器通风冷却时要求空气过滤精度较高，故采用离心沉降式过滤器加棕纤维过滤器的二级过滤方式，以提高过滤效率、精度和降低系统阻力，增强防雨性能。而在其他通风系统（机械间进气、复合冷却器进气等）中采用离心沉降式过滤器加侧墙板式粗滤器的过滤方式，即可满足使用要求。

1）离心沉降式过滤器

整车的进气系统均采用离心沉降式过滤器，对各支路所需要的空气进行过滤，过滤器安装在机车左右侧的顶盖进气间中。离心沉降式过滤器采用离心 - 沉降 - 分离的除尘机理，离心沉降式过滤器断面结构见图 3 – 24，其优点有：低压降、低噪声、免维修和重量轻。

图 3 – 24 离心沉降式过滤器断面结构

离心沉降式过滤器的过滤原理是：车外冷空气在进风导流体的风口处加速，加速后的灰尘和水滴因含有较高的冲量而进入过滤件 1 和过滤件 2 并减速，由于自身的重力而下坠并汇集到下部排尘槽中排出车外。

2）棕纤维过滤器

棕纤维过滤器作为通风系统中的精滤器，其过滤精度在灰尘颗粒大小为 2 ~ 40 μm 之间，效率可达 80%（迎面风速：1 m/s）以上，并且阻力小、容尘量大。滤器采用板状结构，其主要过滤材料为喷涂乳胶的棕纤维，喷涂乳胶主要是使松散的棕纤维更加紧密，密度、孔隙均匀，并且乳胶还具有一定的粘接能力，使过滤精度更高。

3）侧墙板式粗滤器

侧墙板式粗滤器安装在复合冷却器通风通路中，其主要作用是夏季可以有效地过滤空气中的柳絮及漂浮物，该滤器为 40 目板式钢丝网结构，阻力小，安装简单，清洗方便。侧墙板式粗滤器的主要性能：滤网采用 24 目不锈钢丝网；风速 3 m/s 时，初始阻力 ≤2 Pa，终止阻力 200 Pa。

任务考核与评价

<table>
<tr><td>任务名称</td><td colspan="3">HXD_{3C} 型电力机车通风系统认知</td></tr>
<tr><td>知识、技能目标点</td><td>考核项目</td><td>自我评价</td><td>教师评价</td></tr>
<tr><td rowspan="5">1. 了解 HXD_{3C} 型电力机车通风方式
2. 理解 HXD_{3C} 型电力机车通风系统特点
3. 掌握 HXD_{3C} 型电力机车通风系统的组成及工作通路
4. 了解 HXD_{3C} 型电力机车通风机组的结构
5. 了解 HXD_{3C} 型电力机车通风机组的维护</td><td>1. HXD_{3C} 型电力机车通风方式（10 分）</td><td></td><td></td></tr>
<tr><td>2. HXD_{3C} 型电力机车通风系统特点（20 分）</td><td></td><td></td></tr>
<tr><td>3. HXD_{3C} 型电力机车通风系统的组成及工作通路（40 分）</td><td></td><td></td></tr>
<tr><td>4. HXD_{3C} 型电力机车通风机组的结构（20 分）</td><td></td><td></td></tr>
<tr><td>5. HXD_{3C} 型电力机车通风机组的维护（10 分）</td><td></td><td></td></tr>
<tr><td colspan="2">总分</td><td colspan="2"></td></tr>
</table>

任务 3.4 SS_4改型电力机车风源系统认知

任务引言

电力机车空气管路系统按其功能可分为风源系统、制动机气路系统、控制气路系统和辅助气路系统四大部分。其中，风源系统的作用是生产、贮备、调节、控制压力空气，并向全车各气路系统提供所需的高质量的、洁净的、稳定的压力空气。本任务重点介绍SS_4改型电力机车风源系统。

任务知识点

1. 空气管路系统的组成。
2. 风源系统的作用和组成。(重点)
3. SS_4改型电力机车风源系统的组成。
4. SS_4改型电力机车风源系统的工作环节。(难点)

任务技能要求

1. SS_4改型电力机车风源系统的维护。
2. SS_4改型电力机车风源系统操纵注意事项。

核心知识技能

3.4.1 SS_4改型电力机车风源系统的构成

SS系列电力机车风源系统由主空气压缩机组、总风缸、空气压力控制器、空气干燥器（或油水分离器）、无负荷（载）启动电空阀、止回阀（止回阀或逆流止回阀）、高压安全阀、塞门及连接管等组成。

（1）主空气压缩机组（简称主压缩机组，包括主压缩机及其驱动电动机）用于生产具有较高压力的压力空气，供全车空气管路系统使用。

（2）总风缸（又称主风缸）是用来储存压力空气的容器。为保证压力空气的稳定供应，机车上必须配备容量足够大的总风缸。工作中，总风缸内的压力空气经总风缸管送至制动机系统、控制气路系统和辅助气路系统供使用。

（3）空气压力控制器（即空气压力调节器）利用总风缸压力的变化，自动控制空气压缩机，使总风缸压力空气的压力保持在一定范围内。当总风缸空气压力达到最大规定值时，自动切断主空气压缩机电动机的电源电路，主空气压缩机停止工作；当总风缸空气压力低于最小规定值时，自动闭合主空气压缩机电动机的电源电路，主空气压缩机恢复打风。

（4）空气干燥器去除主空气压缩机组生产的压力空气中的油、水、尘及机械杂质等杂物后，将压力空气储存在总风缸内，供全车空气管路系统使用。

（5）无负荷启动电空阀用于减小主空气压缩机组在启动过程中的启动负载，以保证主空气压缩机组顺利启动。

（6）止回阀（止回阀或逆流止回阀）用于限制压力空气的流动方向，以防止压力空气向主空气压缩机气缸内逆流并防止压力空气逆流到无负荷启动电空阀排入大气。

3.4.2 SS$_4$改型电力机车风源系统概述

1. SS$_4$改型电力机车风源系统的组成

SS$_4$改型电力机车风源系统管路原理如图 3－25 所示。

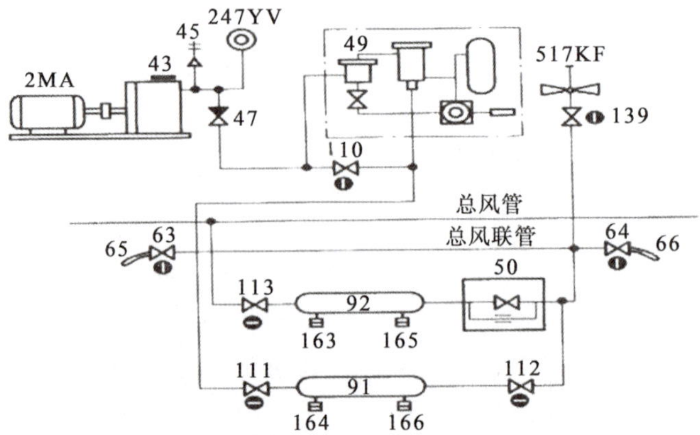

43—空气压缩机组；45—高压安全阀；47—止回阀；49—空气干燥器；50—逆流止回阀；63、64—总风折角塞门；65、66—总风软管连接器；91—第一总风缸；92—第二总风缸；111～113、139—塞门；163～166—排水阀；247YV—无负载启动电空阀；517KF—压力控制器；2MA—主空气压缩机电动机。

图 3－25 SS$_4$改型电力机车风源系统管路原理

SS$_4$改型电力机车由两节完全相同的机车组成，每节机车上均设置一套完整的空气管路系统，可以单独运用，并且可通过空气管路系统的重联环节实现两节或多台 SS$_4$改型电力机车空气管路系统的重联运用。其正常工作时的气路如下。

空气压缩机组43
- →高压安全阀45(调整动作压力950±20 kPa)
- →止回阀47→冷却管——→空气干燥器49→塞门111→第一总风缸91→塞门112
- →无负载启动电空阀247YV——→塞门110(关闭)

塞门112之后：
- →塞门139→压力控制器517KF(开断900±20 kPa，闭合750±20 kPa)
- →逆流止回阀50→第二总风缸92→塞门113→总风管→制动机、气动器械
- →总风联管→总风折角塞门63或64→总风软管连接器65或66↔重联机车风源系统

2. SS_4改型电力机车风源系统的各工作环节

SS_4改型电力机车风源系统可分为压缩空气的生产、压缩空气的压力控制、压缩空气的净化、压缩空气的储存及总风的重联五个环节。

1）压缩空气的生产

单节SS_4改型电力机车主压缩空气的生产由一台生产量为3 m^3/min的VF－3/9型空气压缩机组43完成。该空气压缩机组为四缸V形排列两级单动风冷固定式，其额定排气压力为900 kPa，额定转速为980 r/min，并由一台功率为37 kW的YYD－280S－6型三相交流异步电动机驱动。在运行中，如果压缩机组出现故障，可利用另一节机车上的压缩机组继续维持运行。

2）压缩空气的压力控制

压缩空气压力由YWK－50－C型压力控制器517KF来调整。该压力控制器性能稳定，调整方便。

压力控制器是根据总风缸压力的变化，自动闭合或切断主空气压缩机电动机电源，从而控制主空气压缩机的运转或停止，使总风缸内压力空气的压力保持在规定的压力范围（750～900 kPa）内。即当总风缸空气压力达到最大规定值900 kPa时，自动切断主空气压缩机电动机的电源电路，主空气压缩机停止工作；当总风缸空气压力低于最小规定值750 kPa时，自动闭合主空气压缩机电动机的电源电路，主空气压缩机恢复打风。

压力控制器故障时，可通过塞门139切除，这时司机可利用强泵风按钮操作压缩机组。

3）压缩空气的净化

压缩空气的净化处理由空气处理量为3～5 m^3/min的DJKG－A型空气干燥器49完成。压缩机组生产的压缩空气先经过一段较长的冷却管冷却后进入干燥器，在干燥器的滤清筒、干燥筒内进行干燥净化处理后，送入总风缸内储存。

4）压缩空气的储存

经过干燥净化处理后的压缩空气，进入两个串联的总风缸内储存。其中第一个总风缸91容积为290 L，第二个总风缸92容积为612 L。

机车入库后可关闭塞门111、113，保存总风缸内的压缩空气；在机车无火回送时，应将塞门112关闭，切除第一总风缸，缩短列车的充气时间。

在使用中还应定期打开总风缸排水阀163～166，检查和排除总风缸内的积水。

5）总风的重联

为适应铁路运输的高速和重载要求，SS_4改型电力机车设置了重联功能，经过干燥、净化处理后的压力空气进入第一总风缸后，一路经逆流止回阀50进入第二总风缸供本节机车使用；另一路经总风联管、总风折角塞门63或64、总风软管连接器65或66等总风重联装置进入另一台重联机车，使得所有重联机车的总风缸相通。当一台机车空气压缩机组出现故障后，可由另一台机车通过总风重联装置提供压力空气。

当重联在一起的两节机车或其他重联机车之间断钩分离后，第一总风缸内的压缩空气将很快随拉断的总风软管连接器排入大气，第二总风缸内的压缩空气由于逆流止回阀的单向作用将缓慢沿逆流小孔排入大气，保证分离机车制动所需的压力空气。同时逆流止回阀又能保证所有重联在一起的机车总风缸内压缩空气压力一致，而不会由于各机车用风量不同造成总风缸内压缩空气压力不一致。

任务考核与评价

任务名称	SS_4改型电力机车风源系统认知		
知识、技能目标点	考核项目	自我评价	教师评价
1. 熟记空气管路系统的组成 2. 掌握风源系统的作用和组成 3. 掌握SS_4改型电力机车风源系统的组成和工作流程 4. 掌握SS_4改型电力机车风源系统工作环节和注意事项	1. 空气管路系统组成（10分）		
	2. 风源系统的作用和组成（10分）		
	3. SS_4改型电力机车风源系统的组成和工作流程（40分）		
	4. SS_4改型电力机车风源系统工作环节和注意事项（40分）		
总分			

任务3.5　HXD_{3C}型电力机车风源系统认知

任务引言

HXD_{3C}型电力机车风源系统采用两台螺杆式空气压缩机组。风源系统滤水、滤油的处理装置为两个双塔干燥器和两个微油过滤器。机车车内立式安装2个容积均为800 L的风缸作为压缩空气的储存容器。此外，在机车端部安装了总风软管和平均软管，可满足机车重联功能及客车总风供风功能。

任务知识点

1. HXD_{3C}型电力机车风源系统的组成。(重点)
2. HXD_{3C}型电力机车风源系统的工作环节。(难点)
3. HXD_{3C}型电力机车空气压缩机组的结构、工作原理。
4. HXD_{3C}型电力机车双塔干燥器的结构、工作原理。
5. HXD_{3C}型电力机车辅助风源系统的维护。

任务技能要求

1. HXD_{3C}型电力机车空气压缩机认知。
2. HXD_{3C}型电力机车双塔干燥器认知。

核心知识技能

3.5.1 HXD$_{3C}$型电力机车风源系统的构成

HXD$_{3C}$型电力机车风源系统示意图如图 3－26 所示，HXD$_{3C}$型电力机车风源部件布置如图 3－27 所示。

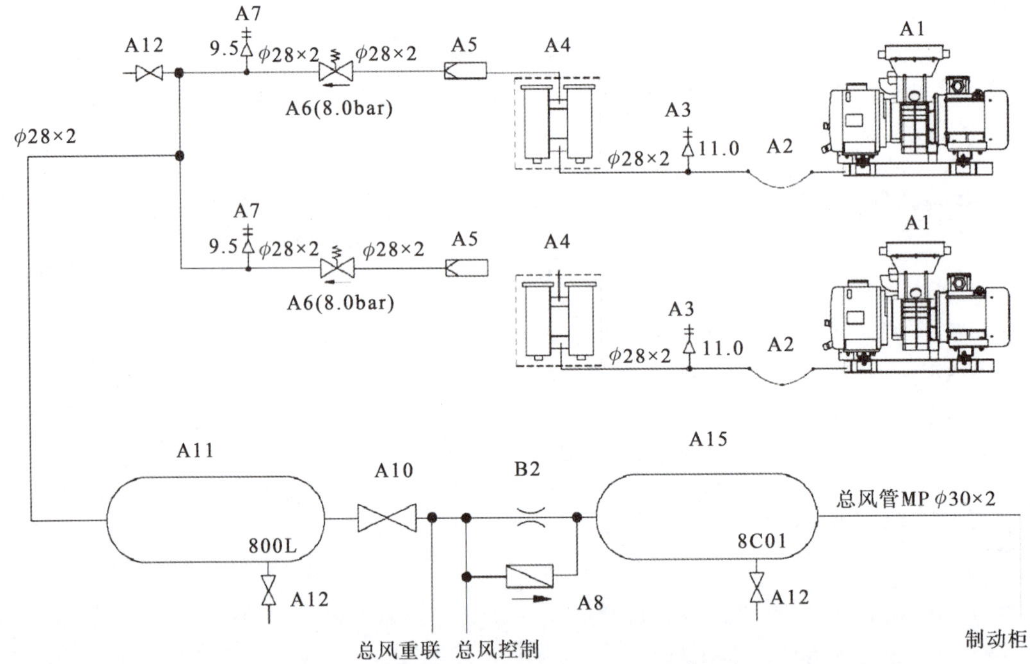

A1—空气压缩机组；A2—软管；A3—安全阀；A4—双塔干燥器；A5—微油过滤器；A6—最小压力阀；A7—安全阀；A8—单向阀；A10—截断塞门；A11—第一总风缸；A12—排水塞门；A15—第二总风缸；B2—限流缩堵。

图 3－26　HXD$_{3C}$型电力机车风源系统示意图

(a)机械间 I 端风源图　　(b)机械间 II 端风源图

图 3－27　HXD$_{3C}$型电力机车风源部件布置

3.5.2 HXD_{3C}型电力机车风源系统的工作环节

1. 压缩空气的生产

HXD_{3C}型电力机车安装有两台螺杆空气压缩机，排风量每台不小于2 400 L/min，运行中如果一台压缩机出现故障，可利用另一台压缩机组继续维持运行。

2. 压缩空气净化处理

压缩机输出的压缩空气，由双塔干燥器、微油过滤器完成净化处理工作，以保证送入总风缸的压缩空气为清洁、干燥、洁净的空气。每个压缩机配备一台双塔干燥器，用于清除压缩机输出的压缩空气中的油、水分和尘埃等，每台无热再生吸附式双塔干燥器的空气处理量不小于2.4 m^3/min。

3. 压缩空气储存

经干燥净化处理的压缩空气，进入两个串联的第一总风缸、第二总风缸内储存，以供全列车气动器械及制动机所用，总风缸容积均为800 L，工作压力为1 000 kPa，安装于车内机械间空气管路柜旁车体尾部。排水口位于总风缸底部，使用中应定期打开总风缸排水塞门A12，检查和排除总风缸内积水。机车无动力附挂时，按照机车无动力附送要求，适时关闭总风缸隔离塞门A10。

4. 总风压力控制

总风压力控制环节由压力开关组实现。压力开关根据总风压力自动控制压缩机组的启动、停止，从而实现对总风压力的控制目的。当压力开关组故障时，可通过将空气压缩机开关置于“强泵风”位，实现对压缩机的手动控制。空气压缩机开关置于“强泵风”位，空气压缩机1、2同时投入工作，快速向总风缸内充入压缩空气。通过总风低压保护压力开关反馈的总风缸压力信号，机车控制系统解锁/封锁机车的牵引，实现总风低压保护功能。

5. 风源系统保护

HXD_{3C}型电力机车风源系统设置2个高压安全阀，分别位于压缩机出口处和总风缸入口处，总风高压安全阀A3用于控制空气压缩机出风口压力不大于1 100 kPa，总风缸安全阀A7用于控制充入总风缸的压力空气压力值不大于950 kPa，从而保护风源系统的安全。此外，在干燥器出口处设置低压维持阀（也称最小压力阀），开通压力为600 kPa，保证干燥器内部快速建立起压力，使干燥器可以进行再生、干燥工作，同时将两台干燥器间通路进行隔离。

6. 总风重联

在第一总风缸和第二总风缸之间设置了单向阀和限流缩堵。正常运行中，单向阀可保证第一总风缸压缩空气顺利充入第二总风缸，同时防止压力空气逆流。当重联机车发生断钩事故时，通过限流缩堵保护第二总风缸压力，从而确保机车紧急制动作用用风。

3.5.3 HXD_{3C}型电力机车空气压缩机组的维护

HXD_{3C}型电力机车风源系统空气压缩机采用螺杆式压缩机组，其驱动电动机为三相交流异步电动机。此空气压缩机组具有温度、压力控制装置，可以实现无负荷启动。散热器排风口向下，以满足机械间的独立通风要求。空气压缩机组的开停状态由总风压力开关进行自动控制，也可以通过手动按钮强行控制开停，螺杆式空气压缩机组如图 3－28 所示。

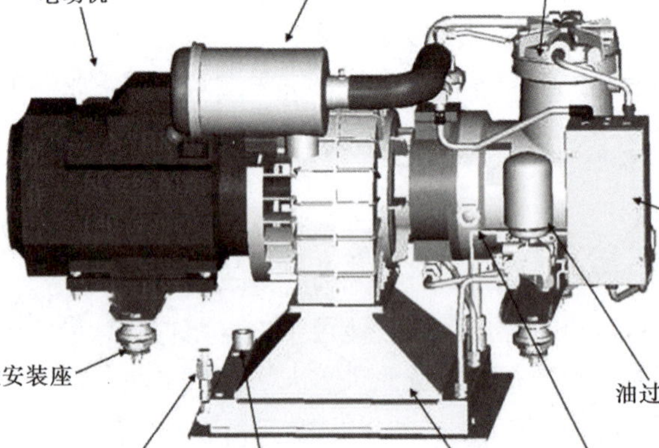

图 3－28 螺杆式空气压缩机组

1. 压缩机主要技术参数

HXD_{3C}型电力机车压缩机组主要技术参数见表 3－3。

表 3－3 HXD_{3C}型电力机车压缩机组主要技术参数

型号	SL22－66	TSA－230AVI－II	BT－2.6/10AD3
排风量/（L/min）	2 750	2 400	2 600
工作压力/bar	10	10	10
转速/（r/min）	2 920	2 955	2 940
工作温度/℃	－40～＋50	－40～＋50	－40～＋50
润滑油型号	ANDEROL 3 057 M	ANDEROL 3 057 M	ANDEROL 3 057 M
油量/L	6～7	7.9	7
工作电压/V	380	380	380
频率/Hz	50	50	50
控制电压/V	110	110	110
防护等级	IP55	IP55	IP55
外形尺寸/（$L \times W \times H$）mm	1 346×563×838	1 305×685×875	1 305×685×890
排气含油率/（mL/m^3）	≤5	≤5	≤5
管路接口	G1	G1	G1
重量/kg	395±3%	420±3%	430±3%
安装尺寸/mm	809×460	809×460	809×460
安装螺栓/mm	M16×130	M16×120	M16×110

2. 控制模式

HXD_{3C}型电力机车压缩机具有间歇工作和延时工作两种模式。当压缩机需要频繁启动（如牵引客车需要大量风源）或发生轻微的机油乳化现象时，可以操作机车显示屏将压缩机设置在延时工作模式。延时工作模式可以有效地减少由于压缩机频繁启动造成对电动机及机头的损害，同时可以减缓压缩机机油乳化现象。

机车设有两个空气压力调节器，控制空气压缩机的启停动作。

（1）压缩机间歇工作模式启停控制见表3－4。

表3－4　压缩机间歇工作模式启停控制

序号	启动压力	启动台数	位置	控制开关	停止压力
1	680 kPa＜P＜750 kPa	1	远离操作端	压力开关P50.72	900 kPa
2	P＜680 kPa	2	两端	压力开关P50.75	900 kPa

注：P——总风缸压力。

（2）压缩机延时工作模式启停控制见表3－5。

表3－5　压缩机延时工作模式启停控制

序号	加载压力	启动台数	位置	控制开关	空载压力
1	680 kPa≤P＜750 kPa	1	远离操作端	压力开关P50.72	900 kPa
2	P＜680 kPa	2	两端	压力开关P50.75	900 kPa

（3）压缩机间歇、延时工作制的转换见表3－6。

表3－6　压缩机间歇、延时工作制的转换

序号	转换模式	转换时压力	执行过程
1	间歇→延时	P＜750 kPa	压力至900 kPa后，进入延时模式
2	间歇→延时	P≥750 kPa	压缩机先不启动，压力低于750 kPa启动，待压力至900 kPa后，进入延时模式
3	延时→间歇	P＜750 kPa	压力至900 kPa后停止工作，进入间歇模式
4	延时→间歇	P≥750 kPa	压缩机不工作，进入间歇模式

注：加载——压缩机释放压力空气；
空载——压缩机工作但不释放压力空气；
空载计时——单次空载运转时间超过20 min，该机组停止运行；空载计时内，压缩机进入加载工作，其空载计时清零。

3. 工作原理

螺杆压缩机由阴阳两个螺杆形的转子，旋转进行空气的压缩和输送。空气压缩机组工作示意图见图3－29。

1）空气压缩过程

空气通过空滤器（7）和进气阀（1.4.3）吸入压缩机（1.3）。空气被压缩后，通过与转子连接的输送口被推进压缩机壳（1.1.1）。

如果压缩机启动时，压缩机壳内无空气压力，最小压力阀（1.1.2）将保持关闭状态，以便使压缩机壳内迅速建立起空气压力，帮助润滑油尽快循环。

当压缩机壳内空气压力达到约6.5 bar时，最小压力阀打开并将压缩空气送出。

送出的压缩空气达到系统的规定压力后，压缩机受总风压力开关控制自动停机，最小压力阀将自动关闭，将系统和压缩机壳内的通路隔断。

每次压缩机停机后，压缩机壳内的空气压力被自动释放。压缩机停机后，最小压力阀（1.1.2）和进气阀（1.4.3）关闭。在进气口，由于压缩机体空气逆流而压力升高，导致泄荷阀（1.4）打开。压缩机壳（1.1.1）里的压缩空气可通过减压阀流进空滤器后排向大气，从而快速将压缩机壳里空气压力降低到约 1.8 bar（1 bar = 10^5 Pa）。剩余的压力通过泄荷阀上的缩孔被缓慢排放至 0 bar。

停机时间大于 14 s 后，可以实现空气压缩机的无负荷再启动。

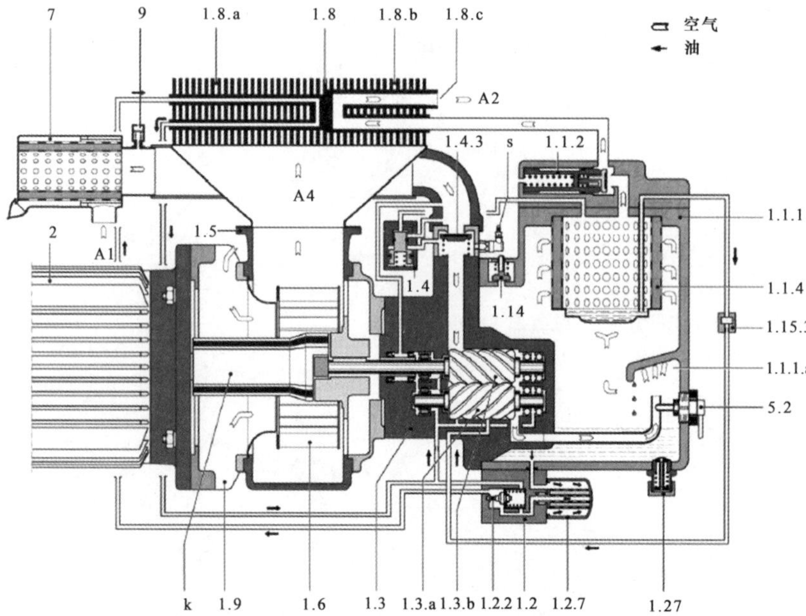

1.1.1—压缩机壳；1.1.1a—挡板；1.1.2—最小压力阀；1.1.4—油细分离器；1.2—油控制单元；1.2.2—温控器；1.2.7—油过滤器；1.3—压缩机；1.3.a—阳转子；1.3.b—阴转子；1.4—泄荷阀；1.4.3—进气阀；1.5—风扇蜗壳；1.6—离心风扇；1.8—冷却器；1.8.a—油冷却器；1.8.b—空气冷却器；1.8.c—压缩空气出口；1.9—外壳连接体；1.14—安全阀；1.15.3—回油过滤器；1.27—排油阀；2—三相电动机；5.2—温度开关；7—空滤器；9—真空指示器；K—联轴节；s—压力开关；A1—压缩空气进口；A2—压缩空气出口；A4—冷却空气。

图 3-29 空气压缩机组工作示意图

2）油循环过程

当压缩机运转时，在压缩机壳（1.1.1）里建立起的空气压力将壳内的润滑油通过油过滤器输送到轴承、传动装置和压缩机体内油喷射点。这些油用于润滑、密封并带走空气压缩产生的热量。

压缩机传送的空气/油混合物通过输送口并打在壳内挡板上（1.1.1a），这一过程属于油粗级过滤。之后，压缩空气又经过油细分离器（1.1.4）进行精级过滤。精级过滤分离的油被收集到油细分离器底部，在压缩机壳内空气压力作用下，通过回油过滤器（1.15.3）返回到压缩机体内。

3）其他

当压缩机运转时，如果在压缩机壳内没有建立起空气压力，压缩机将不能被充分润滑和冷却。在这种情况下，转子可能被快速损坏。

当润滑油温度高于 83 ℃，油控制单元（1.2）中温控器（1.2.2）打开到油冷却器（1.8.a）的通道，对润滑油进行冷却。当润滑油温度低于 83℃，油冷却器的通道保持关闭，油被直接传送到压缩机体。通过这种方式可达到润滑油的最佳操作温度，可以有效避免机油乳化。

压缩机壳里空气/油混合物的温度由输送口的温度开关（5.2）监测。如果温度高于设定值（110 ± 5）℃，温度开关动作，压缩机停止工作。

若环境温度较低（-20 ℃以下），压缩机可以通过一个油加热器对润滑油进行预热约20 min（根据环境温度预热时间有所调整）后再启动空气压缩机。

4. 压缩机组认知

（1）压缩机组应定期进行维护，以保证其安全可靠地运行。压缩机组维护见表 3－7。

表 3－7　压缩机组维护

维护周期	维护项目
每 100 运转小时	检查油位及机油状态
每 300～500 运转小时	检查油位并进行补油
	检查空气过滤器上的真空指示器状态
每 1 500 运转小时或 1 年（先到为准）	检查空气过滤器（如有必要）
	更换滤芯
	清洗冷却器
	更换润滑油，更换油过滤器滤芯，检查回油过滤器的状态
每 3 000 运转小时或 2 年（先到为准）	更换润滑油，更换油过滤器滤芯，清洗回油过滤器
	测试温度开关状态
每 6 000 运转小时或 4 年（先到为准）	更换油系分离器
	维护回油过滤器
	测试控制和监视元件
	检查油控制单元
	检查弹性支承
	运转试验
每 12 000 运转小时	空气压缩机组的全面检修，更换转子体 全面检修电动机

注：维修周期在极限环境条件下可能缩短（例如长期高温、高相对湿度等）。在这种情况下，建议通过油样分析确定更换间隔。

（2）机油乳化处理。

机油轻微乳化时应及时处理，可进行如下操作来去除乳化现象。

①压缩机静置 1～2 h，微开压缩机排油口（位于机头底部和散热器底部），将位于下层的液态水排出，直至有油排出再关闭排油口。

②打开总风缸下方的排水塞门，使乳化的压缩机组连续运转 60 min 以上，停机后观察润滑油的状态，如果恢复正常可继续使用。

③如果乳化现象减轻但没有完全恢复，再连续运转30 min，观察机油状态，可重复进行上述操作，直至乳化消失。

④使用延时工作模式，运行机车压缩机组减缓机油乳化。

图 3－30 为机油轻微乳化图。

图 3－30　机油轻微乳化参考图

（3）机油重度乳化处理。

如果发现机油严重乳化，切勿自行处理，应及时联系主机厂及压缩机供货商进行分析处理。图 3－31 为机油重度乳化参考图。

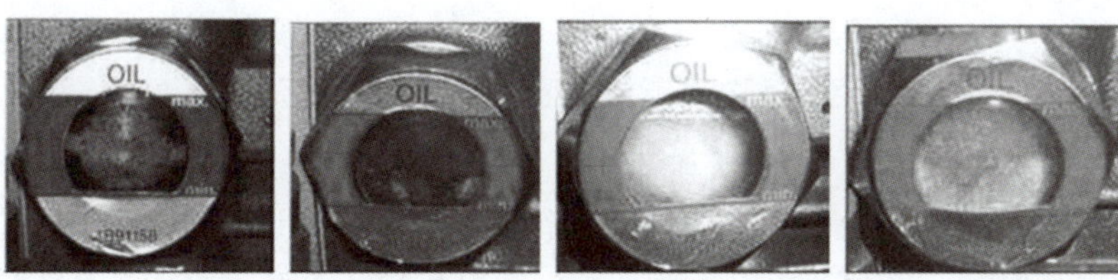

图 3－31　机油重度乳化参考图

3.5.4 HXD_{3C}型电力机车空气干燥器认知

如图 3－32 所示，HXD_{3C}型电力机车采用双塔无热、再生吸附式双塔干燥器，每个压缩机组配备一个干燥器，用来过滤压缩空气中的水及水蒸气。

图 3－32 干燥器外形图

1. 双塔干燥器技术参数

HXD_{3C}型电力机车双塔干燥器主要技术参数见表 3－8。

表 3－8 HXD_{3C}型电力机车双塔干燥器主要技术参数

最大工作压力/kPa	1 100
工作温度/℃	－40～50
入口最高温度/℃	60
压力损失/kPa	＜40
电磁阀功率/W	14
加热功率/W	50×2
防护等级	IP65
空气处理量/（L/min）	2 700
工作周期/s	90±4
长×宽×高/mm	475×340×980
重量/kg	135

2. 结构

空气干燥器结构如图 3－33 所示，空气干燥器主要包括：两个干燥塔（1）（A 塔、B 塔），每个塔内集成一个油分离器（2）和一定量的干燥剂；脉冲电磁阀（12）带有计时功能；双逆止阀（4）（出气止回阀）带有可更换的再生节流孔；排放阀（44）配备了一个恒温器控制器，且每个排放阀配有消音器。

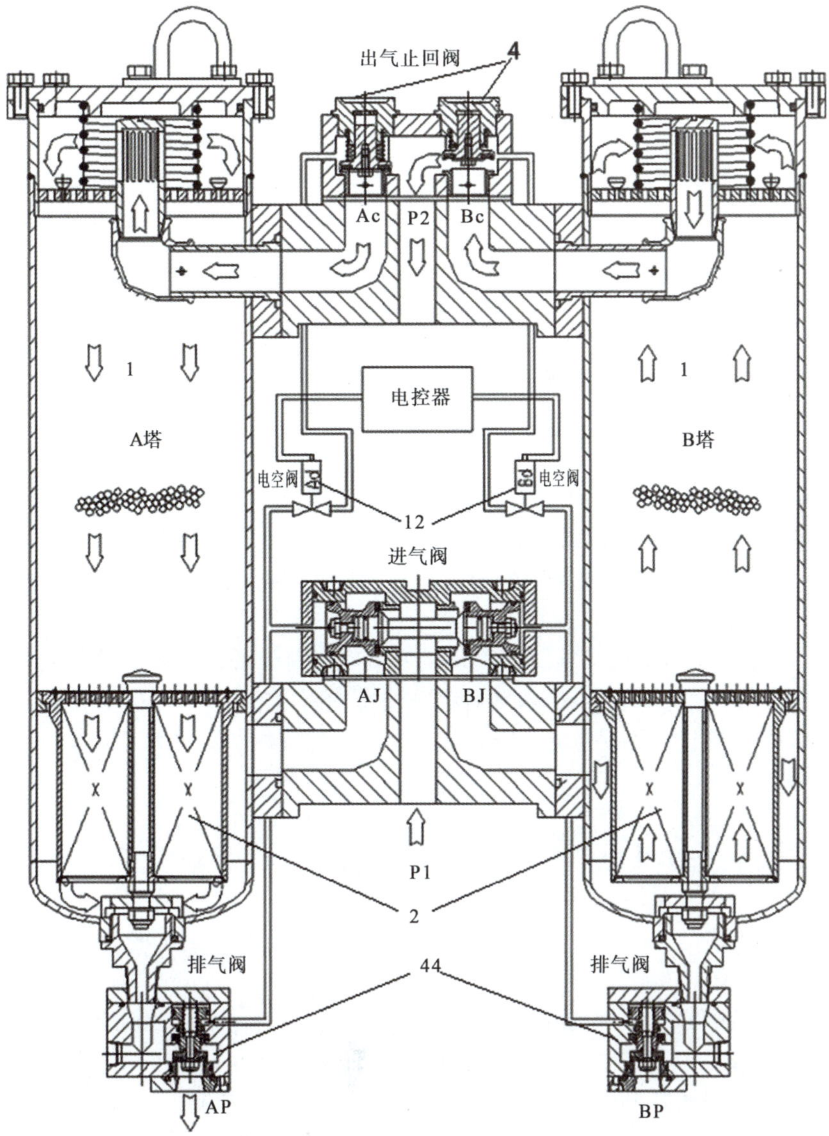

1—干燥塔；2—油分离器；4—双逆止阀；12—脉冲电磁阀；44—排放阀；AJ、BJ—进气阀；Ac、Bc—出气止回阀。

图3-33 空气干燥器结构

如图3-34所示，每个电磁阀的工作状态用一个指示灯显示。当电磁阀作用时，指示灯亮，对应的干燥塔处于再生状态。

3. 工作原理及流程

无热吸附式双塔干燥器的再生和吸附工作在两个塔中同时进行，当压缩空气在一个塔内通过干燥剂进行干燥时，另一塔内的干燥剂被干燥的空气吹扫进行再生处理。到达干燥器的饱和压缩空气里的油和冷凝物在首先通过油分离器时被提取出来。饱和的压缩空气接着通过干燥塔的干燥剂，压缩空气里的水分子被吸收，干燥器出口压缩空气的相对湿度达到35%以下。部分干燥后的压缩空气通过再生节流孔进入再生塔，吸收饱和干燥剂表面的水分，并将其排放到大气。两个工作塔交替作为干燥塔和再生塔进行工作。下面以A塔再生、B塔干燥为例，介绍双塔干燥器的工作流程。

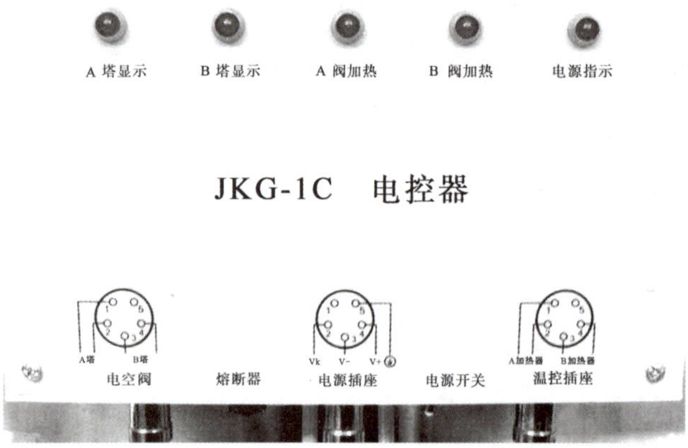

A 塔显示——A 塔进入再生状态
B 塔显示——B 塔进入再生状态
A 阀加热——A 塔排污阀进入加热状态
B 阀加热——B 塔排污阀进入加热状态
电源指示——干燥器得电指示

图 3-34 干燥器工作指示图

1）B 塔干燥过程

A 塔为再生阶段，B 塔为干燥阶段。此时，A 塔电空阀（左）得电工作，排气阀（左）打开，进气阀（AJ）关闭。由于 B 塔电空阀（右）失电，排气阀（右）关闭，进气阀（BJ）打开。

压缩空气经 P1 口和打开的进气阀（BJ）进入 B 塔，首先通入 B 塔底部油分离器，在离心力作用下将油和水滴甩向油分离器的内壁后收集到排气阀（右）。压缩空气继续向上通过干燥剂，通过干燥剂的吸附作用将压缩空气中的水及水蒸气过滤掉，使干燥器出口压缩空气的相对湿度小于 35%。

2）A 塔再生过程

干燥后的压缩空气大部分经出气止回阀（Bc）、P2 口排出，少部分干燥后的压缩空气经再生节流孔，进入再生塔（A 塔）。由于干燥剂与水分子的结合力较弱，将干燥的压缩空气通入 A 塔后，将带走干燥剂表面的液态水，从排气阀（左）排放到大气，再生塔中的干燥剂得到干燥。

3）充气时间的设定

电空阀（左）在半个工作周期（90 s）的前 18 s 处于失电状态，此时排气阀（左）关闭，进气阀（AJ）开放。控制管路中压缩空气通过电空阀排放到大气。B 塔的干燥空气源源不断地充入 A 塔，A 塔这段时间处于“充气状态”。因 A 塔无压力空气排出，使得 A 塔压力逐渐上升，再生塔（A 塔）中空气压力将增加到与干燥塔（B 塔）相同的空气压力。充气时间的设定，主要是为减轻塔内、塔外的压力差，使进气流速缓慢，从而减缓进气气流对干燥剂的冲击，减少粉尘的产生，因此被称为“柔性转换”。

4）A 塔、B 塔交替工作

半个周期（90 s）后，原干燥塔变为再生塔，原再生塔变为干燥塔。电空阀（右）得电，排气阀（右）开启，进气阀（左）开放，A 塔进入干燥阶段，B 塔进入再生阶段，如此两个干燥塔交替进行干燥、再生作用。

当压缩机停止工作，干燥器也同时停止工作。干燥器的两个电空阀都失电，控制管路被排空，排气阀两侧均关闭，进气阀停留在干燥器停止工作时的位置。

4. 故障处理

1）故障现象：总风缸出现冷凝水

原因分析：干燥剂吸附饱和或油污失效。干燥器本身发生故障，已不能正常工作。排气阀故障，使油水分离器长期不能排污，积水过多和干燥剂再生不良而失效。

解决措施：当发现总风缸出现冷凝水时，首先要确定净化系统的故障所处的位置和原因，然后作相应处理，恢复系统正常工作。若确认不属于系统故障造成的总风缸出水，则须开盖检查干燥剂的状态。如干燥剂颗粒表面变成棕黑色，说明已失效，必须更换；若表面呈淡黄色、但手感潮湿，说明系偶然事故使干燥剂吸附饱和，可不更换，待装置正常工作一段时间后，干燥剂可逐步再生复原。

2）故障现象：当压缩机输送空气时，消音器不排放空气

原因分析：节流孔（47）阻塞；电空阀不得电；排气阀冻住。

解决措施：从逆止阀拆除阻气门并清洗。检查电源，更换有缺陷电路板。检查阀磁铁上连接器（电缆连接），解冻排气阀，检查加热器筒和恒温器的电缆连接，更换有缺陷零件。

3）故障现象：空气从电空阀排气口稳定排放（如果空气干燥器单元正常工作，当压缩机输送空气时，电空阀每次往复时，必须排放少量空气）。

原因分析：阀座脏或损坏，以及磁铁电枢上橡胶密封有缺陷；电空阀有缺陷或电路板故障。

解决措施：拆除电空阀，清洗阀座；如果有必要，修理或者更换衬套。检修电空阀，或者更换电路板。

3.5.5 HXD_{3C}型电力机车辅助风源

HXD_{3C}型电力机车辅助风源由辅助压缩机组、单塔干燥器和再生风缸等组成。HXD_{3C}型电力机车以LP115型辅助压缩机组作为辅助风源。LP115型辅助压缩机组如图3－35所示。辅助压缩机为单级压缩，自带法兰安装，直流电动机通过联结器和空气压缩机连接。辅助空气压缩机组的控制开关在空气控制柜上，按下开关后，辅助空气压缩机开始工作，升弓控制模块上的压力开关对压缩机的启停进行自动控制。为保证压缩空气和管路的清洁，辅助压缩机配有小型的单塔干燥器和再生风缸。

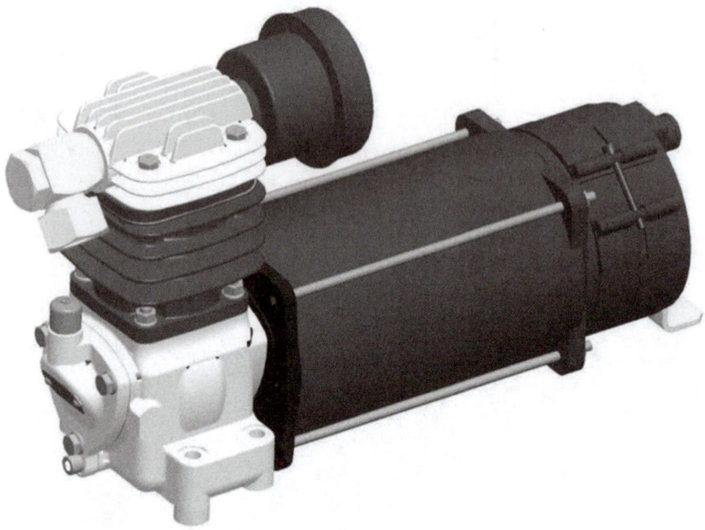

图3－35 LP115型辅助压缩机组

辅助压缩机组控制方式分为人工控制和自动控制两种方式。

当机车初次升弓，或进行升弓装置试验时采用人工控制方式，操作时需要操作者持续按下辅助空气压缩机启动按钮（位于空气控制柜内），并观察升弓压力表的指示值，在满足升弓压力要求后松开按钮。

当机车投入运用后采用自动控制方式，当辅助风缸压力低于480 kPa（压力开关U43.02监测）时，辅助压缩机自动投入工作；当辅助风缸压力达到735 kPa时，压缩机自动停止工作。

任务考核与评价

<table>
<tr><td>任务名称</td><td colspan="3">HXD_{3C}型电力机车风源系统认知</td></tr>
<tr><td>知识、技能目标点</td><td>考核项目</td><td>自我评价</td><td>教师评价</td></tr>
<tr><td rowspan="5">1. 掌握 HXD_{3C} 型电力机车风源系统的组成
2. 掌握 HXD_{3C} 型电力机车风源系统的工作环节
3. 理解 HXD_{3C} 型电力机车空气压缩机组的结构、工作原理
4. 理解 HXD_{3C} 型电力机车双塔干燥器的结构、工作原理
5. 了解 HXD_{3C} 型电力机车辅助风源系统的维护</td><td>1. HXD_{3C} 型电力机车风源系统的组成（20 分）</td><td></td><td></td></tr>
<tr><td>2. HXD_{3C} 型电力机车风源系统的工作环节（20 分）</td><td></td><td></td></tr>
<tr><td>3. HXD_{3C} 型电力机车空气压缩机组的结构、工作原理（20 分）</td><td></td><td></td></tr>
<tr><td>4. HXD_{3C} 型电力机车双塔干燥器的结构、工作原理（20 分）</td><td></td><td></td></tr>
<tr><td>5. HXD_{3C} 型电力机车辅助风源系统的维护（20 分）</td><td></td><td></td></tr>
<tr><td colspan="2">总分</td><td colspan="2"></td></tr>
</table>

任务 3.6 SS_4 改型电力机车控制管路和辅助管路系统认知

任务引言

电力机车控制管路系统主要负责受电弓升起和保持状态、主断路器分合闸动作等。辅助管路系统可改善机车运行条件，确保行车安全，其主要由撒砂器、风喇叭和刮雨器等辅助装置及辅助装置的控制部件组成。下面对 SS_4 改型电力机车控制管路系统和辅助管路系统进行介绍。

任务知识点

1. 控制管路系统受控部件。(重点)
2. 机车控制管路系统三种工作情况。(难点)
3. 辅助管路系统受控部件。
4. 辅助管路系统工作过程。

任务技能要求

1. SS_4 改型电力机车控制管路系统的维护。
2. SS_4 改型电力机车辅助管路系统的维护。

核心知识技能

3.6.1 SS_4改型电力机车控制管路系统

1. 受控电器设备

SS_4改型电力机车控制管路系统主要向下列设备提供压缩空气。

（1）主断路器：主断路器的分合闸动作主要由压缩空气控制。

（2）受电弓：受电弓的升起和保持状态，需要压缩空气来完成。

（3）门联锁阀：受电弓升起时，依靠压缩空气把带有高压电的机器间门插上，以防止乘务人员误入而危及安全。

（4）高压电器柜：高压电器柜内的转换开关、电空接触器的动作依靠压缩空气来实现转换。

2. 控制管路系统原理图

SS_4改型电力机车控制管路系统原理如图3-36所示。SS_4改型电力机车控制管路系统分为下列三种工作情况。

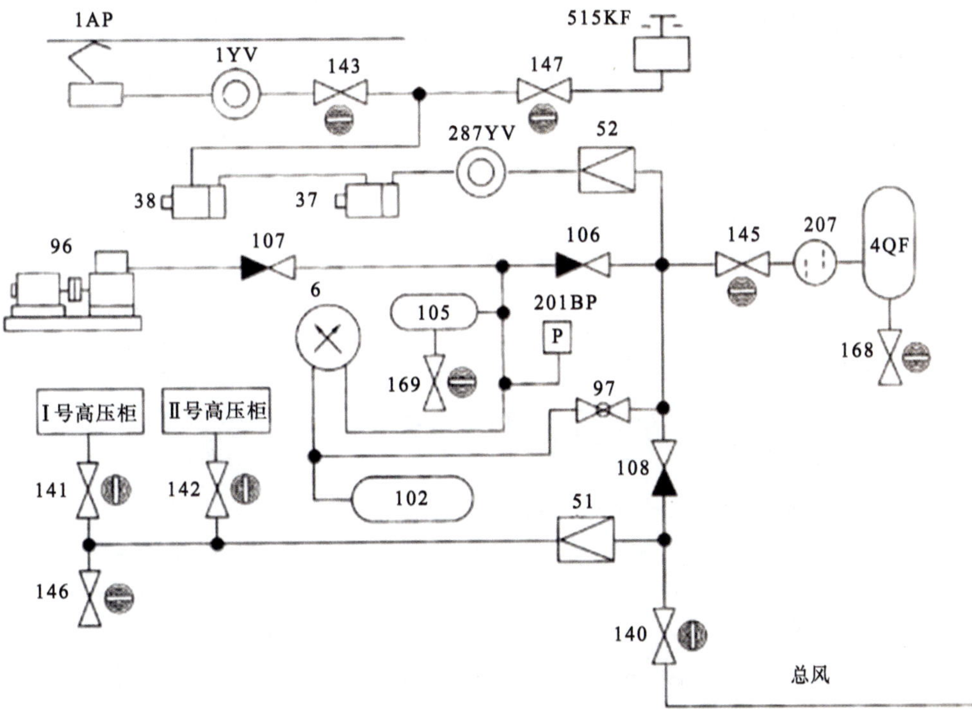

1AP—受电弓；1YV—升弓电空阀；4QF—主断路器；6—双针风表；37、38—门联锁阀；51、52—调压阀；96—辅助压缩机；97—膜板塞门；102—控制风缸；105—辅助风缸；106、107、108—止回阀；140～143、145～147—塞门；168、169—排水塞门；207—分水滤气器；287YV—保护电空阀；515KF—风压继电器；201BP—压力传感器。

图3-36 SS_4改型电力机车控制管路系统原理

1）机车正常运用时的工作过程

机车正常运用时，由总风缸向控制管路系统供风，机车总风缸压缩空气经塞门140，一路经调压阀 51 将总风压力调至 500 kPa 后经塞门 141、142 供给Ⅰ、Ⅱ号高压柜，并经塞门 146 供给机车吹扫用风，另一路经止回阀 108 分为 4 路：一路经止回阀 106 截止；一路经膜板塞门 97 进入控制风缸 102 内储存；一路经塞门 145，经分水滤气器 207 再次净化后向主断路器 4QF 风缸供风，第四路经调压阀 52 调整至 500 kPa，再经保护电空阀 287YV 和门联锁阀 37、38，再经塞门 143 进入升弓电空阀 1YV，在电空阀得电后，进入受电弓气缸 1AP，使受电弓升起。具体工作通路如下。

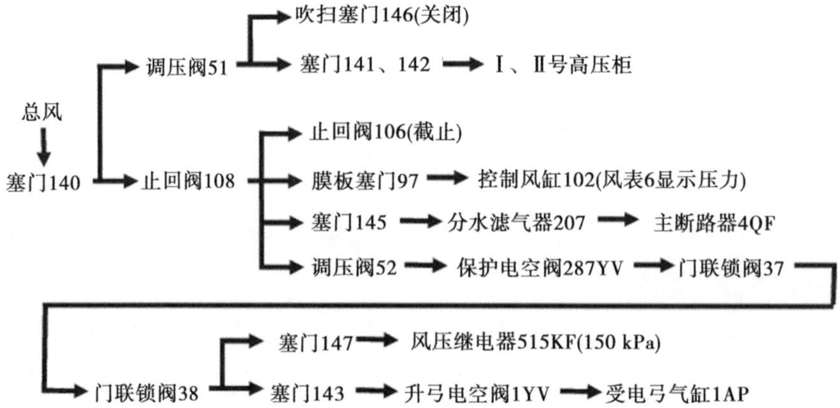

控制风缸 102 的设置是为了稳定控制管路系统内的风压防止分合闸时引起压力波动。

在机车停放前，应将控制风缸内压缩空气充至大于 900 kPa，然后关闭膜板塞门 97 以备再次使用时的升弓、合闸操作。

止回阀 106、107、108 是为了防止控制管路系统压缩空气逆流，同时代替换向阀实现风源转换而设置。

2）库停后的控制风缸供风

机车停放后，重新投入使用时，如果总风缸内风压因泄漏而低于主断路器分合闸所需最低工作压力 450 kPa，而控制风缸 102 内储存风压大于 600 kPa（供参考），可打开膜板塞门 97。利用控制风缸 102 内储存的压缩空气进行升弓及合闸操作。升弓、合闸后，应立即起动压缩机组打风，尽快恢复正常运行工况，由总风缸供风。控制风缸供风时的工作通路如下。

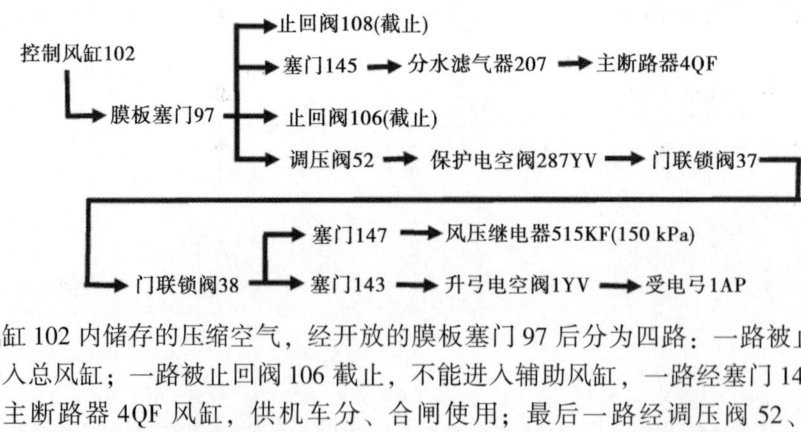

控制风缸 102 内储存的压缩空气，经开放的膜板塞门 97 后分为四路：一路被止回阀 108 截止，不能进入总风缸；一路被止回阀 106 截止，不能进入辅助风缸，一路经塞门 145、分水滤气器 207 进入主断路器 4QF 风缸，供机车分、合闸使用；最后一路经调压阀 52、保护电空阀 287YV，去往受电弓，与前面所述相同。

3）库停后辅助压缩机供风

库停后，机车再次投入使用时，如果总风缸与控制风缸的风压均低于主断路器合闸所需要的最低工作压力 450 kPa，则需要起动辅助压缩机组打风进行升弓及合闸操作。

辅助压缩机由机车蓄电池供电，直流电动机驱动。为了减轻辅助压缩机 96 的工作负担，应在起动辅助压缩机组前关闭膜板塞门 97，切除控制风缸 102。当辅助压缩机打风使辅助风缸 105

内压力大于600 kPa，可边打风边升弓、合闸。完毕后，应立即起动主压缩机组打风，在总风缸压力大于450 kPa后，停止辅助压缩机工作。辅助压缩机供风时的工作通路如下。

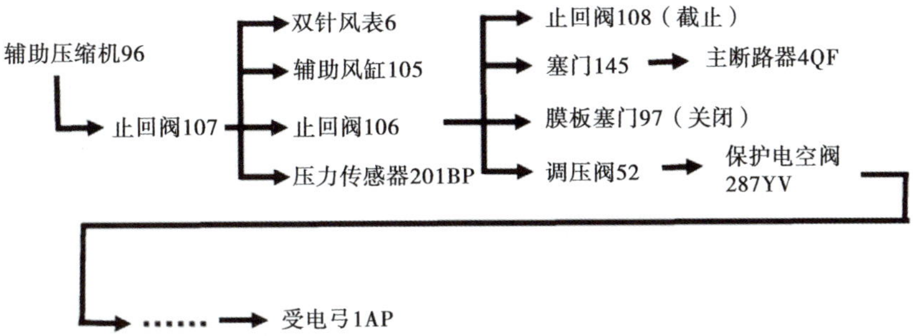

辅助压缩机96产生的压缩空气首先经止回阀107后一路进入辅助风缸105，辅助风缸内的风压可以通过管路柜上的双针风表6显示，同时也可以通过压力传感器201BP和司机室内电测压力表显示；另一路再经止回阀106后，一路被止回阀108截止，一路被关闭的膜板塞门97截止，另一路经塞门145进入主断路器4QF风缸，最后一路经调压阀52进入升弓通路，去往受电弓。

在机车受电弓升起时，为了保证与高压区的隔离，在升弓通路中设置了保护电空阀和门联锁阀。起到联锁保护作用。门联锁阀和保护电空阀配合工作示意图如图3－37所示。

压缩空气由风缸经保护电空阀送到门联锁阀，由于保护电空阀是一个闭式电空阀，其线圈由交直流同时供电，只要线圈有电（无论交流还是直流）就能保持开启状态，保证门联锁的压缩空气供给。这样，门联锁阀在风压下紧紧地插好插销，变压器室和高压室的门就不会打开。同时开启了压缩空气去升弓电空阀的通路，此时司机按下升弓按钮，升弓电空阀线圈有电，升弓电空阀开启，压缩空气即进入升弓风缸，受电弓升起。

机车在受电弓升起状态，由于保护电空阀线圈的交流线圈通过零压保护整流器整流，使电空阀始终处于得电状态，使门联锁阀通路保持开通闭锁状态，从而保证了高压室和变压室门不能打开，防止乘务人员误入，确保了人身安全。

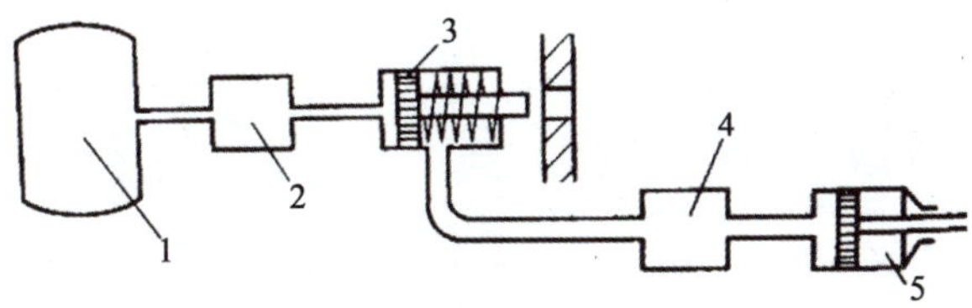

1—风缸；2—保护电空阀；3—门联锁阀；4—升弓电空阀；5—升弓风缸。

图3－37　门联锁阀和保护电空阀配合工作示意图

3.6.2 SS_4改型电力机车辅助管路系统

辅助管路系统可改善机车运行条件，确保行车安全。它由撒砂器、风喇叭和刮雨器等辅助装置及辅助装置的控制部件组成；图3－38所示为SS_4改型电力机车辅助管路系统原理图。由图可见，各辅助装置直接使用总风缸的压缩空气，各辅助装置前均设有塞门。在某个辅助装置发生故障时，可将相应塞门关闭，切断风源。

1）风喇叭

风喇叭是机车运行中发出警告和进行信号联络的必备设施。SS_4改型电力机车单节机车共设置了3个风喇叭：一个为向前高音喇叭27，一个为向后高音喇叭29，还有一个为向前低音喇叭31。它们安装在司机室顶盖左右两侧，分别由正、副司机台上的手动风喇叭控制阀13、15和正司机台面下的脚踏开关控制，高低音喇叭的结构基本相同，不同的是高音喇叭比低音喇叭的喇叭筒短一些，因此它们所发出的声音频率不同。

当正司机台手动风喇叭控制阀13向前推时，向前高音喇叭27发出声音；向后拉时，向后高音喇叭29发出声音。同样，副司机台手动风喇叭控制阀15向前推时，向前高音喇叭27发出声音；向后拉时，向前低音喇叭31发出声音。如果踏下脚踏开关，喇叭电空阀17YV电源接通，总风经喇叭电空阀17YV下阀口进入向前低音喇叭31，向前低音喇叭31发出声音。

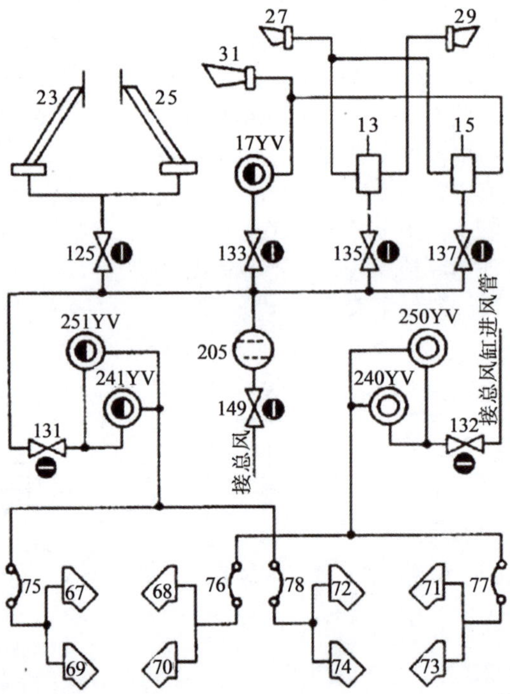

13、15—手动风喇叭控制阀；17YV—喇叭电空阀；23、25—刮雨器；27、29—高音喇叭；31—低音喇叭；
75、76、77、78—撒砂器连接软管；67～74—撒砂器；125、131～133、135、149—塞门；
205—分水滤气器；240YV、241YV、250YV、251YV—撒砂电空阀。

图3－38 SS_4改型电力机车辅助管路系统原理图

2）刮雨器

刮雨器是为了刮去司机室前窗玻璃上的雨、雪、水珠，便于司机瞭望，确保行车安全而设置的。在司机室两侧前窗各装有一套风动双杆刮雨器23和25。通过调节进气阀口的供气量大小，从而起动或停止刮雨器的摆动同时也能调节刮雨器雨刷的摆动速度。

3）撒砂装置

撒砂装置是为向轨面撒砂增加轮轨间的黏着力，改善机车牵引和制动性能而设置的。SS_4改型电力机车每台转向架前、后轮外侧都装有砂箱和撒砂器，每节机车共有8个砂箱和8个撒砂器67～74。

撒砂装置主要由撒砂器、砂箱和司机室控制的撒砂阀组成。SS_4改型电力机车采用脚踏开关替代脚踏阀控制撒砂。

撒砂装置不仅能受司机的控制，也能与制动机、防空转滑行及断钩保护装置配合作用，当司机踩下脚踏开关35SA，或空转滑行，断钩保护及大闸紧急制动时，通过相关电路使撒砂电空阀251YV、241YV或撒砂Ⅱ电空阀250YV、240YV得电，总风缸内压缩空气通过电空阀口到达与机车运行方向一致的撒砂器，将砂子撒到轨面。SS_4改型电力机车通过有关导线的重联可以向非操纵节机车、重联机车的撒砂器送风。

任务考核与评价

<table>
<tr><td>任务名称</td><td colspan="3">SS_4改型电力机车控制管路和辅助管路系统认知</td></tr>
<tr><td>知识、技能目标点</td><td>考核项目</td><td>自我评价</td><td>教师评价</td></tr>
<tr><td rowspan="4">1. 掌握SS_4改型电力机车控制管路系统受控部件
2. 理解SS_4改型电力机车控制管路系统三种工作情况
3. 掌握SS_4改型电力机车辅助管路系统受控部件
4. 了解SS_4改型电力机车辅助管路系统工作过程</td><td>1. SS_4改型电力机车控制管路系统受控部件（20分）</td><td></td><td></td></tr>
<tr><td>2. SS_4改型电力机车控制管路系统三种工作情况（40分）</td><td></td><td></td></tr>
<tr><td>3. SS_4改型电力机车辅助管路系统受控部件（20分）</td><td></td><td></td></tr>
<tr><td>4. SS_4改型电力机车辅助管路系统工作过程（20分）</td><td></td><td></td></tr>
<tr><td colspan="2">总分</td><td colspan="2"></td></tr>
</table>

任务 3.7　和谐电力机车控制管路系统和辅助管路系统认知

任务引言

本任务介绍 HXD_{2B} 型电力机车控制管路系统、辅助管路系统，以及 HXD_{3C} 型电力机车辅助管路系统的相关知识。

任务知识点

1. HXD_{2B} 型电力机车控制管路系统的组成。
2. HXD_{2B} 型电力机车辅助管路系统的组成。
3. HXD_{3C} 型电力机车辅助管路系统的组成。
4. HXD_{3C} 型电力机车辅助管路系统各模块的工作过程。

任务技能要求

1. HXD_{2B} 型电力机车控制管路系统的维护。
2. HXD_{2B} 型电力机车辅助管路系统的维护。
3. HXD_{3C} 型电力机车辅助管路系统的维护。

核心知识技能

3.7.1 HXD_{2B}型电力机车控制管路系统

HXD_{2B}型电力机车控制管路系统主要由辅助空气压缩机、辅助干燥器、辅助风缸、单向阀及其连接管路组成。控制系统管路具有下列功能：在机车升弓前，由辅助压缩机提供受电弓和主断路器所需的压缩空气；在机车放置时，利用控制风缸保存压缩空气，以备下次升弓和闭合主断路器时使用。辅助空气压缩机由蓄电池供电的直流电动机驱动，采用电动机与压缩机连成一体的结构。

3.7.2 HXD_{2B}型电力机车辅助管路系统

HXD_{2B}型电力机车辅助管路系统是为改善机车运行条件和确保列车运行安全设置的。它由撒砂系统管路、轮轨润滑装置管路、风笛管路等组成。

撒砂系统管路由砂箱、撒砂器和控制其工作的电磁阀组成。每台转向架前端、后端左右两侧各放置一个配有撒砂器、电磁阀的砂箱，全车共8套。

轮轨润滑装置管路由电磁阀及控制器等构成，设置在车内；喷头和油脂罐等设置在转向架上。

在机车司机室顶盖上的左右侧分别设有向前高音风笛、低音风笛及向后高音风笛，司机台上设有控制风笛的手动按钮、司机脚下设有控制风笛的脚踏开关。

3.7.3 HXD_{3C}型电力机车辅助管路系统

HXD_{3C}型电力机车辅助管路系统包括升弓控制模块U43，弹簧停放制动模块B40，撒砂控制模块F41，警惕装置Z10，停放制动辅助控制模块R30，鸣笛控制和辅助风源等部分，辅助控制模块布置如图3-39所示。

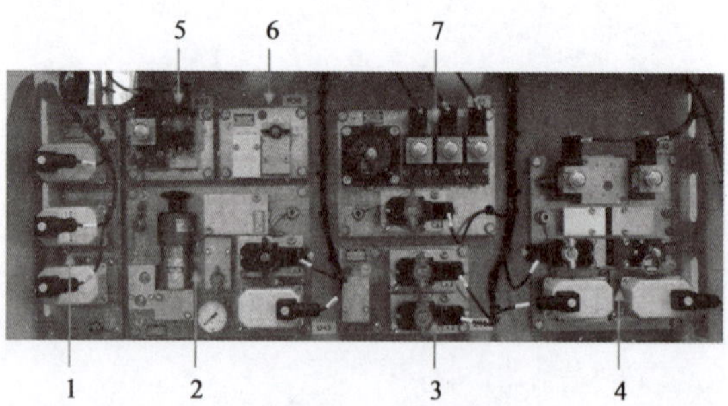

1—调压器模块P50；2—升弓控制模块U43；3—警惕装置Z10；4—弹簧停放制动模块B40；5—紧急放风控制模块S10；6—停放制动辅助控制模块R30；7—撒砂控制模块F41。

图3-39 辅助控制模块布置

1. 弹簧停放制动控制装置

HXD_{3C}型电力机车第1、6轴上安装有4个弹簧停车装置。弹簧停放制动模块B40接收司机控制指令，从而控制机车转向架上弹簧停车制动缸压力。当弹簧停车制动缸中的空气压力达到480 kPa以上时，弹簧停车制动装置缓解，允许机车牵引；机车停车后，将弹簧停车制动缸中的压力空气排空，弹簧停车装置动作，弹簧停车制动缸施加压力，闸瓦压紧轮对，避免机车溜车。弹簧停放制动控制装置实物及工作原理如图3-40所示。

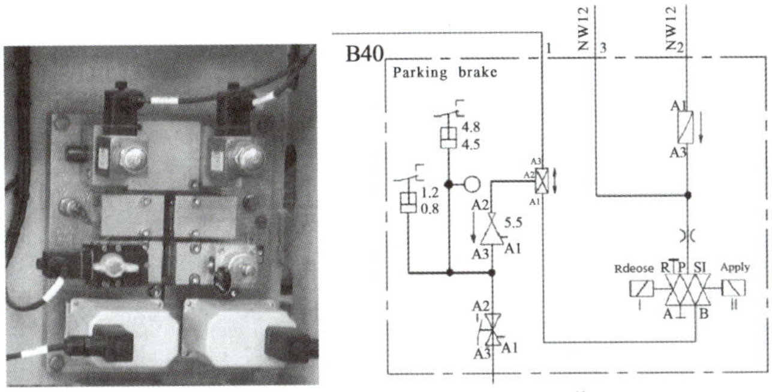

(a) 实物　　　　(b) 工作原理

图 3－40　弹簧停放制动控制装置实物及工作原理

机车停车后按下操作台左侧弹停作用开关，可使弹停脉冲电磁阀中的作用阀得电数秒，脉冲电磁阀处于作用位，弹簧停车制动缸中的压力空气通过弹停脉冲电磁阀排出，弹簧停车制动装置完全作用。如果需要动车，按下操作台左侧弹停缓解开关，可使弹停脉冲电磁阀中的缓解阀得电数秒，脉冲电磁阀处于缓解位，总风将通过上述通路进入走行部的弹簧停车制动缸，当弹簧停车制动缸中的压力高于480 kPa后，操作台上弹停指示灯常灭，弹簧停车制动缸完全缓解，允许机车牵引。

当弹簧停车制动装置作用后，机车制动缸作用时制动缸风压将进入弹停制动缸，从而缓解部分弹簧压力，避免停车后或机车运行时制动缸产生的压力和弹停风缸产生的弹簧压力同时作用在制动盘上，造成制动盘的损伤。

在发生供电故障的情况下，也可以使用脉冲电磁阀的手动装置对停放制动装置进行手动操作。在系统无风的情况下，可以使用停放制动单元的手动缓解装置（位于制动缸夹钳上）缓解停放制动。手动缓解后，不能再次实施停放制动。如果需要重新实施停放制动，必须使系统总风压力达到 450 kPa 以上，方可实施停放制动。

2. 停放制动辅助装置

为提高机务段的调车作业效率、减小劳动强度，HXD_{3C}型电力机车设置停放制动辅助装置，停放制动辅助装置实物如图 3－41 所示。停放制动辅助装置用于在机车总风缸和停放风缸均无风压情况下，用其他机车列车管的压力来实现弹簧停车制动的快速缓解，无须在走行部的弹停风缸上进行手动缓解。

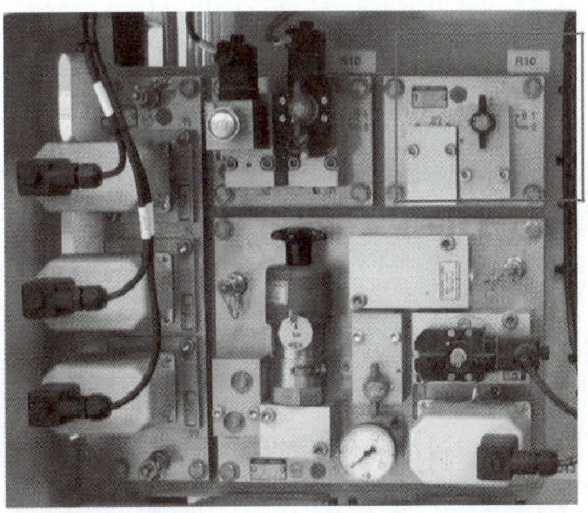

图 3－41　停放制动辅助装置实物

3. 升弓控制装置

HXD_{3C}型电力机车升弓控制装置实物及工作原理如图 3－42 所示，其可为受电弓和主断路器提供干燥、稳定的压缩空气。升弓控制模块 U43 与辅助压缩机、辅助压缩机用干燥器、干燥风缸、压力开关、升弓风缸，以及升弓塞门等部件共同工作，其工作情况可分为正常运行时的总风缸供风和库停后使用辅助压缩机供风。

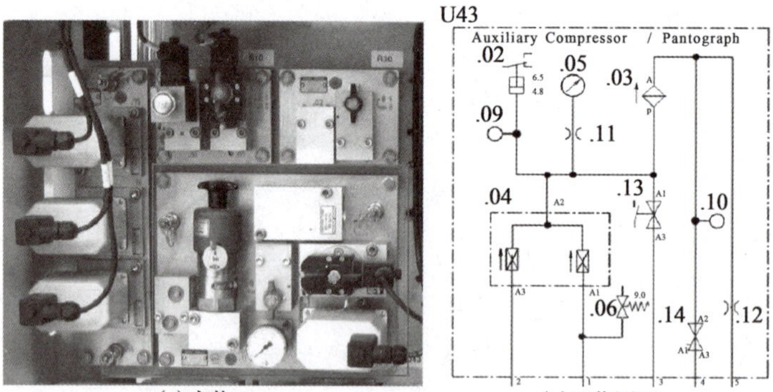

(a)实物　　(b)工作原理

.02—压力开关；.03—过滤器；.04—双逆止阀；.05—机械压力表；
.06—安全阀；.09、.10—测试接口；.11、.12—缩堵；.13、.14—塞门。

图 3－42　升弓控制装置实物及工作原理

1）正常运行时的总风缸供风

正常运行时，升弓控制气路由总风缸供风，具体通路如下。

总风缸→双逆止阀（.04）

↗塞门（.13）→升弓风缸

↘过滤器（.03）→缩堵（.12）→升弓塞门→升弓塞门→升弓阀板

↘塞门（.14）→主断路器

总风缸的压缩空气直接进入升弓模块，通过双逆止阀（.04）左侧的逆止阀后压缩空气分为两路，其中一路进入升弓风缸，将压缩空气存储起来，另一路通过过滤器（.03），又将压缩空气分为两路，其中一路通过塞门（.14）为主断路器提供风源，另一路通过缩堵（.12）、升弓塞门进入升弓阀板为受电弓提供风源。

在机车退乘之前，应将升弓风缸内压缩空气充至 900 kPa，然后关闭塞门（.13），以备机车再次升弓操纵。

2）库停后由辅助压缩机供风

库停后，当升弓风缸压力不足以升弓使用时，采用辅助压缩机供风升弓，具体通路如下。

辅助压缩机→干燥器→双逆止阀（.04）

↗塞门（.13）→升弓风缸

↘过滤器（.03）→缩堵（.12）→升弓塞门→升弓塞门→阀板

↘塞门（.14）→主断路器

起动辅助压缩机，压缩空气通过干燥器，进入升弓模块，通过双逆止阀（.04）右侧的逆止阀后压缩空气分为两路，其中一路进入升弓风缸，将压缩空气储存起来，另一路通过过滤器（.03），又将压缩空气分为两路，其中一路通过塞门（.14）为主断路器提供风源，另一路通过缩堵（.12）、升弓塞门进入升弓阀板为受电弓提供风源。

机车升弓指令投入后，若升弓风缸压力低于 480 kPa 时，压力开关（.02）动作发出指令，辅助压缩机自动投入工作，当升弓风缸压力高于 735 kPa 时，压力开关动作发出指令，辅助压缩机自动停止工作，同时干燥风缸中的干燥空气将干燥器中的水和油污排出。如果通过按钮手动控制辅助压缩机起动，压力开关将不再对压缩机的起停进行控制。

4. 轮缘润滑和鸣笛控制装置

HXD_{3C}型电力机车采用油脂式轮缘润滑装置，通过电磁阀控制油脂的喷涂。机车两端均设有两个高音喇叭、一个低音喇叭，由电空阀控制，电空阀由司机操纵台面板上的喇叭按钮、操纵台下的喇叭脚踏开关分别控制。喇叭控制采用高、低音单独控制方式。控制轮缘润滑及鸣笛的设备集成在一块气路板上，以方便维护和检修。轮缘润滑和鸣笛控制装置如图3－43所示。

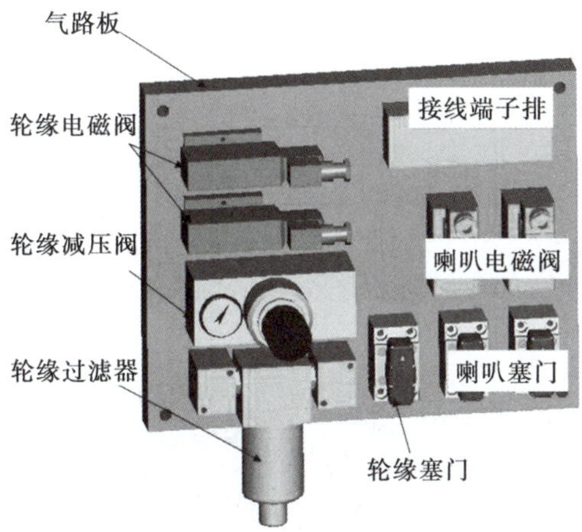

图3－43 轮缘润滑和鸣笛控制装置

5. 撒砂装置

HXD_{3C}型电力机车撒砂控制模块由撒砂塞门（.02），减压阀（.03），加热电磁阀（.04），撒砂电磁阀（.05），撒砂电磁阀（.06）等控制部件组成。撒砂控制装置实物及工作原理如图3－44所示。

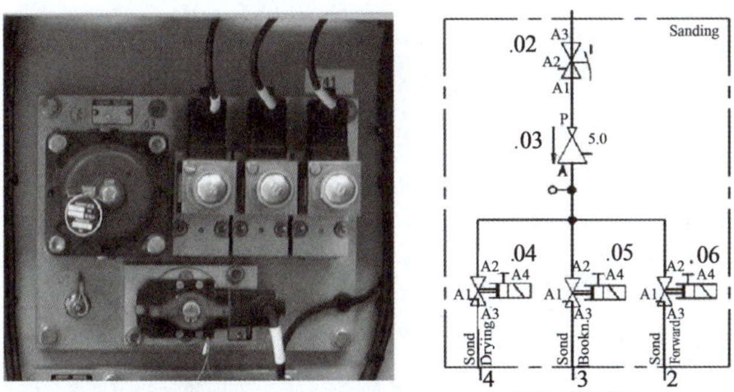

(a)实物 (b)工作原理

.02—撒砂塞门；.03—减压阀；.04—加热电磁阀；.05、.06—撒砂电磁阀。

图3－44 撒砂控制装置实物及工作原理

任务考核与评价

<table>
<tr><td>任务名称</td><td colspan="3">和谐电力机车控制管路系统和辅助管路系统认知</td></tr>
<tr><td>知识、技能目标点</td><td>考核项目</td><td>自我评价</td><td>教师评价</td></tr>
<tr><td rowspan="4">1. 掌握 HXD_{2B} 型电力机车控制管路系统的组成
2. 掌握 HXD_{2B} 型电力机车辅助管路系统的组成
3. 掌握 HXD_{3C} 型电力机车辅助管路系统的组成
4. 理解 HXD_{3C} 型电力机车辅助管路系统各模块的工作过程</td><td>1. HXD_{2B} 型电力机车控制管路系统的组成（20 分）</td><td></td><td></td></tr>
<tr><td>2. HXD_{2B} 型电力机车辅助管路系统的组成（20 分）</td><td></td><td></td></tr>
<tr><td>3. HXD_{3C} 型电力机车辅助管路系统的组成（30 分）</td><td></td><td></td></tr>
<tr><td>4. HXD_{3C} 型电力机车辅助管路系统各模块的工作过程（30 分）</td><td></td><td></td></tr>
<tr><td colspan="2">总分</td><td colspan="2"></td></tr>
</table>

小结

本模块主要介绍了我国现役主要型号电力机车通风系统和空气管路系统的结构、工作通路，以及主要部件的维护，通过教、学、做一体化项目教学和现场实操，让学生掌握各型电力机车通风系统和空气管路系统的构造和维护知识，以及主要系统的通风通路知识。

复习思考

1. 简述电力机车通风机的类型和特点。
2. 简述 SS_4 改型电力机车的通风方式及通风通路。
3. 简述 HXD_{2B} 型电力机车的通风方式及通风系统组成。
4. 简述 HXD_{3C} 型电力机车的通风方式及通风系统组成。
5. 简述 SS_4 改型电力机车风源系统的组成、工作通路。
6. 简述 HXD_{3C} 型电力机车风源系统的组成、工作环节。
7. 简述 HXD_{3C} 型电力机车螺杆压缩机的组成、工作原理。
8. 简述 HXD_{3C} 型电力机车双塔干燥器的组成、工作原理。
9. 简述 SS_4 改型电力机车控制管路系统的组成、工作通路。
10. 简述 HXD_{2B} 型电力机车控制管路系统组成。
11. 简述 HXD_{3C} 型电力机车辅助管路系统各模块工作过程。

请扫描二维码，获取数字资源。

模块 4

电力机车转向架认知

模块学习导语

本模块介绍电力机车转向架的结构、作用及特点；轮对的结构、作用及特点；构架的结构、作用及特点；一系悬挂装置的结构、作用及特点；二系悬挂装置的结构、作用及特点；转向架驱动装置的结构、作用及特点，对各型电力机车转向架的结构、组成、作用，以及转向架各组成部件的结构及特点进行了详细讲解。

模块学习目标

➡ 1. 了解电力机车转向架的结构组成、各装置的作用原理、各部件的名称及作用。

➡ 2. 掌握电力机车转向架纵向力、横向力、垂向力的传递过程。

➡ 3. 掌握转向架及其部件的检查和维护方法。

任务4.1 转向架的部件组成及检查维护

任务引言

转向架是保障机车安全运行的关键部件之一，对机车的动力学性能、牵引性能和安全性能起着决定性作用。它承受车体传来的各种静、动载荷，并利用轮轨间的黏着保证牵引力和制动力的产生，因此转向架的设计要求有足够的强度，小的轮轨作用力，较好的平稳性、稳定性和曲线通过性能，高的黏着利用率，可靠的牵引制动性能，并尽可能满足标准化、简统化的要求。

任务知识点

1. 电力机车转向架的作用。
2. 电力机车转向架的组成及技术参数。（重点）
3. 电力机车转向架纵向力、横向力、垂向力的传递过程。（难点）

任务技能要求

1. 对照实物指出转向架各部件的名称及作用。
2. 对照实物指出纵向力、横向力、垂向力的传递过程。

核心知识技能

4.1.1 转向架的作用

（1）承重：通过二系悬挂装置承受车体及所安装设备的重量，并传给转向架构架，然后通过一系悬挂装置传给轴箱，经由轮对作用于钢轨，从而获得一定的黏着重量。

（2）传力：包括牵引力和制动力。牵引力传递路线为牵引电动机产生的转矩通过齿轮传动装置使轮对转动，轮对与钢轨之间由于黏着产生轮周牵引力，经由轴箱、轴箱拉杆传给构架，再由牵引杆传给车体，最后经由车钩牵引列车运行。制动力传递路线与牵引力传递路线相反。

（3）实现机车在直线和曲线上的平稳运行，减小对轨道的横向作用力。

（4）尽可能缓和线路不平顺对机车的冲击，确保机车运行的平稳性，尽可能减少运行中的作用力及其危害。

4.1.2 转向架结构及组成

HXD_{2B}型电力机车转向架主要由如下部分构成：构架、悬挂装置、轮对装配、驱动装置、基础制动装置、牵引装置、轮缘润滑装置、管路和附属装置等，HXD_{2B}型电力机车转向架如图 4－1 所示。

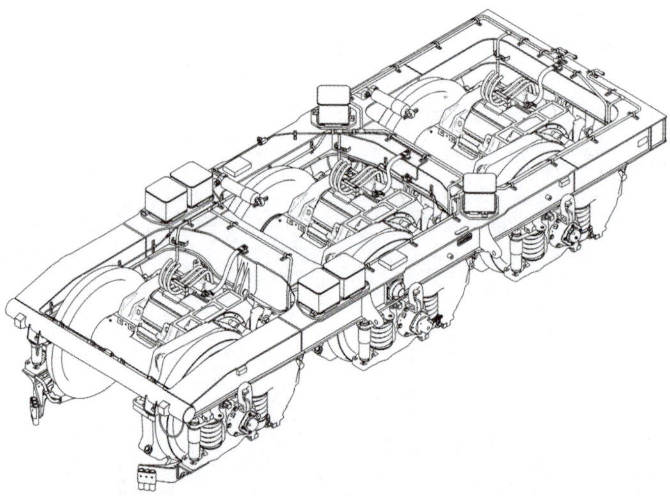

图 4－1 HXD_{2B}型电力机车转向架

1. 主要技术参数

HXD_{2B}型电力机车转向架主要技术参数见表 4－1。

表 4－1 HXD_{2B}型电力机车转向架主要技术参数

项目	参数
轴列式	C_0—C_0
轨距	1 435 mm
固定轴距	（2 250＋2 000） mm
轴重	25 t
转向架总重（含电动机）	约 26.4 t
最高运行速度	120 km/h

续表

项目	参数
最高试验速度	132 km/h
轮对内侧距（落车后）	（1 353 ±3） mm
轮径	新轮：1 250 mm
	全磨耗：1 150 mm
传动方式	单侧直齿
齿轮传动比	120/23
电动机悬挂方式	抱轴承式弹性半悬挂
一系悬挂方式	双轴箱拉杆 + 双钢弹簧 + 垂向减振器
一系悬挂静挠度	85 mm
一系垂向减振器阻尼	11 kN/（0.3 m/s）（每轴箱）
二系悬挂方式	6 个橡胶旁承 +2 个横向减振器
二系悬挂静挠度	13 mm
二系横向减振器阻尼	5 kN/（0.1 m/s）（每个）
基础制动方式	每个转向架有 6 个踏面制动器，其中 3 个带停放制动
牵引方式	中间推挽式短牵引杆
轮缘润滑装置	油气式润滑
附属装置	管路装配
	撒砂装置和踏面清扫器
	测速传感器
	接地回流装置
轴箱横向自由间隙	0.3 – 18 – 0.3 mm
一系垂向止挡间隙	29 mm
二系横向止挡间隙	20 mm（自由） +40 mm（弹性）
摇头止挡间隙（Ⅰ、Ⅲ位）	107 mm
通过最小曲线半径（<5 km/h 以下速度）	125 m

2. 转向架的受力分析及传递

转向架在运行中主要承受三种力：纵向力、横向力和垂向力。

垂向力是机车自身的重力和机车运行时的垂向振动引起的附加载荷，其传递途径为：车体→二系橡胶堆→构架→轴箱弹簧→轴箱体→轴箱轴承→车轴→车轮→钢轨。

纵向力主要是机车的牵引力和制动力，其传递途径为：钢轨和车轮相互作用→车轴→轴箱轴承→轴箱体→轴箱拉杆→构架→牵引杆→车体→车钩→列车。

横向力主要是机车通过曲线时的离心力和横向振动引起的附加力，传递途径为：车体→二系横向或摇头止挡→构架→轴箱止挡→轴箱体→轴箱轴承→车轴→车轮→钢轨。

3. 转向架主要技术特点

（1）针对重载货运的技术，采用了一系“软”二系“硬”的悬挂方式。

（2）采用主动齿轮在电动机上的简支梁结构设计。

（3）采用球墨铸铁全封闭式传动齿轮箱。

（4）针对功率大的技术要求，创新性地采用了推挽式水平短牵引杆技术，有效地减少了轴重转移，结构简单可靠。

（5）主要受力部件材料符合零下低温冲击试验的要求。

（6）在既有成熟产品和技术标准基础上开展研制，引用的技术标准先进、全面。

任务考核与评价

<table>
<tr><td>任务名称</td><td colspan="3">转向架的部件组成及检查维护</td></tr>
<tr><td>知识、技能目标点</td><td>考核项目</td><td>自我评价</td><td>教师评价</td></tr>
<tr><td rowspan="3">1. 了解转向架的作用
2. 了解 HXD_{2B} 型电力机车转向架的组成及技术参数
3. 掌握电力机车转向架纵向力、横向力、垂向力的传递过程</td><td>1. 转向架的作用（20分）</td><td></td><td></td></tr>
<tr><td>2. HXD_{2B} 型电力机车转向架的组成、技术参数（40分）</td><td></td><td></td></tr>
<tr><td>3. 三向力（纵向力、横向力、垂向力）的传递过程（40分）</td><td></td><td></td></tr>
<tr><td colspan="2">总分</td><td colspan="2"></td></tr>
</table>

任务 4.2　SS_9 型电力机车转向架认知

任务引言

SS_9 型电力机车转向架的主要结构特点是：采用轮对空心轴六联杆驱动装置，充分借鉴国产 SS_8 型电力机车的成熟技术；二系弹簧采用高圆弹簧支承，配以横向、垂向液压减振器及抗蛇行液压减振器；一系弹簧是钢圆簧加液压减振器结构；转向架总静挠度大；牵引电动机全悬挂；基础制动装置采用独立单元式单侧制动；停车制动采用蓄能制动；牵引方式为双侧平拉杆；转向架还配有撒砂装置、接地装置、轮缘润滑装置、横向和垂向止挡等附属部件。

任务知识点

1. SS_9 型电力机车转向架及其相关部件的结构、组成及技术参数。(重点)
2. SS_9 型电力机车转向架的特点和日常维护。(难点)

任务技能要求

1. 对照实物指出 SS_9 型电力机车转向架各部件的名称、结构组成及作用原理。
2. 对照实物描述 SS_9 型电力机车转向架各部件的日常检查、维护方法及要求。

核心知识技能

4.2.1 转向架的结构及原理

SS_9 型电力机车是在 SS_8 型电力机车基础上，由我国自行研制的 $C_0—C_0$ 轴列式的准高速客运电力机车，可牵引速度为170 km/h 的客运列车。其走行部由两台转向架组成，SS_9 型电力机车转向架如图4－2所示。每台转向架由构架、轮对电动机组装、一系悬挂装置、二系悬挂装置、牵引装置、电动机悬挂装置、基础制动装置、其他附件装配等部件组成。

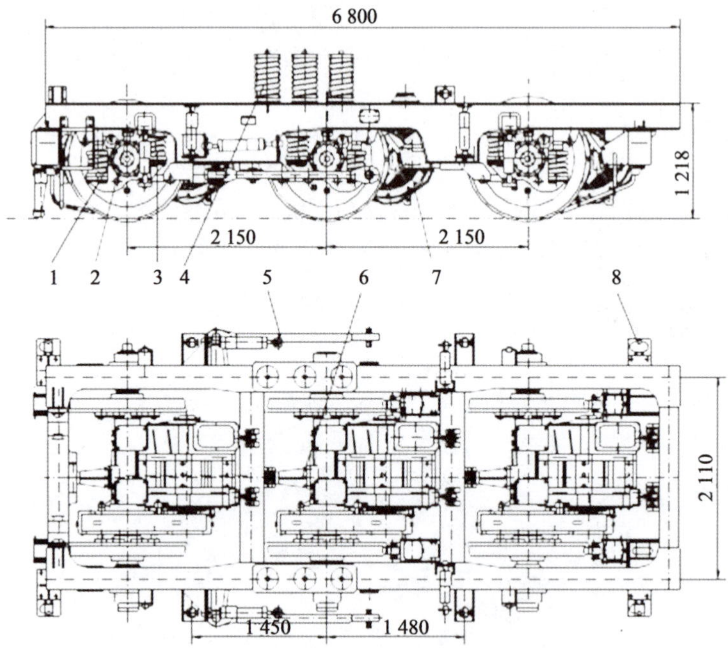

1—轮对电动机组装；2—构架组装；3——一系悬挂装置；4—二系悬挂装置；
5—牵引装置；6—电动机悬挂装置；7—基础制动装置；8—附件。

图4－2 SS_9 型电力机车转向架（单位：mm）

1）SS_9 型电力机车转向架的主要特点

（1）轴列式为 $C_0—C_0$，转向架的固定轴距长，运行稳定性高。

（2）在每个转向架设置抗蛇行减振器，确保机车高速运行时的稳定性。

（3）采用六连杆轮对空心轴传动方式，实现电动机架悬式悬挂，大大减轻了簧下重量。

（4）转向架采用水平拉杆牵引方式，保证了机车有良好的黏着性能。

（5）两转向架相同，可实现互换，有利于简统化。

（6）车轮采用整体碾钢车轮。

（7）采用了新型齿轮箱密封技术。

（8）轴箱轴承是采用100CrMo7材料制成的高速重载轴箱轴承。

（9）一、二系弹簧均采用簧条磨光技术，去掉轧制过程中的脱碳层，提高了疲劳强度。

（10）基础制动采用单侧粉末冶金闸瓦单元制动装置。

2）主要技术参数

轴列式：	C_0—C_0
轴距：	(2 150 + 2 150) mm
转向架中心距：	11 570 mm
最高运行速度：	170 km/h
同一轴两轴箱中心距：	2 110 mm
轮径：	1 250 mm
轴重：	21 t
牵引力传递方式：	低位水平拉杆牵引方式
牵引电动机悬挂方式：	悬式
传动方式：	六连杆轮对空心轴传动
齿轮传动比：	75/32
一系悬挂静挠度：	53.5 mm
二系悬挂静挠度：	96 mm
起动工况黏着重量利用率：	0.94
紧急制动制动率：	41%
储能制动制动率：	8%
储砂容量：	800 kg
转向架质量：	30.4 t
基础制动方式：	单侧单元制动
构架相对车体横动量：	(30 ± 2) mm

3）日常运用与维护

(1) 转向架组装要求。

①同一轮对两轮滚动圆直径之差不大于 0.5 mm，同一台机车 6 个轮对彼此轮径之差不大于 1 mm。

②同一台机车转向架各二系弹簧和橡胶垫的每台总工作高度之差不大于 4 mm。

③同一台机车转向架各二系弹簧和橡胶垫的总工作高度之差不大于 2 mm。

(2) 机车落车后转向架的调整和检查。

①检查转向架构架上各零部件安装位置是否正确，各紧固螺栓状态是否良好。

②构架上平面至轨面高度为 (1 218 ± 10) mm。

③构架同一侧前后之差不大于 10 mm，同一端左右之差不大于 5 mm。

④轴箱上平面到构架下平面距离为 30 mm。

⑤齿轮箱距轨面不小于 120 mm，撒砂管底面距轨面高度不小于 25 mm，撒砂管端面与车轮踏面距离为 (20 ± 5) mm。

⑥各联结螺栓应无松动。各制动单元动作应灵活，不得有卡滞现象。

⑦每次机车落成后，均应在整备重量下进行轮对电动机组装的间隙调整。

⑧允许通过调整一、二系弹簧和橡胶垫的高度调整构架水平。

⑨调平构架后，调整轮瓦间隙均匀，在缓解状态下，间隙为 4 ~ 8 mm。

⑩各部件应组装到位，紧固可靠，动车时不得有异常声音。

(3) 动车前检查。

①机车出库或长时间停放起车前，检查弹簧停车制动器是否缓解，如未缓解，拉动手动缓解阀，机车缓解后方可动车。

②检查各齿轮箱油位是否在标准油位，如油量不足，应加油后动车。

③检查各制动器闸瓦是否需更换，轮瓦间隙是否在规定范围。

4.2.2 转向架各部件认知

1. 构架

构架是转向架的主体，是连接转向架各组成部件的骨架。它不仅承受机车上部所有设备的重量，而且承受和传递机车在运行中产生的各种不同方向和随机运行中经常变化的动力。因此构架是一个受力复杂的结构部件。为了保证轮对、牵引装置、悬挂装置及制动部件可靠地工作，要求构架不仅有足够的强度和刚度，同时应具有足够的相互尺寸的精度要求，以保证转向架其他组成部分在其上的正确安装。

1）结构组成

如图 4－3 所示，转向架构架主要由侧梁（左）、（右），横梁（一）、（二），前端梁，后端梁等组成。

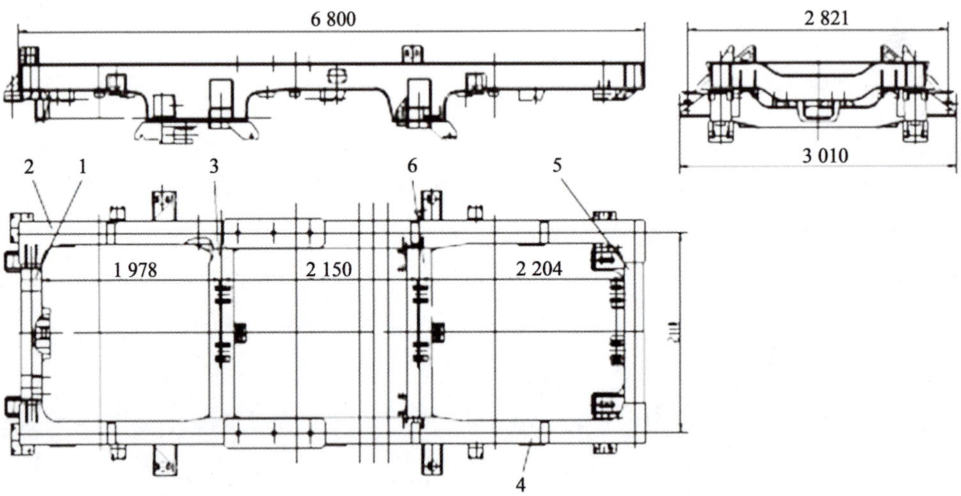

1—前端梁；2—侧梁（左）；3—横梁（一）；4—侧梁（右）；5—后端梁；6—横梁（二）。

图 4－3 转向架构架（单位：mm）

为保证构架具有足够的强度和刚度，构架结构采用大截面薄板箱形焊接形式。侧梁各截面变化较大。不同的截面用圆弧过渡，梁上各支座的焊缝避免用横向焊缝，以提高梁体焊缝截面的许用应力。构架各梁全部用低合金钢 Q345E 板压型或板材制造，焊接后的构架进行整体退火处理，以消除焊缝的内应力。退火后的构架进行喷丸处理，清除氧化皮，然后进行整体加工，以保证各定位尺寸的精度。

2）主要技术参数及技术要求

（1）技术参数。

两侧梁横向中心距：　　2 110 mm

构架总重：　　5 156 kg

（2）技术要求。

①构架四角高度差不大于 5 mm。

②为了消除内应力，构架组焊后进行退火处理，然后进行整体加工。

③重要焊缝进行 X 射线和超声波探伤检查。

2. 轮对电动机组装

轮对电动机组装是机车走行部最关键的部件之一，它不仅支承机车全部重量，同时通过轮对与钢轨的黏着产生牵引力和制动力。由于机车运行时轮对承受很大的静载荷、轮轴组装应力、制动产生的热应力，以及通过曲线、道岔、钢轨接头产生的各向动作用力。因此，要求轮对必须有足够的强度。同时，随着机车运行速度的提高，要求尽可能减轻机车簧下重量，减小轮轨间动作用力，以获得较理想的动力学运行品质。为此 SS_9 型电力机车轮对采用双侧六连杆轮对空心轴结构，通过牵引电动机架悬减轻机车簧下重量，以满足机车在高速运行时对动力学性能的要求。

SS_9 型电力机车有6组相同的轮对电动机组装，每一台转向架安装3组。每组轮对电动机组装主要由牵引电动机、空心轴套、主动齿轮、从动齿轮、齿轮箱和轮对组成。如图4－4所示，轮对由车轴、主车轮、车轮、空心轴、传动盘、连杆、连杆销、橡胶关节等组成。

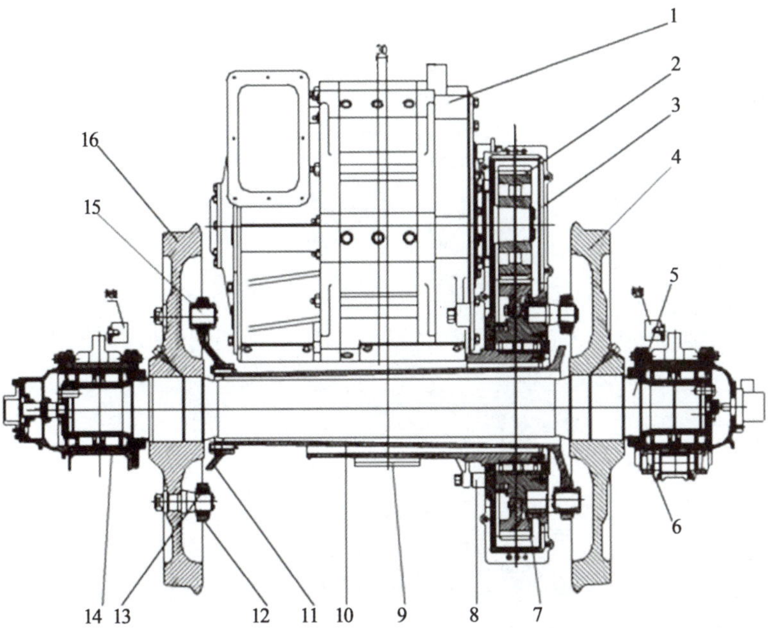

1—牵引电动机；2—主动齿轮；3—齿轮箱；4—车轮；5—车轴；6—轴箱拉杆；7—从动齿轮；8—支座；9—空心轴套；10—空心轴；11—传动盘；12—连杆；13—橡胶关节；14—轴箱组装；15—连杆销；16—主车轮。

图4－4　轮对电机组装

在系统设计上，为了减小由于运动回旋而引起的离心力及附加应力，保证运动学及动力学性能，对连杆、橡胶关节、各销等增加配重要求；对空心轴、传动盘、齿轮、轮对等进行静平衡要求，并严格控制系统各件的重量及加工精度，由于系统结构复杂，与传统轴悬式驱动系统相比，必须保证相对较长的检修周期及使用寿命，为此，在驱动系统设计中，保证了各部件的强度及寿命，关键螺栓选用高强度合金螺栓，并涂螺纹锁固胶，以做到系统在正常运行中的免维护。

1）电动机传动装置

SS_9 型电力机车传动装置采用牵引电动机架悬式轮对空心轴驱动机构，其主要特点是将牵引电动机固定安装在转向架构架上，因而牵引电动机属簧上部分，保证了尽可能小的簧下重量，以获得良好的动力学性能。双侧弹性六连杆传动保证了系统在振动及曲线运行时尽可能小的动载荷及附加应力，从而获得完善的运动学性能。通过减轻簧下重量，不仅减小了轮对与钢轨间的动作用力，而且改善了牵引电动机及传动系统的工作条件。

（1）传动齿轮。

主动齿轮采用低碳合金钢20Cr2Ni4A表面渗碳淬火处理制成，淬硬层深度为2～2.4 mm，表面硬度为HRC58～62，为避免齿轮传动啮合冲击及载荷集中，对轮齿进行齿廓修缘及齿向修形。主动齿轮内孔采用1:10锥度，小齿轮与电动机轴接触面积不小于80%，而且接触应均匀分布在整个圆锥面上。热套温度为160～190 ℃，为了便于拆卸小齿轮，并保证轴与孔的表面不受损伤，在与主动齿轮配合的电枢轴颈上设有油槽，此沟槽与轴端的一个螺孔相通。主动齿轮如图4－5所示。

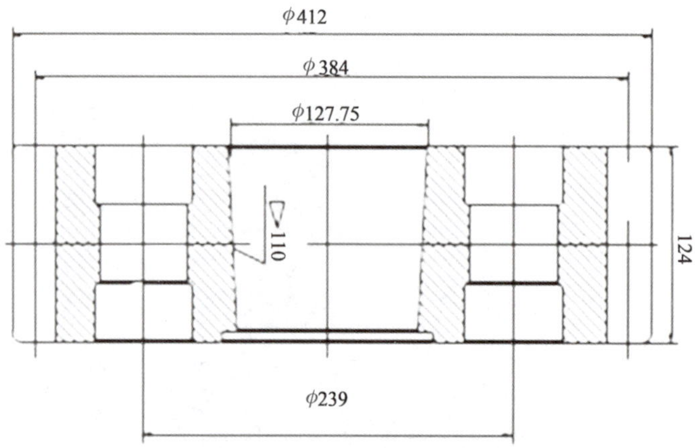

图4－5　主动齿轮（单位：mm）

从动齿轮采用齿圈、齿轮芯分体结构，主要由齿圈、齿轮芯和连杆销等组成。齿圈和齿轮芯通过圆锥销和螺栓联结，在齿轮芯上装有连杆销，连接方式为过盈连接。从动齿轮如图4－6所示。

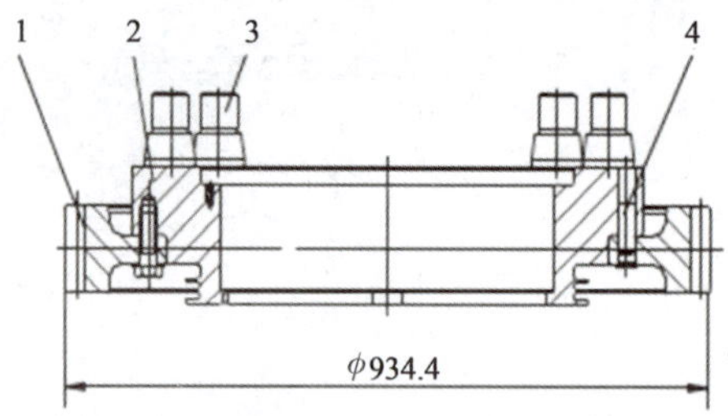

1—齿圈；2—齿轮芯；3—连杆销；4—定位销。

图4－6　从动齿轮（单位：mm）

（2）空心轴和传动盘。

空心轴和传动盘是轮对空心轴驱动系统传递扭矩的主要零件。通过空心轴和传动盘将电动机输出的转矩传给主车轮。空心轴由轴头（相当于传动盘）和轴身两部分组焊而成。空心轴及传动盘均采用35号钢锻造。空心轴如图4－7所示。

（3）连杆和空心轴套。

连杆是轮对空心轴驱动系统传力的主要零件，采用35CrMo钢锻造加工。空心轴套为C级钢铸件，它是驱动系统传动支撑件，一端通过驱动轴承支撑从动齿轮及齿轮箱，止口与电动机连接，实现主从动齿轮的正确啮合及驱动系统的悬挂要求。

（4）橡胶关节。

橡胶关节是轮对电动机驱动装置中唯一的一个弹性元件。橡胶关节如图4－8所示。两端传

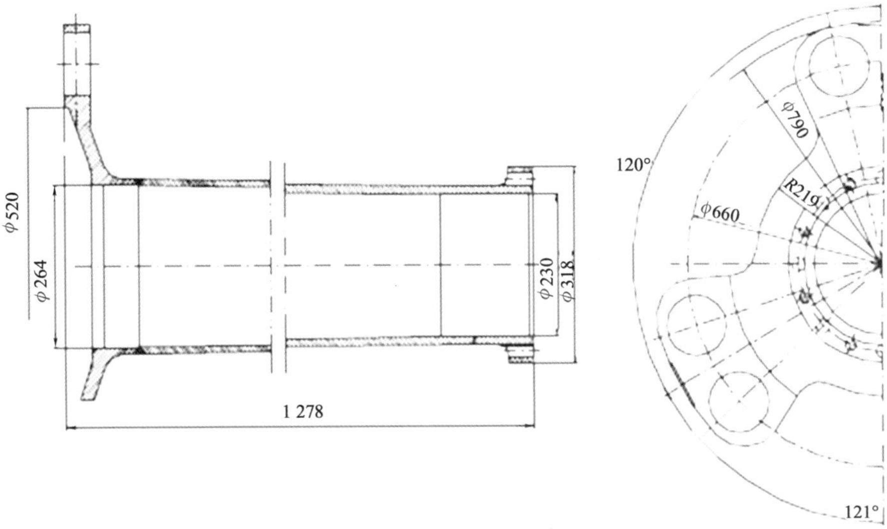

图4－7　空心轴（单位：mm）

动盘上的6个连杆是按对联的方式布置的。连杆受力时，不但在轴向相互抵消，而且每个力对轴线的力矩也能相互抵消，不会产生附加力矩，实现六连杆三个方向的运动解耦。

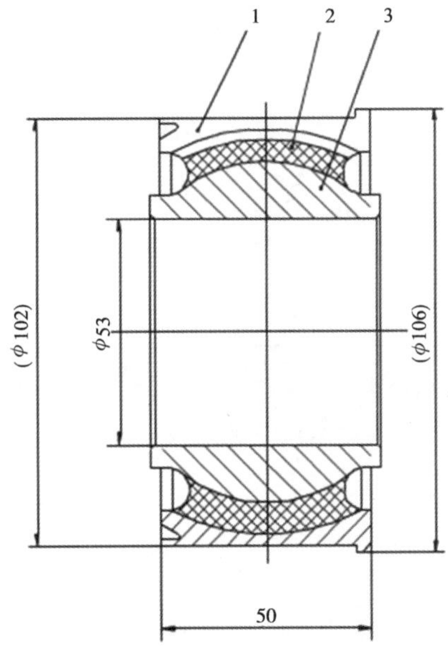

1—外环；2—橡胶；3—内环。

图4－8　橡胶关节（单位：mm）

2）轮对装配

（1）车轴。

车轴不仅承受着轴压力，而且承受着牵引力、制动力、车轴驱动装置的反作用力及通过曲线时横向作用于轮缘的导向力，同时还承受着驱动装置的附加扭转应力，以及各个方向的冲击作用。由于主要的应力都是交变的，产生的破坏多为疲劳破坏，因此在车轴的设计及制造时，应尽可能避免应力集中，同时采取车轴表面强化等有效的工艺措施，以提高车轴的疲劳强度。SS_9 型电力机车车轴采用 35CrMo 钢锻造。车轴如图 4－9 所示。

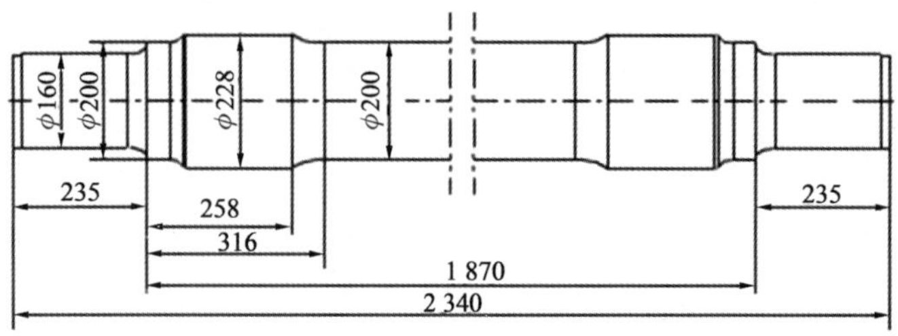

图 4－9 车轴（单位：mm）

（2）主车轮和车轮。

SS_9 型电力机车主车轮和车轮采用铁路机车用粗制整体辗钢车轮。主车轮、车轮与车轴装配采取注油压装，过盈量为 0.25～0.30 mm。要求保证轮毂内、外侧面均突出车轴轮座 2.5 mm。轮毂内侧突悬，可减小微动磨损影响及将轮对压装的拉应力从轮座转移到轴肩圆弧处，可有效地提高轮座的疲劳强度。

（3）齿轮箱与齿轮润滑。

SS_9 型电力机车齿轮传动采用闭式传动，齿轮箱采用钢板焊接结构。齿轮箱由上箱和下箱两部分组成。齿轮箱与从动齿轮装配间的密封采用不接触的迷宫密封结构，与电动机静止部分的密封采用橡胶圈静压密封结构。上、下箱之间用螺栓固定在一起，为了防止合箱面漏油，在上、下箱合箱面之间采用双道弹性平面密封，在上箱上设有通气孔，下箱设有油尺和排油孔。齿轮箱结构如图 4－10 所示。齿轮润滑油采用 N150 高速机车牵引齿轮油。

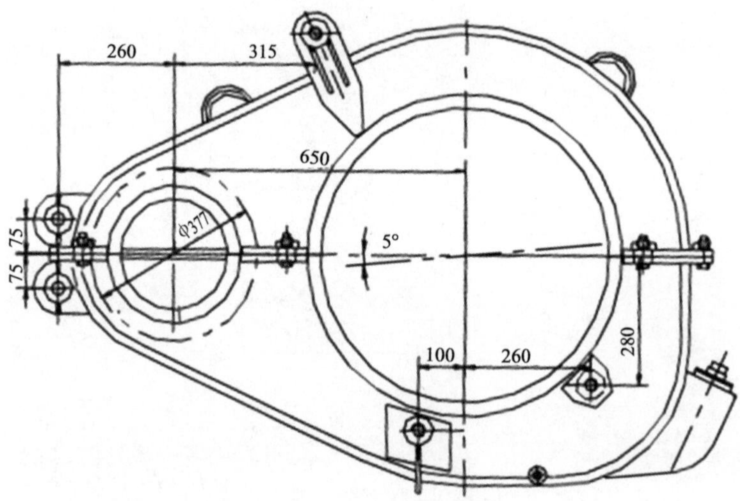

图 4－10 齿轮箱结构图（单位：mm）

（4）主要技术参数。

齿轮传动比：	75:32
车轴与空心轴间隙：	32 mm（传动端）、15 mm（非传动端）
从动齿轮与密封环（三）间隙：	≥0.5 mm
齿轮侧隙：	0.455～0.72 mm
轮对内侧距：	（1 353 ±1）mm

轮轴压装过盈量：　　　　　　　　0.25～0.30 mm

（5）轮对电动机组装的日常维护与检查。

①外观检查齿轮箱各板、座及焊缝不许有裂纹、开焊、严重漏油现象；齿轮箱油位在标尺范围内；各安装螺栓不许有松动现象。

②外观检查驱动系统各件是否有裂纹、磕碰及相关联件磨耗。

③外观检查橡胶关节，不得有外环翻边裂纹、橡胶与金属件黏结处剥离、橡胶老化现象。

④认真检查所有连接螺栓、销、止动垫等，确保无松动、脱落现象，无龟裂等缺陷存在。

⑤检查轮对各部位，确保无裂纹。

⑥检查车轮踏面磨耗状态：轮缘垂直磨耗高度不超过18 mm，轮缘厚度不小于23 mm，踏面磨耗深度不大于7 mm。外观检查轮对，踏面擦伤深度不超过0.7 mm，踏面上的缺陷或剥离长度不超过40 mm且深度不超过1 mm；当车轮踏面磨耗到限或规定的技术参数到限时必须重新镟轮。

⑦在运用中，电动机输出端轴承，驱动轴承传感器测点的最大温升为55 ℃，最高温度为90 ℃，在运用中若发现轴温报警，必须降速运行回段修理，如降速后仍报警必须停车检查。

⑧运用中检查齿轮箱中牵引齿轮油油位，应在油尺上、下刻度之间。严禁无润滑运行。运用中注意监听牵引齿轮啮合情况，发现异常时，应拆检齿轮表面状况，避免齿轮失效破坏。

⑨每20万km，应对空心轴套内轴承补充0.2 kg机车轮对滚动轴承脂，轴箱轴承内补充0.2 kg机车轮对滚动轴承脂。

⑩检查牵引软风道，确保连接牢固、无破损现象。

3. 一系悬挂装置

如图4－11所示，一系悬挂装置采用独立的轴箱弹簧悬挂结构。每个轴箱有两个螺旋弹簧和两个橡胶垫承载，螺旋弹簧和橡胶垫串联安装在轴箱的两侧，轴箱两侧还各安装有一个在三向不同刚度的弹性拉杆定位装置，机车运行时，弹性拉杆起到传递牵引力、制动力、横向力的作用，另外为了达到衰减振动和吸收振动能量的目的，配置了一系垂向油压减振器。

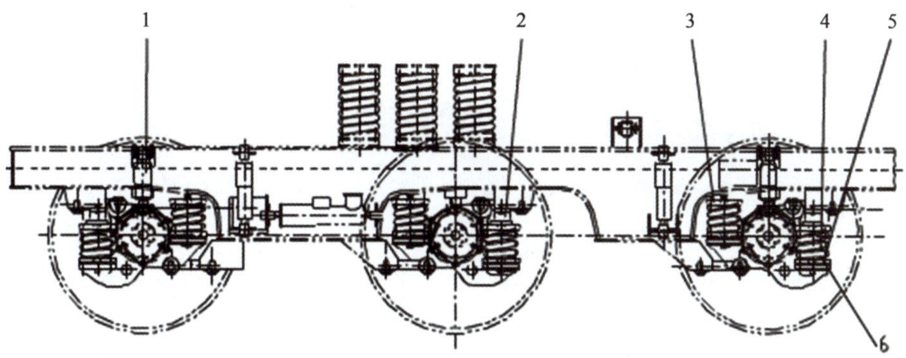

1—垂向减振器；2—减振器座；3—弹簧上压盖；4—弹簧；5—弹簧下压盖；6—橡胶垫。

图4－11　一系悬挂装置

SS_9型电力机车一系弹簧材料为50CrVA，簧条采用拉光（磨光）技术，一次加热成型，从而获得较薄的脱碳层，提高其抗疲劳性能。橡胶垫由两层钢板中间夹着橡胶硫化而成。

1）轴箱组装

轴箱组装是将车轮的旋转运动转变为机车相对钢轨做直线运动的承载部件。它将机车的重量经过轮对传递给钢轨，并将来自轮对的牵引力、制动力、横向力等传递给转向架构架。

SS_9型电力机车转向架轴箱组装是无导框式弹性拉杆定位结构，它与转向架构架之间没有相对摩擦。轴箱如图4－12所示。

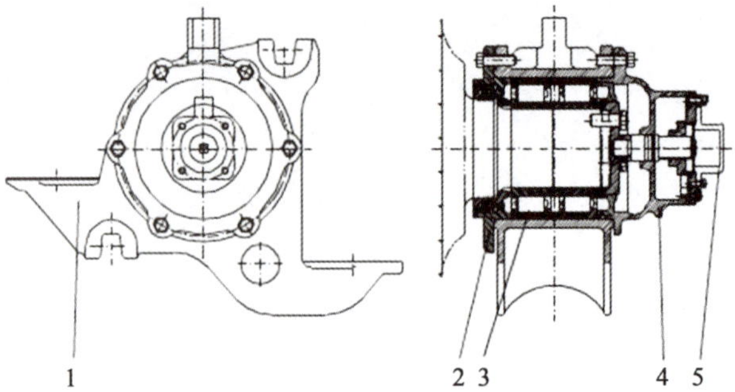

1—轴箱体；2—后盖；3—轴承；4—前盖；5—接地装置。

图 4-12 轴箱

SS_9 型电力机车轴箱主要由轴箱体、轴承、轴箱附件三部分构成。一、三位车轴与轴承的横动量为 1 mm，总横动量为 2 mm。二位车轴与轴承的横动量为 8 mm，总横动量为 16 mm。

轴箱体和前、后盖均系铸钢件，轴箱体与前、后盖分别用六条 M20 螺栓，连接成一体，两者之间有密封。后盖与靠近轮对侧的内挡油环组成迷宫式的封油装置。轴箱内轴承采用锂基脂进行润滑，一个轴箱装用约 1.0 kg 的润滑脂。SS_9 型电力机车采用我国研制的新型铁路机车轴箱轴承，型号为：NJ2232WBY、NU2232WB 和 NUHJ2232WBYI。

轴箱拉杆（见图 4-13）不但将牵引力、制动力和横向力等从轴箱传递给转向架构架，而且允许轴箱与构架有一定程度的相对位移，当机车通过的线路不平顺时，轴箱相对于构架产生上下垂直位移，使轴箱拉杆相对构架转动一角度。在牵引或制动时，轴箱沿机车长度方向相对构架的纵向位移很小，因为在这个方向上轴箱拉杆的刚度很大。当机车在曲线上运行时，轴箱相对于构架产生横向（沿车轴方向）位移，这时也是靠轴箱拉杆中橡胶的变形。轴箱对构架的位移，都是通过轴箱拉杆橡胶件的变形获得，所以没有因摩擦引起的磨损及噪声，也不需要润滑。橡胶件减振性能比较好，不需要任何维护。只是随着使用时间的延长，橡胶件会逐渐失去弹性而损坏，但这是逐渐产生的，不会突然损坏，只需注意检查，及时更换配件便可。

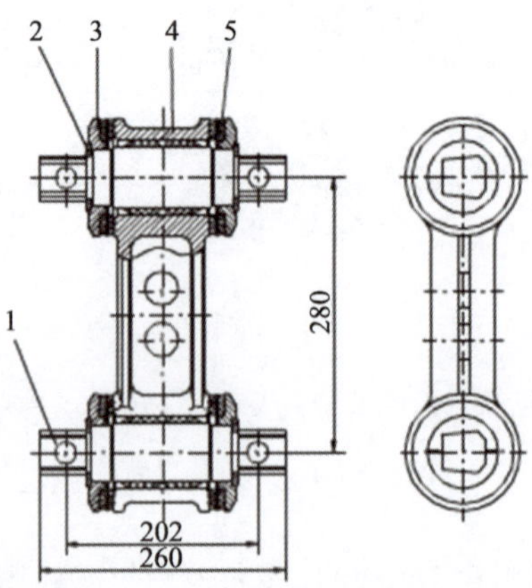

1—拉杆组件；2—止块；3—端盖；4—拉杆；5—橡胶垫。

图 4-13 轴箱拉杆（单位：mm）

轴箱接地装置为端面承压接触式设计，型号为：TJD02。每台机车安装 6 套接地装置，安装在 6 根车轴轴头上。

2）减振器

SS_9 型电力机车有垂向、横向和抗蛇行三种减振器。垂向包括一系垂向减振器和二系垂向减振器。减振器的特性如图 4－14 所示。

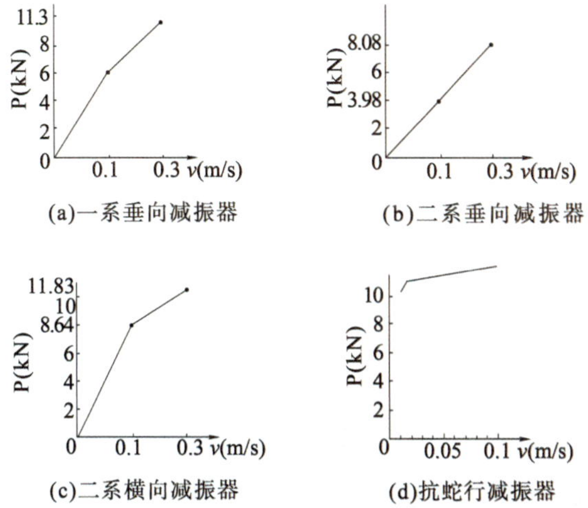

(a)一系垂向减振器　(b)二系垂向减振器

(c)二系横向减振器　(d)抗蛇行减振器

图 4－14　减振器的特性

3）主要技术参数

一系轴箱定位刚度：	垂向 2 618 N/mm
	横向 8 060 N/mm
	纵向 16 000 N/mm
一系垂向减振器阻尼系数：	60 kN · s/m
轴箱横动量：	1. 0～2. 0 mm；8～16 mm
一系悬挂静挠度：	53. 5 mm

4）日常运用与维护

（1）外观检查弹簧状态，确保无裂纹、断裂、倾斜，簧圈压并现象，否则，须更换。

（2）机车运用中，轴箱轴承传感器测点的最大温升为 55 ℃，最高温度为 90 ℃。在运用中若发现轴温报警，必须降速运行，到段后查明原因并经处理后方能继续使用，若降速后仍然报警必须停车检查。

（3）检查轴箱装配中的各个紧固件，不得有松动现象。

4. 二系悬挂装置

二系悬挂装置是构架与车体间的二系悬挂系统，它由高柔螺旋圆弹簧、橡胶垫串联作为承载主体；同时在构架与车体间设置垂向、横向和抗蛇行减振器，以衰减各向产生的振动。二系悬挂装置如图 4－15 所示。

SS_9 型电力机车二系圆弹簧材料为 50CrVA，簧条采用拉光（磨光）技术，一次加热成型，从而获得较薄的脱碳层，以提高其抗疲劳性能。橡胶垫由两层钢板中间夹着橡胶硫化而成。刚度为 26. 5 kN/mm（工作高度下的刚度）。

螺旋圆弹簧能够对各种振动起到显著的缓冲减振作用，但是，螺旋圆弹簧由于没有内摩擦，振动能量衰减缓慢，而且衰减周期较长。设置减振器能够达到既衰减振动，又保持螺旋圆弹簧振动反应灵敏度的目的。SS_9 型电力机车油压减振器有垂向、横向和抗蛇行三种。垂向包括一系垂向减振器和二系垂向减振器。一系垂向减振器阻尼系数为 60 kN · s/m，二系垂向减振器阻尼系数为 40 kN · s/m，横向减振器阻尼系数为 88 kN · s/m。抗蛇行减振器阻尼系数为 1 200 kN · s/m。

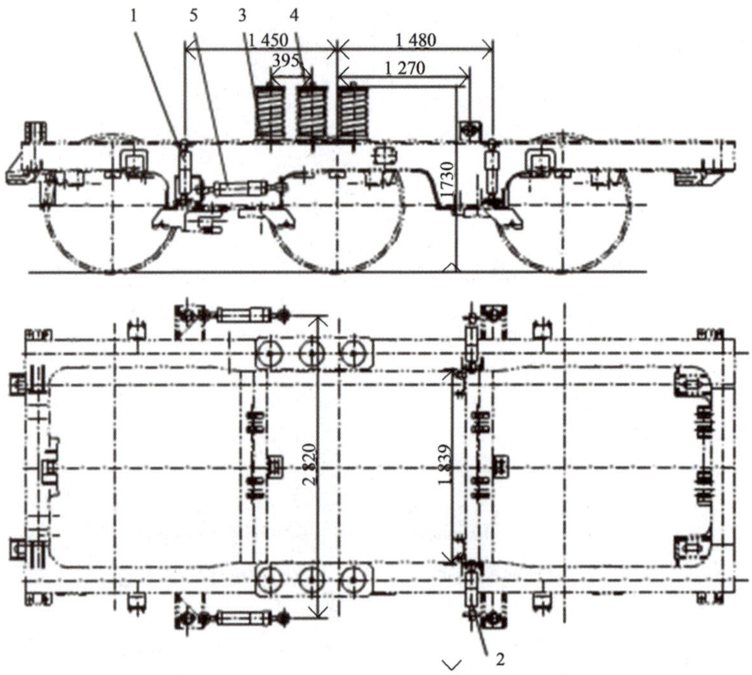

1—二系垂向减振器；2—二系横向减振器；3—弹簧座；4—二系弹簧；5—抗蛇行减振器。

图 4－15　二系悬挂装置（单位：mm）

5. 牵引装置

1）结构

牵引装置是传递机车牵引力和制动力的机械装置。SS_9 型电力机车的牵引装置采用传统的性能优良的低位水平拉杆牵引机构。在牵引机构中，每根牵引杆的一端通过牵引销与车架侧梁上的牵引座相连，另一端用销子与构架上的拐臂相连，左右拐臂用连接杆相连，以保证左右牵引杆的同步作用。球形关节轴承用于牵引杆与车体上牵引座及转向架上拐臂的连接，以适应机车运行时，车体相对于转向架的上下、左右运动。牵引点高度为60 mm。

2）日常运用与维护

（1）检查各紧固件螺栓、螺母、销等，确保无松动现象。

（2）检查牵引杆、水平拉杆等，确保无裂纹和变形现象。

（3）拆检各连接销，进行磁粉探伤检查，确保无裂纹。

6. 电动机悬挂装置

1）结构

SS_9 型电力机车牵引电动机采用架悬式设计。电动机悬挂装置如图 4－16 所示。牵引电动机与空心轴套通过止口定位，用螺栓连接固定后，可以看作是一刚体。在空心轴套一侧，通过悬挂臂与构架端梁联结，另一侧通过悬挂座、橡胶关节、芯轴在构架横梁上定位、固定。通过以上三点将牵引电动机完全悬挂在构架上。

2）日常运用与维护

（1）检查悬挂臂、悬挂座、空心轴套等，确保无裂损、变形等现象，一旦发现及时扣修。

（2）检查悬挂臂、悬挂座、空心轴套等处的所有连接螺栓，确保无松动、脱出现象，连接止口不得损坏，一旦发现及时扣修。

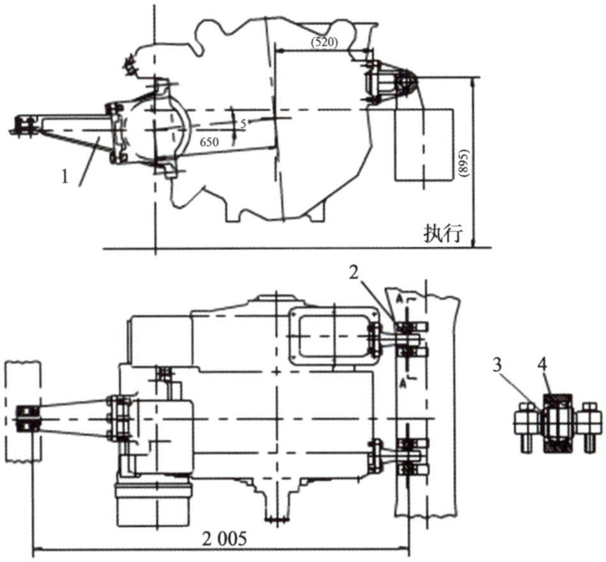

1—悬挂臂；2—悬挂座；3—芯轴；4—关节轴承。

图4－16　电动机悬挂装置（单位：mm）

（3）检查防落装置，确保状态良好。

7. 基础制动装置

SS_9 型电力机车采用 XFD 型单元制动器作为基础制动装置，其中 XFD－1 型单元制动器 8 组，XFD－2 型单元制动器 4 组，两种制动器共同完成机车制动停车作用，其中 XFD－2 型制动器单独完成机车停车时的制动作用，以确保机车运行及停车制动的可靠性，基础制动装置如图 4－17 所示。基础制动装置安装位置示意图如图4－18所示。

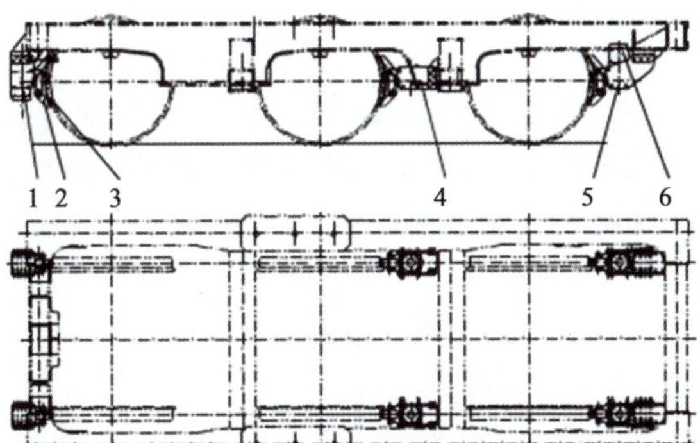

1—安装板（一）；2—XFD－1 型单元制动器；3—闸瓦；4—安装板（二）；5—安装板（三）；6—XFD－2 型单元制动器。

图4－17　基础制动装置

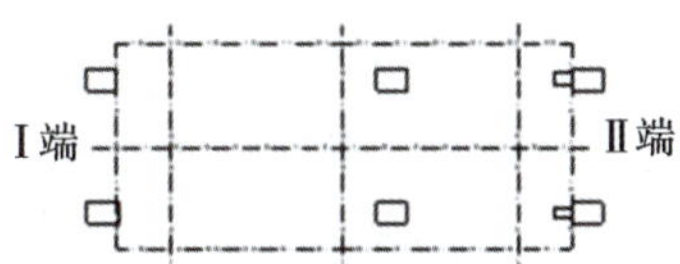

图4－18　基础制动装置安装位置示意图

XFD－1 型制动单元主要由制动缸、力的放大机构和单向自动间隙调整器组成，它可以产生闸瓦压力并自动补偿闸瓦和车轮磨耗所产生的间隙。XFD－2 型制动单元是在 XFD－1 型基础上，在制动缸体上部增加弹簧停车制动器。以达到机车车辆在充入或排出总风状态下，实现机车车辆的缓解或制动作用，该弹簧停车制动器的作用可替代机车车辆的手制动作用。

1）主要技术参数

XFD 型单元制动器技术参数如下。

制动缸直径：	177.8 mm
制动倍率：	4.47
传动效率：	0.85
制动器闸瓦输出力（风压 450 kPa）：	（42.5 ±2.5）kN
闸瓦与车轮踏面的恒定间隙：	4 ~8 mm
轮、瓦磨耗一次补偿量不小于：	10 mm
最大闸瓦间隙调整长度：	125 mm
允许使用环境温度：	－40 ~45 ℃
弹簧停车制动器输出力：	25 kN
活塞最大行程：	72 mm
弹簧停车制动器输出力：	10 ~22 kN
制动单元重量：	46 kg（XFD－1 型和 XFD－1H 型）
	68 kg（XFD－2 型和 XFD－2H 型）

2）轮瓦间隙调整

（1）将轮、瓦间隙调整为 100 mm 左右，制动缸充入 100 kPa 压力空气，反复充、排气，经数次调整动作后能实现轮、瓦间隙 4 ~8 mm。

（2）拧动间隙调整器后的六角螺母，增大或缩小轮瓦间隙，亦能将轮、瓦间隙调整至正常。

3）弹簧停车制动器风动和手动缓解操纵

向弹簧停车制动器充入 600 kPa 压力空气，经二次充排总风，单元制动器应能产生制动和缓解作用。当排出总风时，弹簧停车制动器产生制动作用，拉动手动缓解环，制动器应能缓解。应特别注意，在弹簧停车制动器未缓解前，严禁动车。

4）日常运用与维护

（1）检查闸瓦、闸瓦托及安装座，确保无裂损。

（2）检查制动器体，确保无裂损、不泄漏。

（3）检查各紧固件，应无松动。

（4）检查制动器各部件，确保动作灵活，检查轮瓦间隙是否在规定范围，检查闸瓦磨耗情况。

5）闸瓦的更换

闸瓦磨耗到限后应及时更换新闸瓦，更换闸瓦时应遵循下列程序。

①确认车辆已安全停放。

②制动缸处于缓解状态，弹簧停车制动器也处于充风缓解状态或手动缓解状态。

③顺时针（从制动单元的后面看）旋转调整后盖，使瓦托回缩至能有足够的空间安装一块新闸瓦为止。不宜使瓦托回缩到制动单元根部，以防影响制动作用。

④拆下旧闸瓦并换上新闸瓦。

⑤制动、缓解数次，直至闸瓦与踏面之间的间隙恢复正常，间隙调整器停止调整为止。

8. 其他附件装配

SS_9 型电力机车附件装配由砂箱、踏面清扫器、梯子、垂向止挡、侧挡等组成。

任务考核与评价

<table>
<tr><td>任务名称</td><td colspan="3">SS_9 型电力机车转向架认知</td></tr>
<tr><td>知识、技能目标点</td><td>考核项目</td><td>自我评价</td><td>教师评价</td></tr>
<tr><td rowspan="2">1. 掌握 SS_9 型电力机车转向架各部件的名称、结构组成及作用原理
2. 掌握 SS_9 型电力机车转向架各部件日常检查、维护方法及要求</td><td>1. 转向架各部件的名称、结构、作用原理（60 分）</td><td></td><td></td></tr>
<tr><td>2. SS_9 型电力机车转向架各部件日常检查、维护方法及要求（40 分）</td><td></td><td></td></tr>
<tr><td colspan="2">总分</td><td colspan="2"></td></tr>
</table>

任务 4.3 HXD_{2B}型电力机车转向架认知

任务引言

HXD_{2B}型电力机车转向架是在消化、吸收 HXD_2 型电力机车转向架技术的基础上，结合实际需求开发的 120 km/h、25 t 轴重转向架，其采用标准化、系列化、模块化、轻量化设计，设计原则是满足大功率交流传动货运电力机车对转向架性能和可靠性的要求。

任务知识点

1. HXD_{2B}型电力机车转向架及其相关部件的结构、组成及技术参数。(重点)
2. HXD_{2B}型电力机车转向架的特点和日常维护。(难点)

任务技能要求

1. 对照实物指出 HXD_{2B}型电力机车转向架各部件的名称、结构组成及作用原理。
2. 对照实物描述 HXD_{2B}型电力机车转向架各部件的日常检查维护方法。

核心知识技能

4.3.1　HXD_{2B}型电力机车转向架构架

1. 构架的组成

构架按25 t轴重负荷设计，是一整体目字结构框架，其包括以下部分：两组焊接相同的侧梁，为满足强度要求内设各种筋板；两组端梁，分别焊接在每组侧梁端部；两组横梁，其中一组横梁支撑牵引杆，构架如图4－19所示。

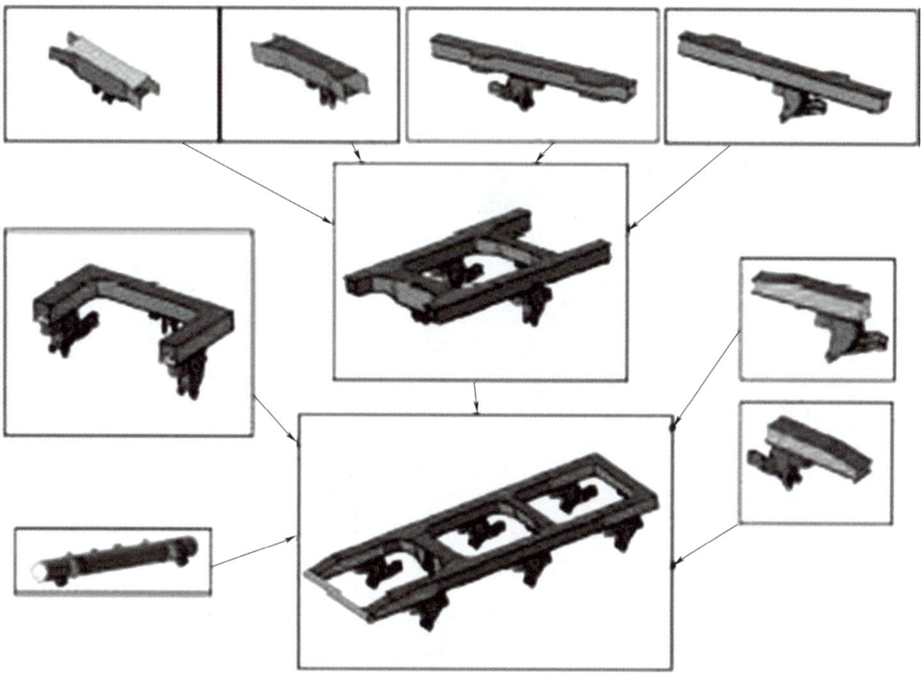

图4－19　构架

该构架装配有焊接座（钢板、铸件或锻件）用于安装转向架附件，还配有加工基准点用于测量转向架使用过程中构架轮距和弯曲程度。转向架构架配有提升设施可用于维修或搬运。

1）侧梁结构

为保证构架具有足够的强度和刚度，侧梁采用大截面薄板箱形焊接形式。梁上各支座的焊缝避免用横向焊缝，以提高梁体焊缝截面的许用应力。

该侧梁为箱形焊接形式，其盖板上有二系簧座、吊座、摇头止挡座、一系簧座、弹簧支承及拉杆座、一系止挡座等，侧梁内侧有横梁止挡座、制动器安装座等。

2）端梁和牵引横梁结构

为了便于实现低位牵引的布置，端梁和牵引横梁采用不同的结构形式，前端梁选用圆管型材，后端梁选用箱形梁体，上盖板厚为12 mm，下盖板厚为16 mm。由于牵引横梁与牵引装置相连而采取了补强措施，牵引横梁选用鱼腹形箱形梁体，以提高梁体的抗扭刚度。

3）中间横梁结构

中间横梁具有增强构架的整体性，提高构架的整体抗变形能力和抗扭刚度等重要作用。构架中间横梁采用箱形结构，其上设有电动机支座等。

2. 主要技术参数

外形尺寸：　　　　　　　　　6 588 mm × 2 789 mm × 930 mm（长 × 宽 × 高）

二系圆弹簧中心距：　　　　　2 026 mm

构架总重：　　　　　　　　　3 957 kg

构架上部结构如图 4 - 20 所示，构架下部结构如图 4 - 21 所示。

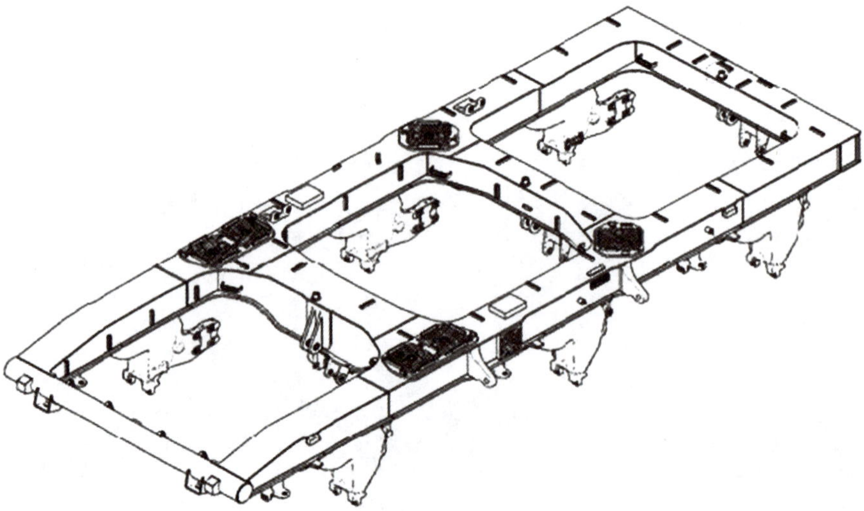

图 4 - 20　构架上部结构

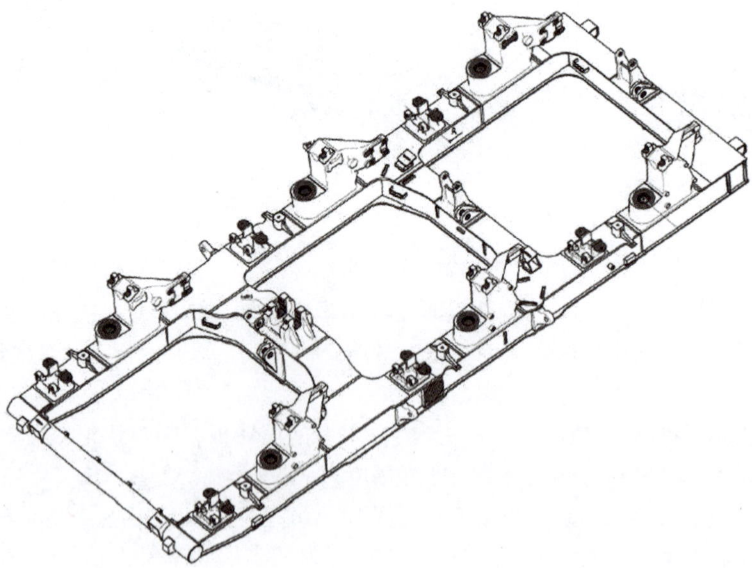

图 4 - 21　构架下部结构

4.3.2　HXD_{2B}型电力机车转向架悬挂装置认知

机车在线路上运行时，由于线路不平顺、钢轨的接缝和道岔及车轮踏面磨耗不均匀，踏面擦伤等各种因素的影响，轮对都会受到来自线路的冲击和振动。如果这些冲击和振动全部刚性地传给转向架和车体，将使机车上的各种电器设备及走行部分各零件产生松动和损坏，并使乘务员的工作环境恶化，同时这些冲击和振动对线路也有很大的破坏作用。因此，在机车上必须设置弹簧悬挂装置，以减轻这些不利因素的影响，另外其还可对机车各轴的重量进行适当的分配和调整。

根据所处位置的不同，悬挂装置分为一系悬挂装置与二系悬挂装置。在轴箱与构架之间设置一系悬挂装置，在车体与转向架之间设置二系悬挂装置。

针对重载货运技术，基于重载组合列车的运行工况，该转向架悬挂装置采用了一系“软”二系“硬”的悬挂方式。

1. 一系悬挂装置

一系悬挂装置采用独立的轴箱弹簧悬挂结构。每个轴箱有两个螺旋弹簧承载，在每组弹簧的上方设有绝缘垫。轴箱两侧各安装一个具有三向刚度要求的轴箱拉杆定位装置，机车运行时，轴箱拉杆用来传递牵引力、制动力。另外，为了达到衰减和吸收振动的目的，在每轴箱位配有一个垂向减振器，一系悬挂装置的布置如图4－22所示，轴箱一系悬挂装置如图4－23所示。

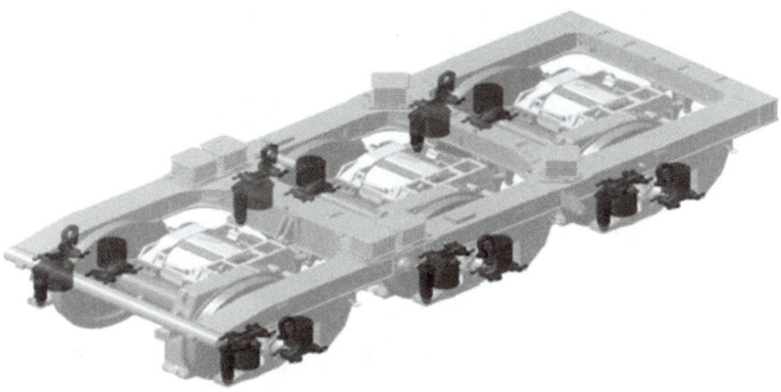

图4－22　一系悬挂装置的布置

1— 一系悬挂弹簧；2—轴箱拉杆；3— 一系垂向减振器；4—起吊环；5—轴箱；6—绝缘垫。

图4－23　轴箱一系悬挂装置

在轴箱处设有垂向限位装置，垂向运动被限制在两止挡之间，一系垂向止挡间隙为29 mm；轮对相对于构架的横向运动被轴箱拉杆与构架的装配结构限制在±7 mm的范围内。

1）一系悬挂弹簧

一系悬挂弹簧的各项性能指标如下。

轴向刚度： 579.2 kN/m
弹簧自由高度： 346.5 mm
弹簧压缩高度： 228 mm

进行该悬挂弹簧性能试验时，在弹簧下方第一个有效圈上绕上两圈电气胶带以标明横向自由偏移方向，使其按横向自由偏移的方向组装，这样有利于保证圆弹簧横、纵向载荷在整个悬挂系统中达到内部均衡，以此来保证机车良好的动力学性能要求。

2）轴箱拉杆

轴箱拉杆由轴箱拉杆体与通过一定的预压力压装在端部的两个弹性橡胶关节构成，轴箱拉杆如图 4－24 所示。

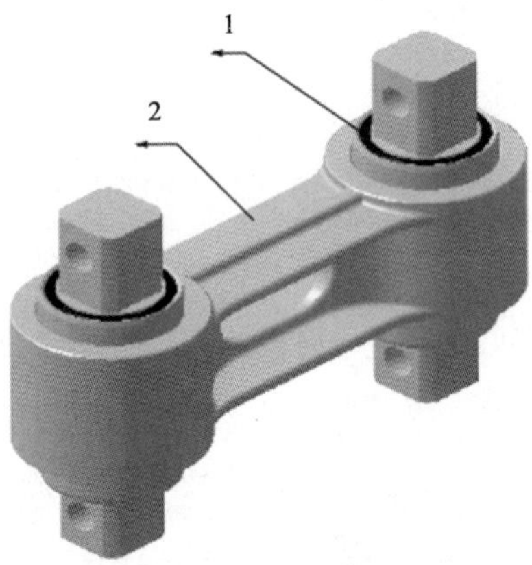

1—轴箱拉杆橡胶关节；2—轴箱拉杆体。

图 4－24 轴箱拉杆

轴箱拉杆橡胶关节是由配方橡胶经一定工艺硫化在钢制芯轴上，轴箱拉杆橡胶关节纵向刚度很大，这有利于保持驱动系统的稳定性，提高黏着利用，同时可提高高速运行的临界速度。

3）一系垂向减振器

一系垂向减振器如图 4－25 所示，其各项性能指标如下。

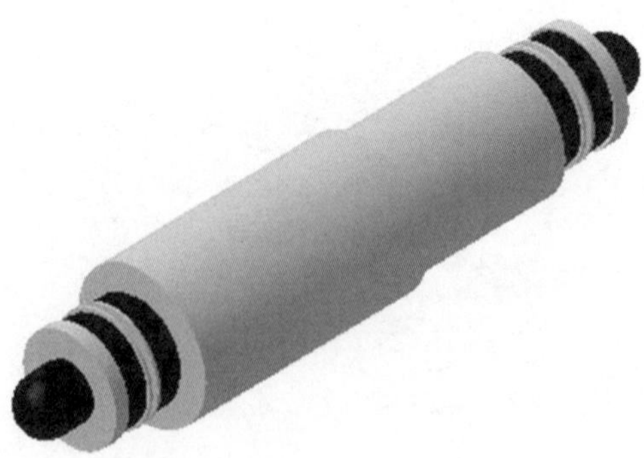

图 4－25 一系垂向减振器

（1）运用环境要求。

最高温度：＋70 ℃

最低温度：－40 ℃

（2）公称载荷和速度。

公称载荷：11 000 N

公称速度：0.3 m/s

（3）最大载荷和速度。

最大载荷：20 000 N

最大速度：1 m/s

（4）端头轴向静态刚度、最大载荷和变形。

轴向静态刚度：4.32 kN/mm（1±20%）

最大轴向载荷：20 000 N

最大偏转角：2°

4）绝缘垫和起吊环

为隔断轮对与构架之间电流的传导，减少电流通过轮轴对轴箱轴承的电蚀作用，在一系悬挂弹簧与弹簧上座之间设置了绝缘垫。

在轴箱体与构架间设置了起吊环，供轮对电动机组装与构架整体起吊时使用。起吊环通过铰制螺栓与轴箱体连接。

2. 二系悬挂装置

二系悬挂装置承担车体与转向架间各个方向的静负荷和动负荷，缓和车体和转向架之间的冲击，衰减振动和隔离噪声。当机车通过曲线时，它可在车体与转向架之间产生相对位移，使机车顺利通过曲线；当机车通过曲线后，它可使转向架与车体之间快速恢复原来的平衡状态。

如图4－26所示，二系悬挂装置主要由橡胶堆、二系横向减振器、二系横向止挡等组成。

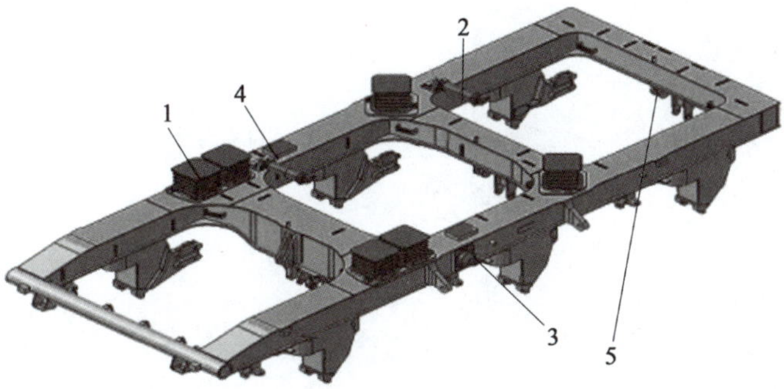

1—橡胶堆；2—二系横向减振器；3—二系横向止挡；4—二系垂向止挡；5—二系摇头止挡。

图4－26　二系悬挂装置

在构架侧梁上设置有刚性垂向限位装置，车体的垂向运动被止挡限制，下移极限为20 mm；在车体和构架侧梁间装有横向止挡，横向运动被侧挡限制在可以自由移动20 mm的范围内，弹性元件压缩40 mm（总共60 mm的横向运动）；另外，还在车体与转向架的一、三轴处设置有摇头止挡，其单边间隙为107 mm。各二系止挡的合理设置，既保护了转向架各部件的运行安全，也保证了转向架顺利通过曲线。

1）橡胶堆

橡胶堆除承受来自车体的垂向静、动载荷外，还必须承受由车体相对于转向架的横向位移和旋转运动引起的剪切载荷。

如图4－27所示，二系悬挂橡胶堆是橡胶与金属硫化在一起的夹层结构，橡胶的硬度很大，其水平刚度通过橡胶弹性变形引起的内摩擦来提供，其垂向刚度较大，使机车产生的轴重转移比较小，从而使得机车黏着重量利用率得以提高，有利于机车功率的充分发挥。

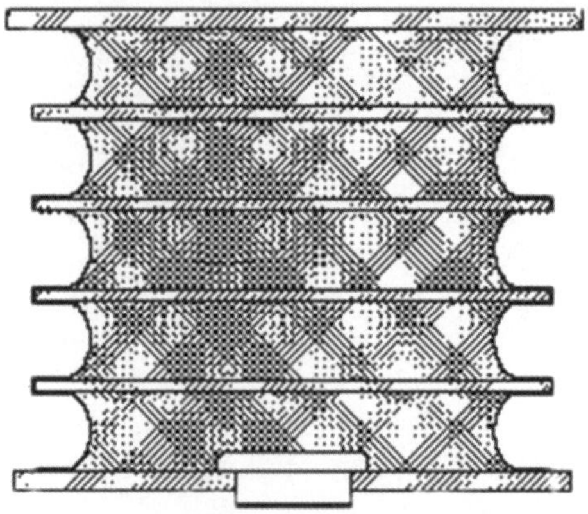

图 4－27 二系悬挂橡胶堆

2）二系横向减振器

二系横向减振器如图 4－28 所示，其各项性能指标如下。

（1）减振器运用环境要求。

最高温度：＋70 ℃

最低温度：－40 ℃

（2）公称载荷和速度。

公称速度：0.1 m/s

公称载荷：5 000 N

（3）最大载荷和速度。

最大速度：0.5 m/s

最大载荷：8 650 N

（4）端头径向静态刚度、最大载荷和变形。

径向静态刚度：20 kN/mm（1 ±20%）

最大轴向载荷：8 625 N

最大偏转角：±5°

扭转角：±8°

图 4－28 二系横向减振器

3）横向止挡

横向止挡通过螺栓固定在构架侧梁的中部侧面，每个转向架对称地布置（以机车纵向中心线为轴）两个横向止挡。横向止挡由耐磨板、弹性橡胶止挡体和金属安装板组成。横向止挡如图 4 - 29 所示。弹性橡胶止挡体是由配方橡胶经一定工艺硫化在金属安装板上。其各项性能指标如下。

（1）刚性止挡限定弹性体的轴向变形最大为 40 mm。

（2）在恒定载荷 35 kN 作用下，变形量为 31. 5 mm。

（3）横向止挡的弹性体应能吸收冲击、变形和摩擦力，并能保持性能不变。

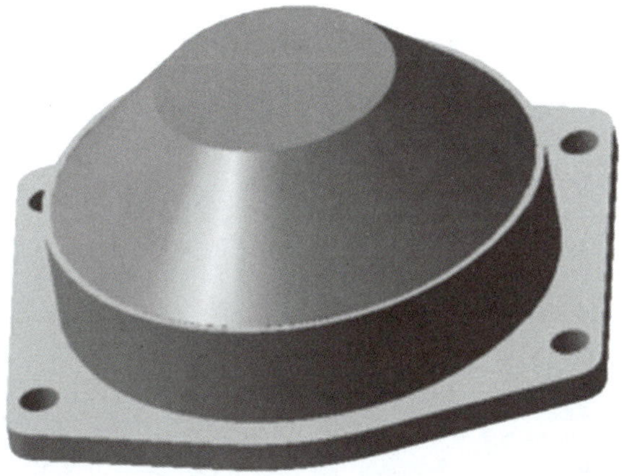

图 4 - 29　横向止挡

4.3.3 HXD_{2B}型电力机车轮对的检查和维护

轮对作为转向架的重要运动部件，它不仅支承机车的全部重量，同时，通过轮对与钢轨之间的黏着产生必要的牵引力或制动力，并通过轮对的回转实现机车在钢轨上的运行。在机车运行中，轮对不仅承受静载荷和车轮、齿轮与车轴装配应力，而且还承受机车运行时产生的动应力，以及制动时产生的热应力，因此，轮对必须有足够的强度，才能确保机车的安全性与可靠性。

电力机车每个转向架包含3组轮对装配，Ⅰ位、Ⅲ位轮对装配完全相同，Ⅱ位轮对装配除轴箱轴承及压盖不同外，其余部件与Ⅰ位、Ⅲ位完全相同。

每组轮对装配由车轮、车轴和轴箱装配等组成。轮对组装如图4－30所示。

图4－30 轮对组装

1. 电力机车轮对

轮对由车轮、车轴和轴箱装配组装而成。车轮与车轴的装配是按照相关标准要求，采用注油压装的方式进行装配的，过盈量为0.31～0.37 mm。要求保证轮毂内、外侧面均突出车轴轮座3.5 mm。轮毂两侧突悬，可减小微动磨损对车轴的影响及将轮对压装的拉应力从轮座转移到轴肩圆弧处，可有效地提高车轴轮座的疲劳强度。

1）车轴

车轴不仅承受着垂向力，而且还承受着牵引力、制动力、车轴驱动装置的反作用力及通过曲线时横向作用于轮缘的导向力，同时还承受着驱动装置的附加扭转应力，以及各个方向的冲击作用力。由于主要的应力都是交变的，产生的破坏多为疲劳破坏，因此在车轴的设计及制造时，应尽可能避免应力集中，同时采取车轴表面强化等有效的工艺措施，以提高车轴的疲劳强度。

车轴（见图4－31）为空心的阶梯轴，应定期进行超声波探伤检测。为了在保证强度的同时减轻质量，采用空心车轴，使超声波探头可以直接穿过该通孔，以方便探伤检测。

车轴两端安装轴承，担负车辆重量，并传递各方向的静动载荷。

车轴一般按疲劳寿命20年设计，设计时留有较高的安全系数。依靠车轴的定期检修来确保车轴的运用安全。

车轴由轴承座、轮座、制动盘座、齿轮箱轴承座、轴身组成。

车轴上车轮座与齿轮座之间；非齿侧轮座与密封盖之间设有深度3.5 mm、*R*20的卸荷槽，组装后形成凸悬结构。这种结构可以有效地消除车轮、齿轮由于过盈装配在边缘产生的应力集中，改善了微动磨损，提高了车轴的疲劳强度，延长了车轴寿命。

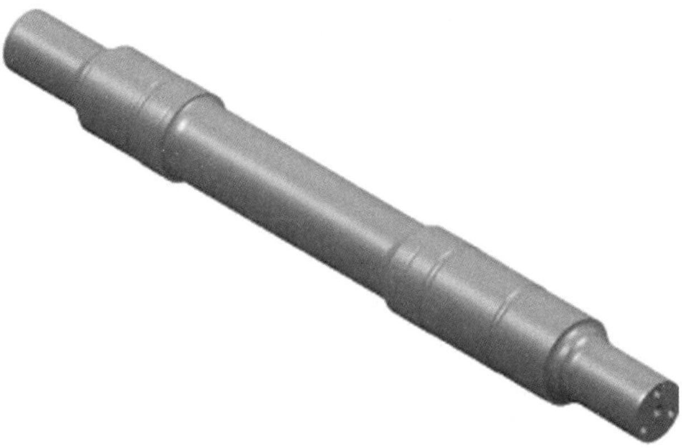

图4－31　车轴

2）车轮

车轮为整体辗钢车轮（见图4－32），由符合相关标准要求的R7T碳钢制成，车轮轮毂设有注油孔和油槽，用于注入压力油以退下车轮。踏面为JM3磨耗型踏面。

图4－32　车轮

（1）车轮采用整体轧制车轮。因采用轮盘制动，需要在车轮辐板两侧安装制动盘，为直辐板车轮。电力机车新造车轮滚动圆直径为1 250 mm，最大磨耗直径为1 150 mm，轮辋厚度为145 mm。在靠轮辋轮缘侧面ϕ1 150 mm圆周上，设有磨耗到限标记。

车轮组成如图4－33所示。

（2）车轮踏面。

电力机车车轮踏面采用磨耗型踏面。磨耗型踏面是在锥型踏面的基础上，一开始就把车轮踏面做成类似磨耗后的稳定形状，即磨耗型踏面。锥型、磨耗型踏面形状如图4－34所示。磨耗型踏面优点如下。

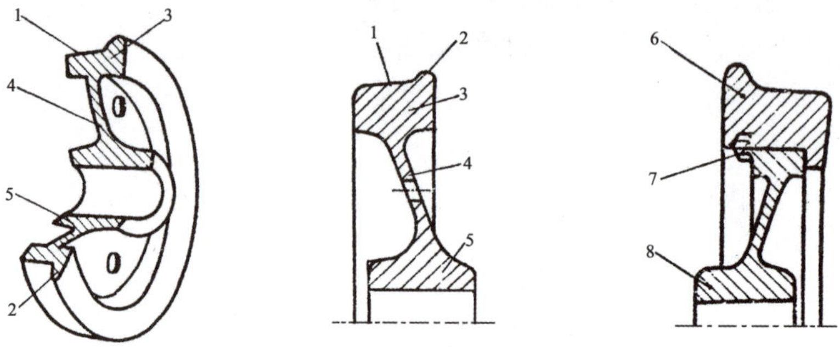

(a) 整体轮　　(b) 直辐板形轮　　(c) 轮箍轮

1—踏面；2—轮缘；3—轮辋；4—辐板；5—轮毂；6—轮箍；7—扣环；8—轮心。

图 4-33　车轮组成

①在相同的行走里程下，可明显减少踏面的磨耗量，延长车轮的使用寿命，减少换轮、选轮的工作量。

②磨耗型踏面可减小轮轨接触应力，提高车辆运行的横向稳定性和抗脱轨安全性。

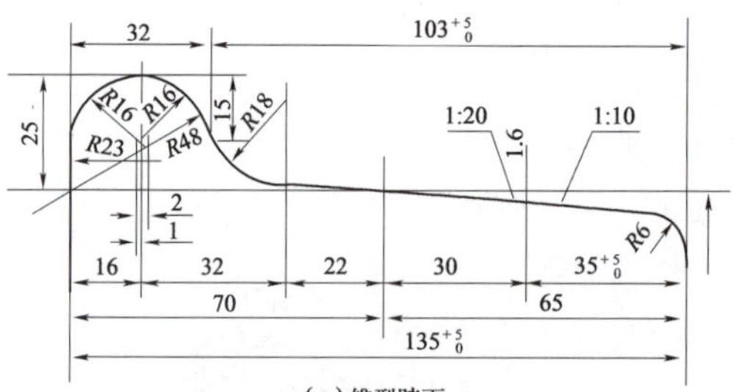

(a) 锥型踏面

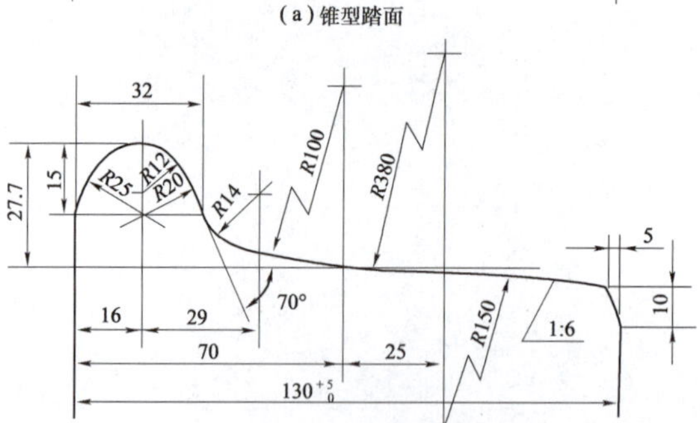

(b) 磨耗型踏面

图 4-34　锥型、磨耗型踏面形状（单位：mm）

（3）轴箱定位。

轴箱定位装置是连接轮对与构架的活动关节，除了传递各个方向的力和振动外，轴箱必须保证轮对能够适应线路状况而相对于构架上下跳动和左右横动，约束轮对和构架的相对运动，约束构架和轮对的相对运动。同时对轴承外圈定位，保持轴颈和轴承的正常位置，保留轴承油脂，保证轴承良好的润滑，并具有良好的密封性，防止尘土、雨水等物侵入或油脂甩出，避免燃轴事故。

轴箱定位装置内有轴承组件，外部安装轴温、速度传感器，轮对提吊等。

轴箱定位方式有两种：转臂式和拉杆式。

①转臂式轴箱定位方式。

采用轴箱与转臂一体式的转臂式轴箱定位结构，其目的是简化结构、降低自重、便于组装和维护检修。

转臂式轴箱由轴箱体、轴箱前盖、轴箱后盖、橡胶盖、橡胶弹性定位节点、定位节点压盖等部件组成。

安装传感器的轴箱结构如图4－35所示。未安装传感器的轴箱结构如图4－36所示。

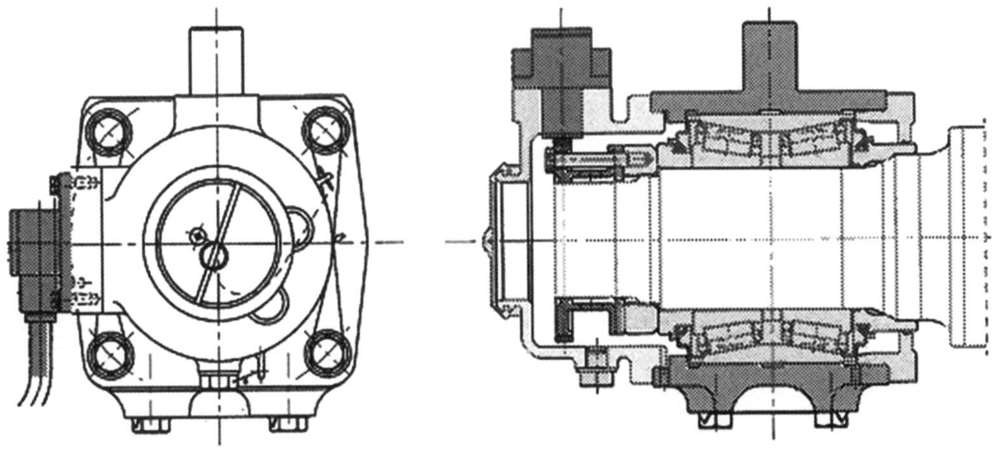

图4－35　安装传感器的轴箱结构

轴箱装配是连接构架和轮对的活动关节，它除保证轮对进行回转运动外，还起到传递牵引力、制动力和轮轴横向力的功能。

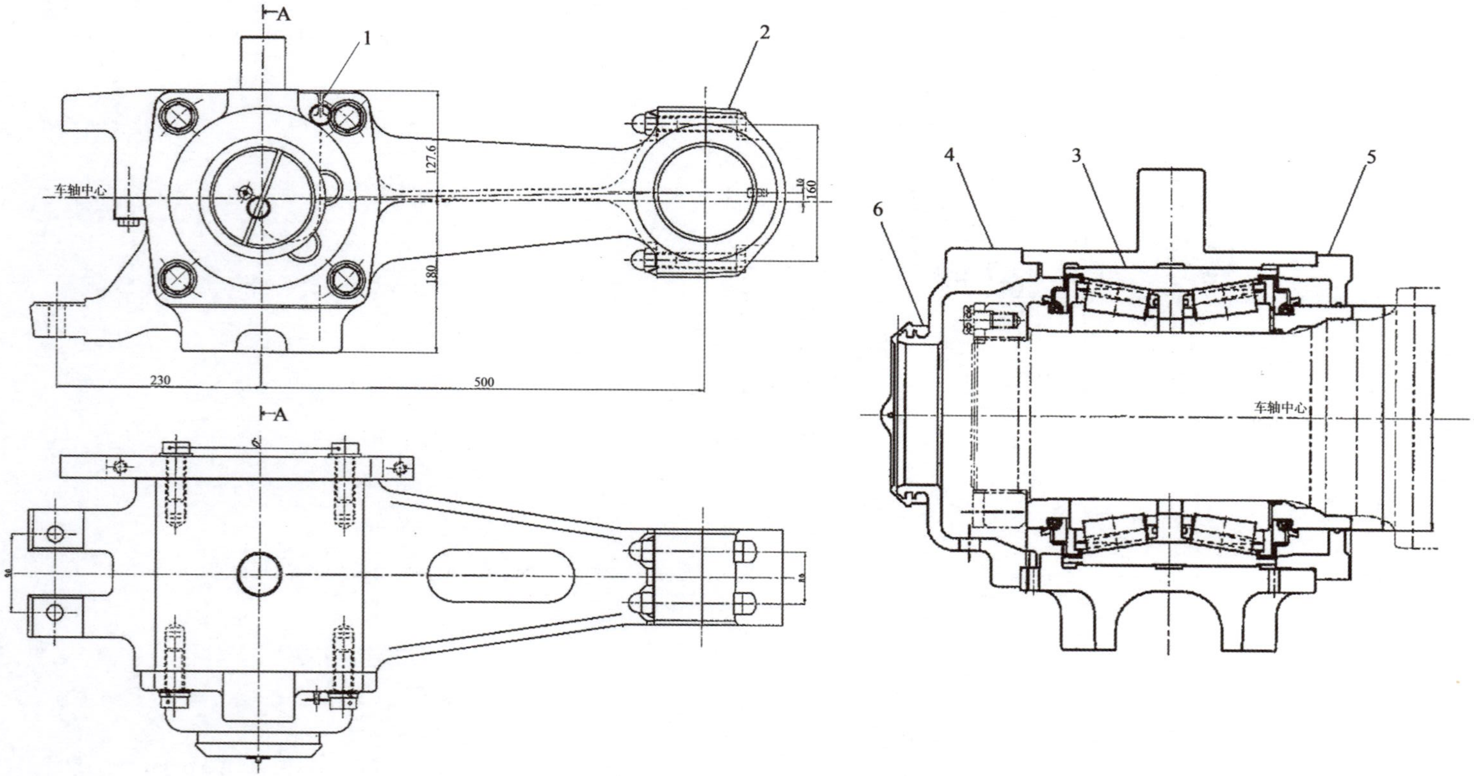

1—轴箱体；2—定位节点压盖；3—轴承组件；4—轴箱前盖；5—轴箱后盖；6—橡胶盖。

图 4-36　未安装传感器的轴箱结构（单位：mm）

轴箱装配主要由轴箱体、轴箱轴承、轴箱后盖、轴箱前盖、轴端压盖、螺栓和密封圈等组成。Ⅰ、Ⅲ位轴箱装配如图4－37所示。Ⅱ位轴箱装配如图4－38所示。

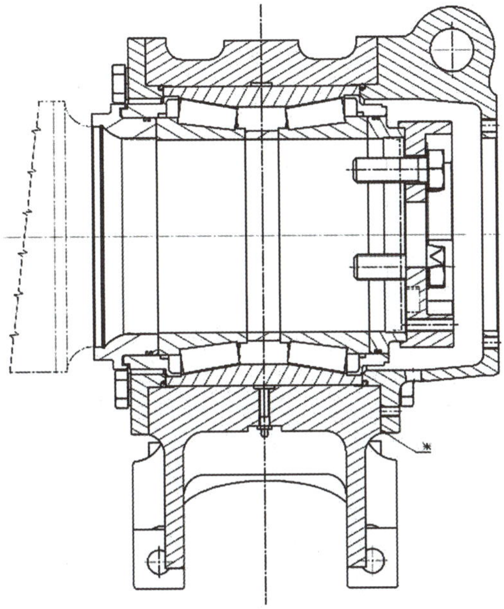

图4－37　Ⅰ、Ⅲ位轴箱装配

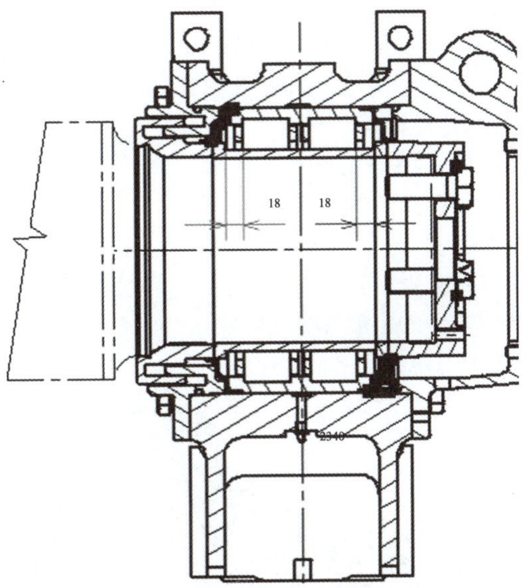

图4－38　Ⅱ位轴箱装配（单位：mm）

轴箱装配有O形密封圈和密封胶（分别在轴箱前盖、轴箱后盖处进行密封），以防止水、灰尘等杂物进入。

（a）轴箱体。

轴箱体是重要的承力部件，在轮对运转时，轴箱体承受非常大的冲击力和复杂的交变载荷，轴箱体如图4－39所示。

轴箱体上设有上下轴箱拉杆接口，一系弹簧接口，一系垂向减振器接口，同时还有踏面清扫器安装接口。

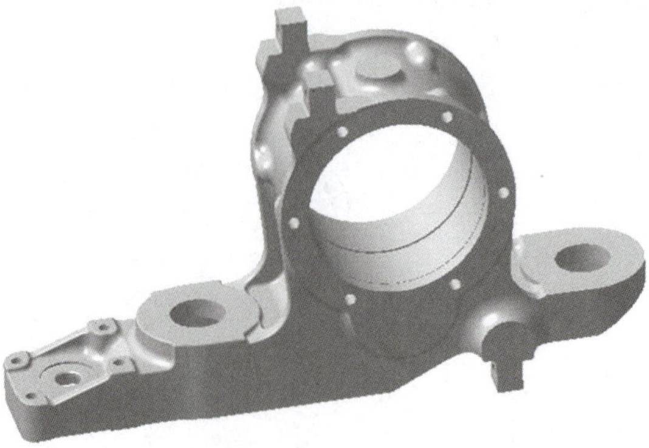

图 4-39 轴箱体

(b) 轴箱轴承。

轴箱轴承采用全密封滚子轴承。轴承满足相关标准要求。该轴承采用润滑脂润滑。

ⓐ轴箱体。

轴箱体材料为铸钢，箱体内安装轴承，其顶部用于安装轴箱弹簧，轴箱转臂的另一端通过压盖与橡胶弹性定位节点连接，构成轮对的定位装置。轴箱内的轴承外圈通过轴箱前、后端盖来定位。

ⓑ轴箱前盖。

为降低转向架簧下重量，轴箱前盖采用了高纯度铝合金铸件材料。为防止铝制材料与钢铁零件接触面产生电化学腐蚀，需要在接合面进行特殊涂装。

轴箱前盖底部有一孔，用于排出车轴超声波探伤时使用的润滑油。通常情况下轴箱前盖的孔用螺栓塞住，以防运行时灰尘进入转速计和接地装置。

ⓒ轴箱后盖。

轴箱后盖采用上下分体结构，为锻钢材料，先上下形成完整的挡圈后，再与轴箱通过螺栓连接。轴箱后盖设有防尘结构的双重迷宫槽。

ⓓ橡胶弹性定位节点。

轴箱与构架连接的一端为橡胶弹性定位节点，用以传递轮对与构架之间的牵引力和制动力。橡胶弹性定位节点为一系悬挂装置的主要部件之一。

橡胶弹性节点如图 4-40 所示。

图 4-40 橡胶弹性节点

(c) 轴箱装置其他部件。

ⓐ轴承组件。

机车转向架采用双列圆锥滚子轴承单元，使用油脂润滑，采用轻接触式的双唇自密封结构。轴承组件如图4-41所示。

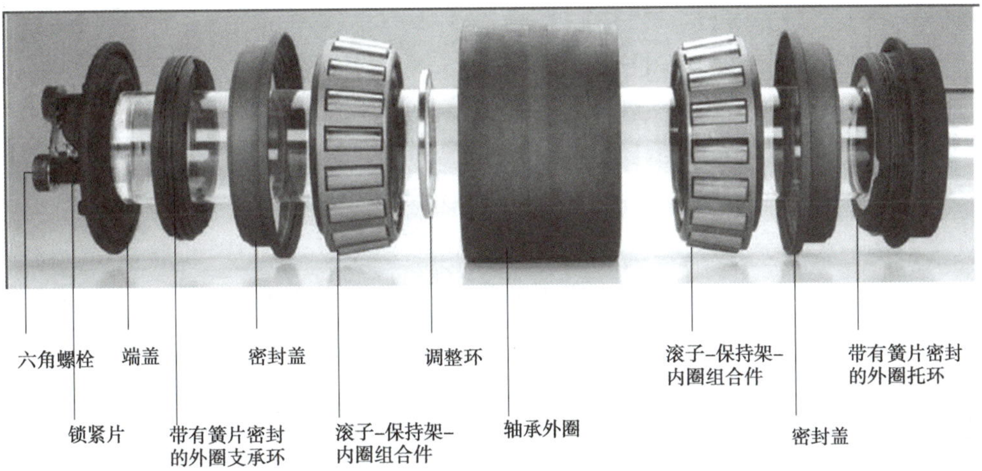

图4-41　轴承组件

ⓑ轴承温度检测器。

该检测器由热敏开关构成，当轴箱体温度升高至设定值时，热敏开关使报警电路打开。开关的激活温度设置为165～155℃，温度梯度为5℃/min。

ⓒ速度传感器。

轴箱上安装有速度传感器。

ⓓ轮对起吊装置。

轮对起吊装置的主要作用是在转向架整体起吊过程中，使轮对随构架形成整体，同时，防止在转向架拆卸时轴箱弹簧伸长而损伤垂向减振器。

②拉杆式轴箱定位装置。

拉杆式轴箱定位装置如图4-42所示。

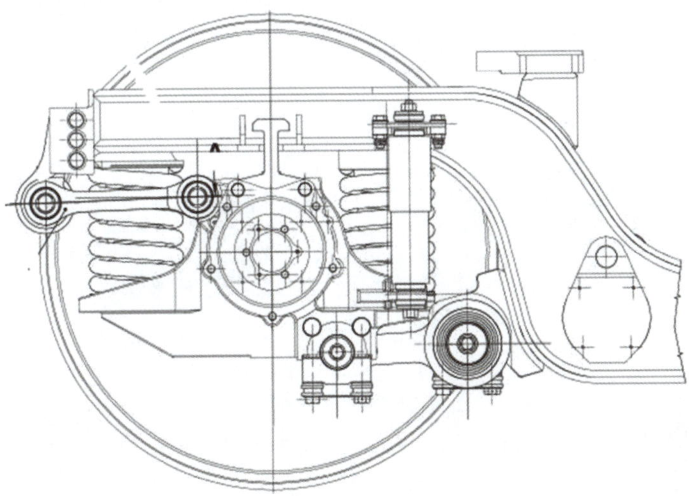

图4-42　拉杆式轴箱定位装置

4.3.4 HXD_{2B}型电力机车驱动装置的检查和维护

驱动装置是机车走行部的关键部件之一，它是将电动机输出转矩传递到轮对的装置。该转向架由3组驱动装置顺序安装，主要由齿轮箱、牵引电动机、传动齿轮、抱轴承箱组装、密封元件及电动机悬挂部件等组成，驱动装置如图4-43所示。

1—齿轮箱；2—传动齿轮；3—抱轴承箱；4—牵引电动机；5—牵引电动机悬挂。

图4-43 驱动装置

驱动装置采用一级减速圆柱直齿传动，把牵引电动机输出的扭矩通过主动齿轮和从动齿轮传递给轮对，实现轮对牵引力的产生。齿轮传动采用全封闭式传动齿轮箱，它与抱轴承箱、牵引电动机通过螺栓联结成一体，齿轮箱与电动机构成静密封结构，密封润滑好，并能改善齿轮箱的泄漏，有利于轴承和牵引齿轮的润滑。

1. 齿轮箱

齿轮箱采用承载式单级减速齿轮箱，其上下两个半箱用螺栓联结，由符合相关标准的GJS-400-18球墨铸铁制成。

齿轮箱中合理地设有各种挡油板、油槽和回油孔，将齿轮旋转飞溅起的部分润滑油引流到齿侧抱轴箱轴承室和电动机输出端轴承室，以润滑和冷却轴承。最后润滑油通过各个回油通道回到齿轮箱的副油箱，副油箱与主油箱是连通的，这样就形成了润滑油的循环利用。齿轮箱如图4-44所示。

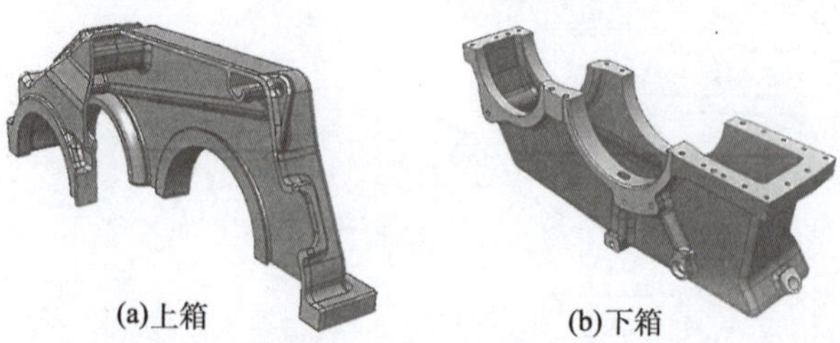

(a)上箱 (b)下箱

图4-44 齿轮箱

2. 传动齿轮

牵引电动机输出端轴承位于电动机轴轴端，其使主动齿轮处于电动机齿轮箱侧轴承的内侧，主动齿轮安装结构如图4-45所示，主动齿轮属于简支梁式结构，不同于既有机车的悬臂式结构。这种布置可改善齿轮及电动机轴承的工作条件，改善牵引齿轮的啮合性能和齿轮传动的平稳性，延长了牵引齿轮的使用寿命。

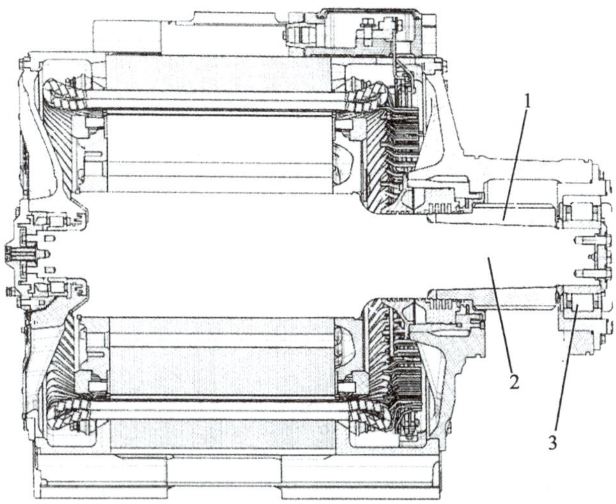

1—主动齿轮；2—电动机轴；3—电动机传动端轴承。

图4-45　主动齿轮安装结构

主动齿轮内孔采用1∶20锥度，与电动机轴采用过盈装配，在与主动齿轮配合的电枢轴颈上镟有两道油沟，此油沟与轴端的孔相通，便于拆卸小齿轮，并保证电动机轴与主动齿轮孔的表面不受损伤。

从动齿轮通过压装法组装在车轴上，过盈量为0.35~0.41 mm。同样，从动齿轮内孔也设有两道油沟与齿轮毂孔端的孔相通，方便注油退下齿轮。

主动齿轮和从动齿轮（见图4-46）采用18CrNiMo7-6材料制成。表面进行渗碳淬火处理，成品后淬硬层深度最小为1.4 mm。

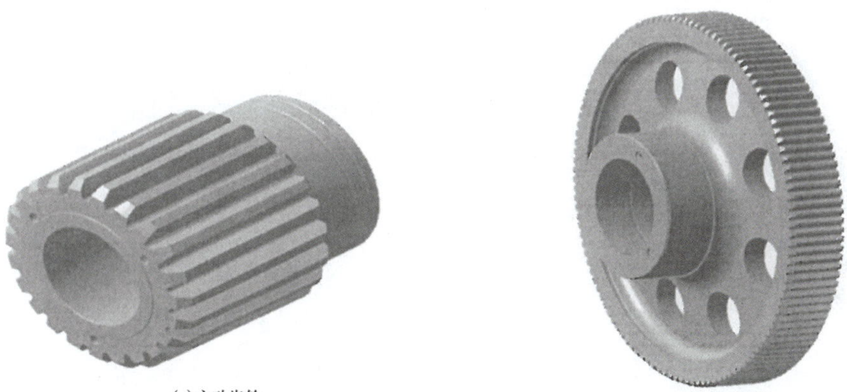

(a)主动齿轮　(b)从动齿轮

图4-46　主动齿轮和从动齿轮

为避免齿轮传动啮合冲击及载荷集中，降低初始啮合时的动载荷、减小偏载、降低噪声，在设计传动齿轮时必须实施啮合修形方案。实施啮合修形以抵消齿轮加工误差、安装误差及轮齿变形造成的不利影响，改善齿轮的承载能力并降低噪声，减轻啮合开始时的冲击和滑动速度，有利于润滑油膜的形成，从而提高齿轮轮齿的抗胶合能力和耐磨性。轮齿的齿向修形是齿轮在工作状态下齿向均匀接触，减小载荷集中（偏载）的一个有效途径。该车传动齿轮的啮合修形分别实施为主动齿轮的齿廓修形和齿向修形、从动齿轮的齿廓修形。

传动齿轮主要技术参数见表 4－2。

表 4－2 传动齿轮主要技术参数

名称	主动齿轮	从动齿轮
齿数	23	120
传动比	5.217	
模数	8	
压力角	20°	
中心距/mm	576	
齿宽/mm	175	136

3. 齿轮油

英国 BP 公司生产的 SHX－LS 75W－90 油脂，低温流动性好，运动黏度佳，在 40 ℃时的运动黏度为 107 mm^2/s，100 ℃时为 15.2 mm^2/s，黏度指数为 149。不仅能够保证齿轮的充分润滑，而且能够满足齿侧抱轴承箱轴承和电动机输出端轴承的稀油润滑。

同时，为减少齿轮磨损颗粒对齿轮润滑效果的影响，油路中还设置有磁塞和一条磁性螺栓，用来吸附润滑油内的磨损颗粒，以净化润滑油，维持齿轮油清洁，提高润滑效果。

4. 抱轴承箱装配

抱轴承箱主要由抱轴承箱体、两组不同的绝缘圆锥滚子轴承、轴承座、密封盖、密封环、调整垫、隔环、挡油板、密封圈等组成。抱轴承箱如图 4－47 所示，其是驱动单元的一个关键部件，也是牵引电动机抱轴式悬挂驱动的悬挂点所在。

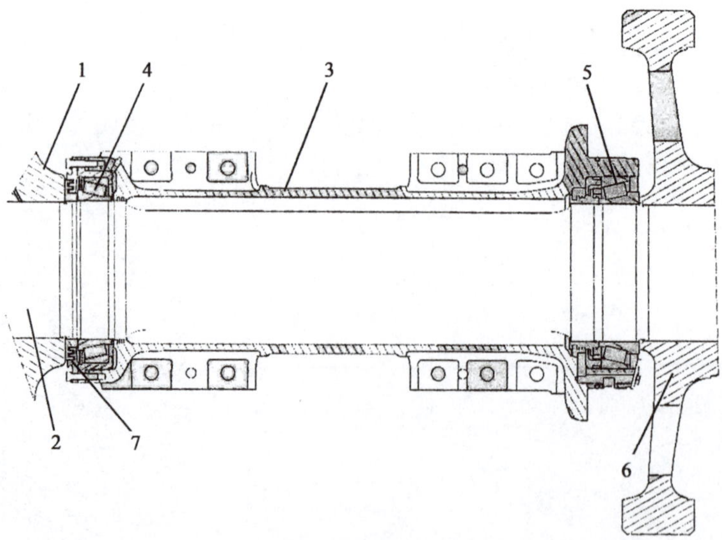

1—车轮；2—车轴；3—抱轴承箱体；4—非传动端圆锥滚子轴承；5—传动端圆锥滚子轴承；6—从动齿轮；7—密封环。

图 4－47 抱轴承箱

抱轴承箱轴承采用的圆锥滚子轴承具有绝缘性能，这种绝缘性能是目前世界上最新的轴承技术，能够防止轴承产生电腐蚀，确保轴承的安全运用，延长轴承的维护使用周期，从而提高轮对驱动系统的可靠性能。非齿侧圆锥滚子轴承通过左侧的密封环与车轮在轴向定位；齿侧圆锥滚子轴承紧靠到从动齿轮上。圆锥滚子轴承在最终装配状态时，抱轴承箱具有 0.15～0.25 mm的横动量，以保证整个驱动系统具有一定的横动量，可适应较小的横向运动。这种定位方式避免了轴承在机车运用中轴向定位不足而轴向游隙增大的可能性。

非齿侧抱轴承箱轴承的润滑采用 shell 2760B 润滑脂润滑，便于密封及维护；齿侧抱轴承箱轴承由于靠近齿轮箱，容易实现飞溅润滑，故采用齿轮箱的润滑油来飞溅式润滑，润滑效果更好。

如图 4-48 所示，抱轴承箱体采用球墨铸铁制成，为管状结构，管柱面是封闭的，这种封闭结构改善了铸造的工艺性，减轻了应力集中，同时由于球墨铸铁的结构特点，能够提高抱轴承箱的抗振疲劳强度。

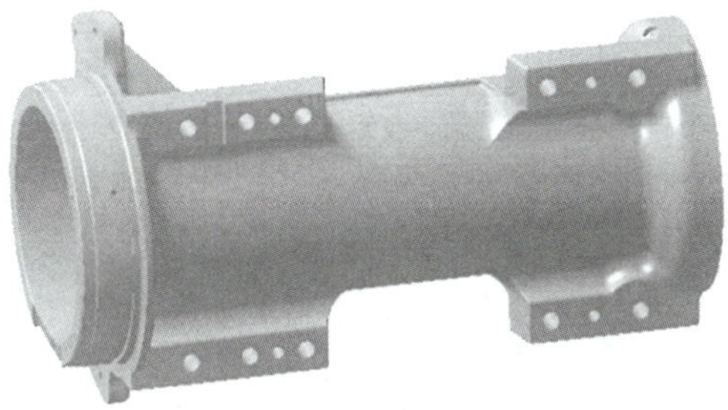

图 4-48　抱轴承箱体

牵引电动机与抱轴承箱合口面轴向由一个方键定位，垂向由抱轴承箱体的支口定位，并通过 10 条 M24 的螺栓刚性连接。为便于拆卸，抱轴承箱设计有工艺螺栓孔结构。

5. 电动机悬挂装置

牵引电动机采用抱轴式弹性半悬挂方式，一侧通过抱轴承箱和两套圆锥滚子轴承与车轴联结，另一侧采用一个电动机吊杆悬挂于构架上，电动机吊座上安装有橡胶弹性元件，可实现轮对与构架之间相对位移。这种设计结构简单、检修容易、拆装方便。

驱动装置悬挂（见图 4-49）由电动机吊座弹性橡胶套（电动机吊座上下各一个）、电动机吊杆等组成，其中弹性橡胶套是实现驱动装置弹性悬挂的橡胶元件。

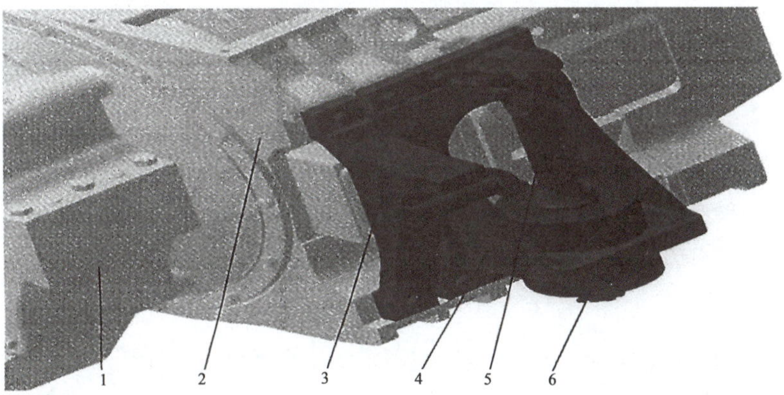

1—齿轮箱；2—牵引电动机；3—防落座；4—电动机吊座；5—电动机吊杆；6—弹性橡胶套。

图 4-49　驱动装置悬挂

4.3.5　HXD_{2B}型电力机车基础制动装置的检查维护

列车到站要停车，遇到紧急情况时也要紧急停车，在限速区需要缓行，下长大坡道时也要控制速度等，这些都需要在机车上设置制动装置，以提供制动力。基础制动装置是对机车实行减速和停放的一种机构，其作用是将制动缸的力传给闸瓦。基础制动装置由若干制动单元组成。每一制动单元包括一个制动缸和闸瓦。制动缸内作用于活塞的压缩空气推力经放大机构传给各闸瓦，使闸瓦压紧车轮踏面，最后通过轮轨的黏着产生制动作用。

该转向架基础制动装置采用单侧踏面制动单元，用螺栓安装在构架侧面。每个转向架设有6套单元制动器，其中3套为停车制动单元，分别安装在转向架左侧的3个车轮处，单元制动器的安装见图4－50。

基础制动装置可以实现机车在平直道上120 km/h速度下，轴重25 t的机车紧急制动距离≤1 100 m的要求；在无风和所有设备工作时，停放制动可以保证机车在30‰坡道上安全停放。

每个制动器安装有两块闸瓦，且每个制动器设置有闸瓦间隙自动调整装置，制动器能够对闸瓦和车轮间的间隙进行自动调整。

基础制动装置主要技术参数见表4－3。

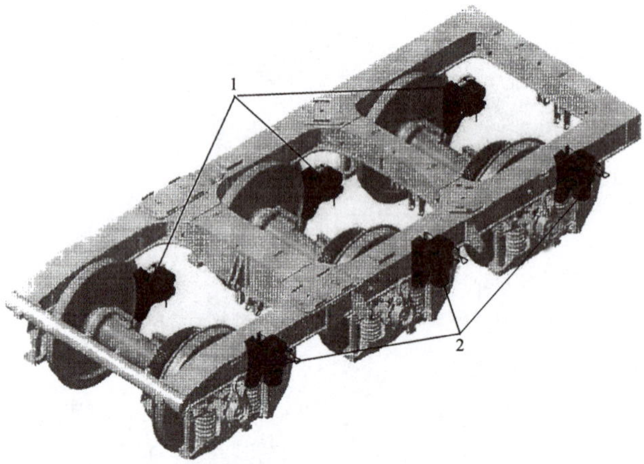

1—常用制动单元；2—停车制动单元。

图4－50 单元制动器的安装

表4－3 基础制动装置主要技术参数

制动缸直径	7英寸（1英寸=25.4mm）
出闸压力	0.3 bar（1 bar=10^5 Pa）
最大制动压力	（4.5±0.2）bar（1 bar=10^5 Pa）
制动力公差	±7%
闸瓦宽	80 mm
最大制动压力时的公称制动力	45 kN
弹簧停放制动的许用制动力	≥25 kN
停放制动的最大缓解力	150 N

间隙自动调整器是一单独作用的机构，它不受制动力产生的弹性变形的影响，当轮瓦磨损后，它能保证轮瓦间隙。

停放制动单元是在常用制动缸体上部增加弹簧停车制动器，当机车在正常运行状态时，停放制动缸中充有压力空气，弹簧处于压缩状态，停放制动不参与机车正常的制动作用；机车在停放时，当总风管的压力空气泄漏到一定程度（空气压力小于弹簧的作用力时），停放制动开始作用，此时，停放缸活塞在弹簧的作用下向下移动，推动制动缸活塞产生制动力。

踏面制动单元具有重量轻、体积小、安装方便、间隙调整器调节准确、传动效率高、闸瓦更换方便、使用和维护简单等特点。

闸瓦采用合成闸瓦，为了保证制动距离，闸瓦的额定摩擦系数无论在干燥或是潮湿条件下都应尽可能地保持恒定。摩擦材料不含石棉及其他对人体健康有害的材料，在制动中，闸瓦不产生金属夹杂物，闸瓦最高工作温度为350 ℃。

4.3.6　HXD_{2B}型电力机车转向架其他部件的检查和维护

1. 牵引装置

转向架牵引装置是连接转向架与车体之间的动力传递装置，其作用是传递机车的牵引力和制动力，保证机车较小的轴重转移，允许转向架进出曲线时相对于车体有小幅度的回转运动。

牵引装置采用中间推挽式水平短牵引杆与车体连接，该装置的设计满足以下要求：在机车冲撞情况下，牵引杆可承受一定的水平加速度，而不会产生变形或损伤。牵引点位于轮轴的纵向中心线上，能有效地传递牵引力和制动力，试验表明机车起动时，轴重转移不大于±7%。

牵引装置二维图如图4－51所示。牵引装置三维图如图4－52所示。牵引装置结构简单紧凑，主要由牵引杆、橡胶关节和防落挡等组成。

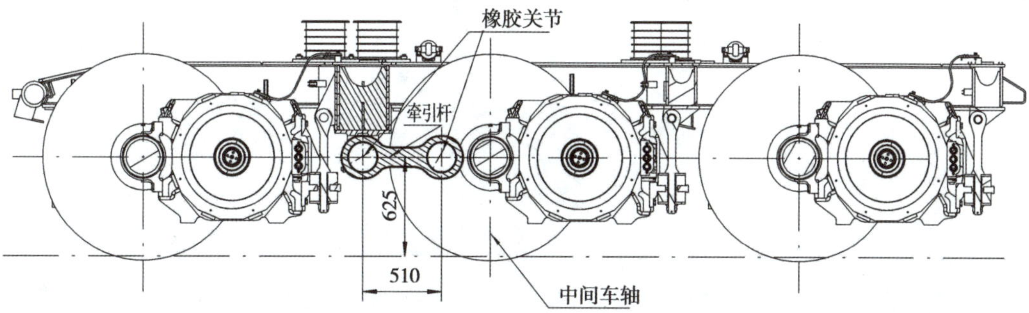

图4－51　牵引装置二维图（单位：mm）

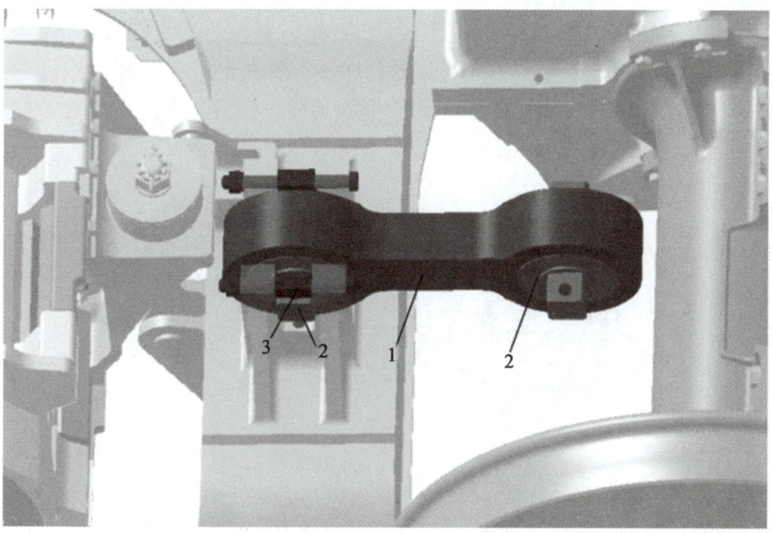

1—牵引杆；2—橡胶关节；3—防落挡。

图4－52　牵引装置三维图

牵引装置采用单推挽式水平短牵引杆结构，两端为弹性关节，弹性关节的中心距为510 mm，实现牵引杆相对于车体和转向架横向、摇头、垂向运动的小约束。由于转向架受外侧支承点的回转约束比内侧支承点的大，因此转向架的转心靠近外侧支承点，粗略认为转向架的转心在牵引杆与车体相连的一端附近的情况下，由于与构架相连的另一端也靠近该点（极端情况下两者重合即成为中心销牵引方式），因此这种形式的短牵引杆对车体和转向架间的回转运动约束是非常小的。

1）牵引杆

牵引杆是转向架与车体之间传递牵引力和制动力的主要零件，其采用 S355J2 钢锻造加工而成。

2）橡胶关节

橡胶关节是牵引装置中的弹性元件，在静载荷下，牵引装置橡胶关节在径向上承受相当于牵引杆质量的载荷；在机车运行时，依据运行方向的不同，牵引杆处于拉或压状态；另外，橡胶关节还承受由车体横向位移和车体旋转引起的扭矩，承受车体和转向架跳动引起的弯曲载荷。

根据该装置的功能需要，它必须有足够大的径向刚度，而扭转刚度和弯曲刚度相对小一点，这样才能保证整个牵引装置良好地发挥其性能，实现车体与转向架构架间的牵引和构架沉浮、摇头、横移运动的解耦。

牵引装置橡胶关节如图 4－53 所示，其是由配方橡胶经一定工艺硫化在芯轴上的。

图 4－53 牵引装置橡胶关节

橡胶关节是过盈压装到牵引杆两端孔内的。在安装时，须涂油脂，以防止与钢件发生锈蚀。

2. 轮缘润滑装置

为避免钢轨和轮缘的异常磨耗，每组转向架配有一组轮缘润滑器，对一、三位左右车轮进行轮缘润滑，中间轮对无润滑。轮缘润滑器的主要功能是通过润滑轮缘的内侧面，来降低列车进入曲线时的负载并减少轮缘和钢轨之间的磨损。HXD_{2B} 型电力机车吸收了国外先进的技术，采用了德国研制的润滑系统。轮缘润滑装置用螺栓固定在转向架构架上。如图 4－54 所示，轮缘润滑装置由油箱、气动泵、电磁阀、油气分配器、喷嘴和管路等组成。

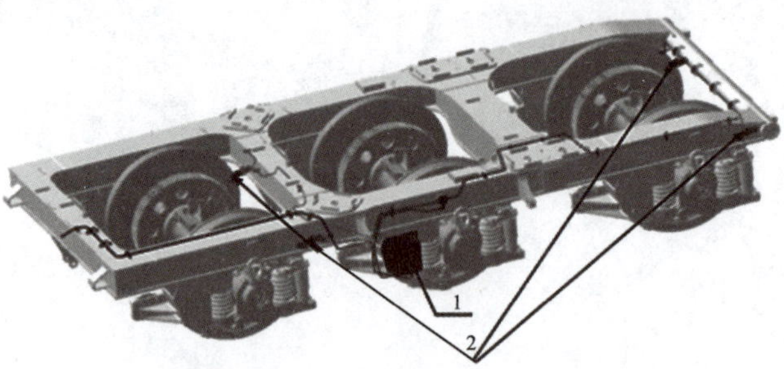

1—油箱；2—喷嘴。

图 4－54 轮缘润滑装置

该轮缘润滑系统将单独供送的润滑剂和压缩空气进行混合后再供送到润滑点。在润滑膜增厚和行驶速度加快的情况下离心力会使润滑剂的黏附力降低，因此要求喷射出来的润滑剂的颗粒不能太大、润滑膜不能厚，以保证在高速行驶状态下，润滑剂不被甩出。

轮缘润滑系统所用的压缩空气取自机车的压缩空气。10% 的润滑剂和 90% 的压缩空气在喷射过程中形成精细油膜层，其厚度小于 0.001 mm，宽度为 10～15 mm，并以 150～200 m/s 的高速度喷到轮缘上，确保机车在高速行驶的状态下喷射出的润滑剂也能突破车轮周围的空气流而精细地覆盖在机车轮缘上。

环保型轮缘润滑脂含有固体润滑剂，其基础油能快速生物降解，不含重金属化合物，使用非常安全。

3. 管路和附属装置

转向架管路主要是基础制动装置用空气管路，为单元制动器提供压缩空气，以保证机车制动所需的制动力。管路用管卡固定在转向架构架上，制动管路装配如图 4 – 55 所示。

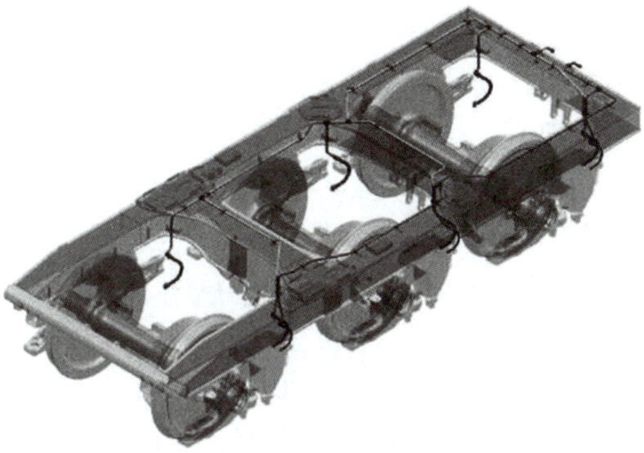

图 4 – 55　制动管路装配

转向架附属装置主要有踏面清扫器、撒砂装置、各种传感器和接地装置等。踏面清扫器和撒砂管装配如图 4 – 56所示。测速传感器、轴端速度传感器、牵引电动机接地线和回流装置的安装如图 4 – 57 所示。

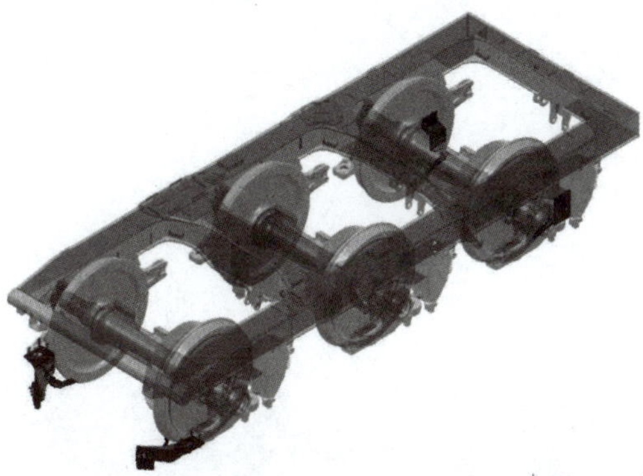

图 4 – 56　踏面清扫器和撒砂管装配

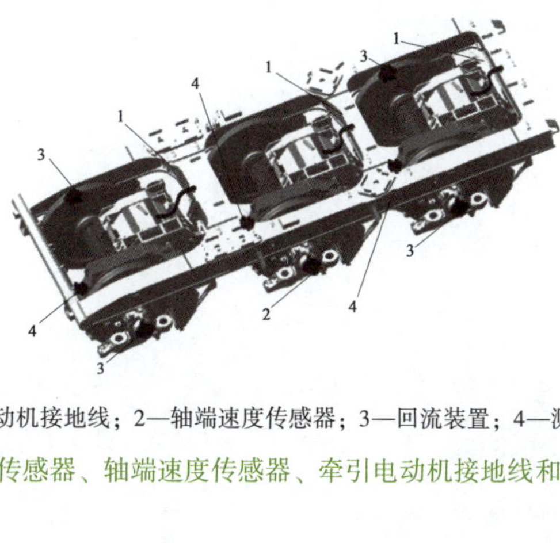

1—牵引电动机接地线；2—轴端速度传感器；3—回流装置；4—测速传感器。

图 4 – 57　测速传感器、轴端速度传感器、牵引电动机接地线和回流装置的安装

任务考核与评价

<table>
<tr><td>任务名称</td><td colspan="4">HXD_{2B}型电力机车转向架认知</td></tr>
<tr><td>知识、技能目标点</td><td colspan="2">考核项目</td><td>自我评价</td><td>教师评价</td></tr>
<tr><td rowspan="4">1. 掌握HXD_{2B}型电力机车转向架各部件的名称、结构组成及作用原理
2. 掌握HXD_{2B}型电力机车转向架各部件日常检查、维护的方法及要求</td><td rowspan="3">1. HXD_{2B}型电力机车转向架各部件的名称、结构、作用原理认知（60分）</td><td>驱动装置
（20分）</td><td></td><td></td></tr>
<tr><td>一、二系悬挂装置
（20分）</td><td></td><td></td></tr>
<tr><td>牵引、制动装置
（20分）</td><td></td><td></td></tr>
<tr><td colspan="2">2. HXD_{2B}型电力机车转向架各部件日常检查、维护的方法及要求（40分）</td><td></td><td></td></tr>
<tr><td colspan="3">总分</td><td colspan="2"></td></tr>
</table>

任务 4.4　HXD_{3C} 型电力机车转向架认知

任务引言

HXD_{3C} 型电力机车是交流电传动六轴干线客、货运两用电力机车，是“和谐型”交流电传动电力机车系列中，首款客货两用车型，也是首款能向列车供电的车型，其由中车大连机车车辆有限公司研发及生产，是在 HXD_3 型、HXD_{3B} 型电力机车国产化基础上研发设计的。HXD_{3C} 型电力机车最大功率为 7 200 kW，最大运营速度为 120 km/h。

任务知识点

1. HXD_{3C} 型电力机车转向架及相关部件的名称、结构及技术参数。(重点)
2. HXD_{3C} 型电力机车转向架的特点和日常维护。(难点)

任务技能要求

1. 对照实物指出 HXD_{3C} 型电力机车转向架各部件的名称、结构、组成及作用原理。
2. 对照实物掌握 HXD_{3C} 型电力机车转向架各部件日常检查维护的方法及要求。

核心知识技能

4.4.1 HXD_{3C}型电力机车转向架概述

HXD_{3C}型电力机车转向架外形图如图 4－58 所示。

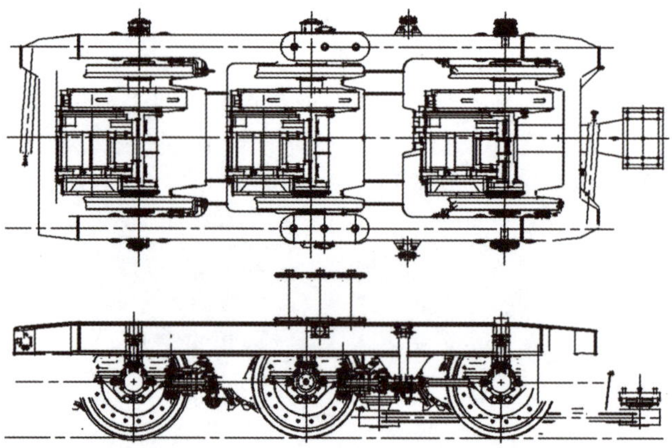

图 4－58 HXD_{3C}型电力机车转向架外形图

HXD_{3C}型电力机车转向架主要技术参数如下。

轴列式：	$C_0—C_0$
轴距：	2 250 mm × 2 000 mm
轨距：	1 435 mm
构造速度：	120 km/h
轴重：	23 t 或 25 t
转向架总重：	30. 1 t
每轴簧下重量：	5. 7 t
轮径：	1 250 mm （新造轮）
	1 150 mm （磨耗轮）
通过最小曲线半径：	125 m
二系支承横向中心距：	2 050 mm
牵引点距轨面高：	230 mm （新造车轮时）
牵引电动机悬挂方式：	滚动抱轴式半悬挂
传动比：	101/21 = 4. 809 5
齿轮模数：	9
弹簧悬挂装置总静挠度：	140. 7 mm （轴重 23 t 时）
	160. 5 mm （轴重 25 t 时）
一系静挠度：	49. 0 mm （轴重 23 t 时）
	54. 7 mm （轴重 25 t 时）
二系静挠度：	91. 7 mm （轴重 23 t 时）
	103. 8 mm （轴重 25 t 时）
转向架相对车体横动量（自由 + 弹性）：	（20 + 5） mm
	（99 + 5） mm
基础制动方式：	轮盘制动

4.4.2　HXD_{3C}型电力机车构架

1. 构成

构架是转向架众多部件联结的基体，也是承载和传力的基体。通过它，轴箱拉杆和一系悬挂与传动装置相连，传递车体垂直载荷并承受从轮对上传来的作用力。

如图 4－59 所示，构架由左右侧梁、前后端梁、横梁、牵引横梁和各种附加支座等组成。每个梁组焊成封闭式的箱形结构，构架组焊后成框架式“目”字形结构。

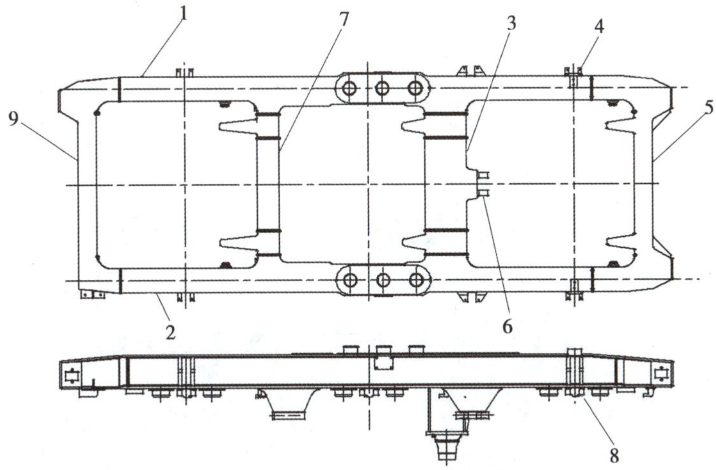

1—左侧梁；2—右侧梁；3—牵引横梁；4—减振器座；5—前端梁；
6—电动机吊杆座；7—横梁；8—轴箱止挡；9—后端梁。

图 4－59　转向架构架外形结构图

2. 维护保养

（1）日常运用和检修时，应加强对构架进行检查，尤其应检查电动机吊杆座、减振器座焊缝和各横梁与侧梁连接处的焊缝。

（2）检查轴箱吊钩与构架上轴箱止挡之间的间隙，间隙为 10 mm。

（3）转向架构架上侧 2 轴及 5 轴附近的侧挡与车体之间每侧的自由横动量为 20 mm，侧挡本身的弹性压缩量为 5 mm，因此转向架相对车体每侧总的横动量为 25 mm。当左右侧总的自由横动量比 40 mm 多 4 mm 时，应予调整。首先测出真正的超过量，将其分成两半，作为调整垫片的厚度，然后将垫片加到每侧的侧档上去并拧紧螺栓。

（4）转向架上侧 1 轴及 6 轴附近的垂向止挡和车体的侧挡间各侧的自由横动量为99 mm，自身的弹性压缩量为 5 mm，因此转向架相对于车体每侧的横动量为 104 mm。当左右侧的总自由横动量比 198 mm 多 4 mm 时，应给予调整。首先测出真正的超过量，将其分成两半，作为调整垫片的厚度，然后将垫片加到各侧的侧挡上，并拧紧螺栓。

（5）构架产生裂纹，允许焊修；在焊修前先在裂纹末端钻一个不小于 ϕ6 mm 的止裂孔，然后沿裂纹开坡口，根除裂纹后才能进行焊修。应采取消除焊接内应力措施，经焊修的部位应经常观察并做好记录。

4.4.3 HXD_{3C}型电力机车轮对装配

1. 构成

轮对是转向架最重要的部件之一。机车绝大部分载荷均通过它传递给钢轨，牵引电动机所产生的扭矩也是通过它传至钢轨产生牵引力。机车运行时，它还承受钢轨接头、道岔、曲线通过和线路不平顺时的垂向和水平作用力。

轮对装配由车轴、车轮装配、驱动装置组成。图 4－60 为轮对装置外形结构图。

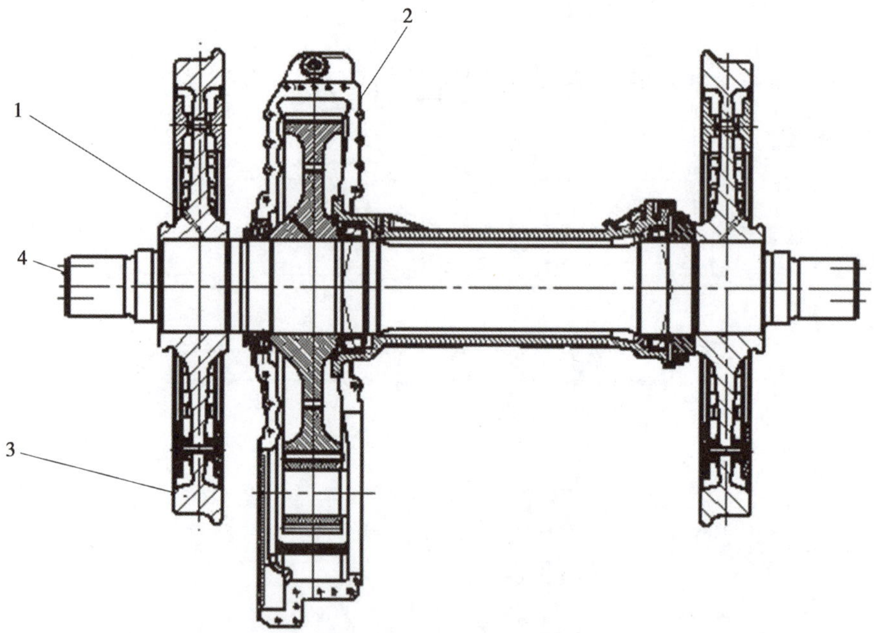

1—注油螺堵；2—驱动装置；3—车轮及制动盘；4—车轴。

图 4－60　轮对装置外形结构图

2. 保养要求

（1）在运用中，检查轮对状态，确保踏面无剥离，轮缘无裂纹。

（2）检查车轮踏面磨耗状态，轮缘垂直磨耗高度不超过 18 mm，轮缘厚度在距踏面滚动圆向上 10 mm 处测量不小于 23 mm。踏面擦伤深度不大于 0.7 mm；踏面磨耗深度不大于 7 mm。当磨耗达到限度时，车轮踏面应重新镟轮。加工后，确保车轮内侧距为 $1\ 353^{+0.5}_{-1}$ mm，车轮端面对车轴中心线的跳动不大于 0.5 mm，同一轴上两车轮滚动圆直径之差不大于 0.5 mm，同一转向架的不大于 4 mm。踏面轮廓应用样板检查，踏面与样板之间的间隙，沿滚动圆表面允差 0.5 mm，沿轮缘高度允差 1 mm，沿轮缘厚度允差 0.5 mm，检查时样板应紧贴车轮内侧面。

（3）当车轮滚动圆直径达到 ϕ1 150 mm 时，必须报废。

4.4.4 HXD_{3C}型电力机车牵引电动机悬挂装置

1. 组成

电动机悬挂装置采用轴悬式。一端通过滚动抱轴承箱支承在车轴上，另一端通过两端带橡胶关节的吊杆弹性悬挂在构架的横梁和后端梁上。轮对上的从动齿轮由电动机输出轴端的小齿轮驱动使车轮旋转。主、从动齿轮由齿轮箱罩住并获得油浴式润滑。齿轮箱通过三个螺栓连接到电动机壳体和滚动抱轴承箱体上。

电动机悬挂装置由牵引电动机、吊杆装配等组成，电动机悬挂装置结构如图4－61所示。

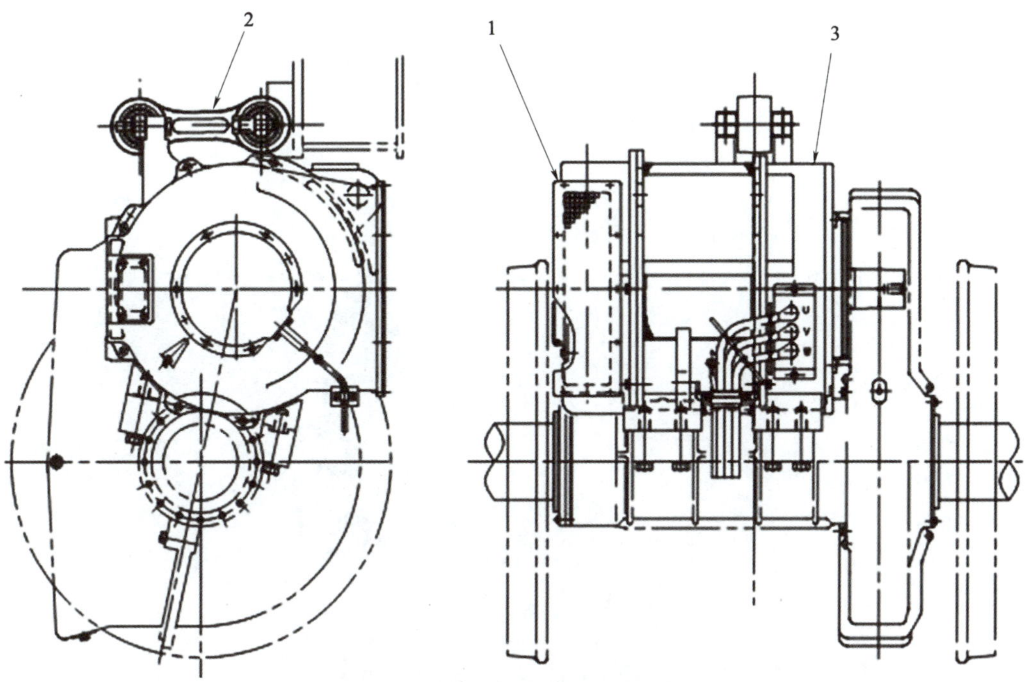

1—牵引电动机通风道；2—吊杆装配；3—牵引电动机。

图4－61　电动机悬挂装置结构

2. 保养要求

(1) 检查电动机悬挂装置的安装螺栓紧固程度。

(2) 检查吊杆及吊杆座上有无裂纹，橡胶垫片有无破损和老化现象。

(3) 检查电动机吊杆和电动机吊座的接触面是否紧密结合，确保局部缝隙不超过0.2 mm。

(4) 检查牵引电动机通风道橡胶套安装是否牢固。

4.4.5 HXD_{3C}型电力机车一、二系悬挂装置

一、二系悬挂装置分别如图 4－62 和图 4－63 所示。

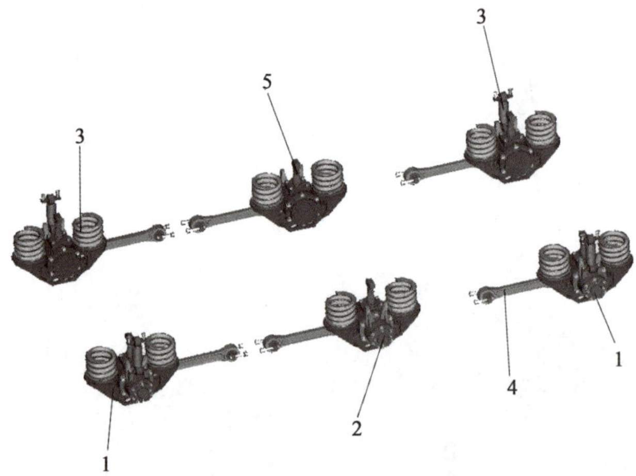

1—轴箱（一）；2—轴箱（二）；3—轴箱（三）；4—轴箱拉杆；5—轴箱（四）。

图 4－62 一系悬挂装置

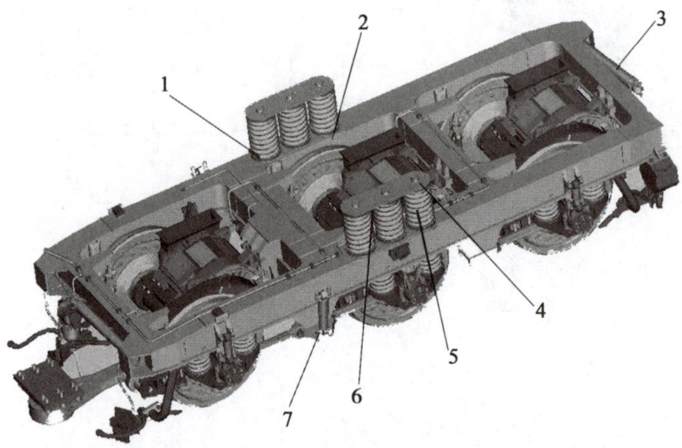

1—调整弹簧垫片；2—减振垫；3—横向减振器；4—连接座组成；
5—高圆弹簧；6—调整垫片；7—垂向减振器。

图 4－63 二系悬挂装置

1. 轴箱

如图 4－64 所示，一系悬挂装置中共有四种轴箱，四种轴箱的结构基本相同。不同的是：轴箱（一）另外装有接地装置和垂向减振器；轴箱（二）另外装有接地装置；轴箱（三）另外装有速度传感器和垂向减振器。

轴箱与转向架的构架弹性相连，把机车簧上部分的重量传递给轮对，同时将来自轮对的牵引力、制动力、横向力等传递到构架上。轴箱采用独立悬挂，轴箱相对构架的上下和横向移动，靠弹簧、橡胶元件的弹性变形来获得。

轴箱外形结构如图 4－64 所示。

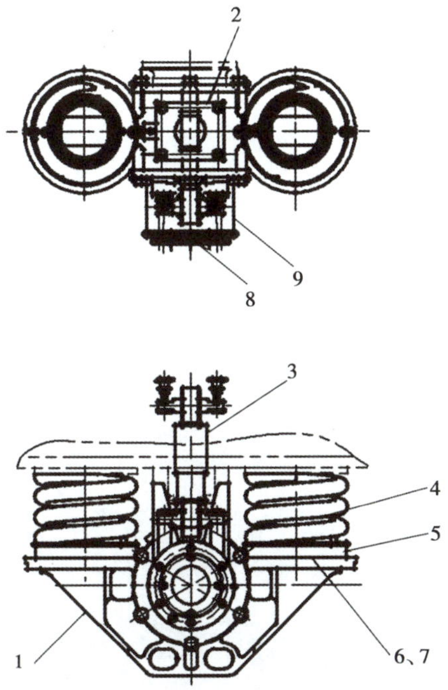

1—轴箱体；2—吊钩；3—垂向减振器；4—轴箱弹簧；5—减振垫；
6—调整垫（一）；7—调整垫（二）；8—接地装置；9—端盖。

图4－64 轴箱外形结构

2. 一系垂向减振器

1）结构

一系垂向减振器采用萨克斯铁路减振器（见图4－65），其组成部件包括：工作缸（1）、带复原及压缩阀门的可移动活塞（2）、活塞杆（3）、防尘罩（4）、带焊接底的外筒（5）、带有压力及补油阀的底阀（6）、在工作缸端的活塞杆导向器（7）、螺纹环（8）、杆密封件（9）、工作缸密封件（10）和阀片（11）。

2）工作原理

工作缸由活塞分隔为一个高压腔（A）和一个低压腔（B），在回弹阶段、在活塞杆被拉伸时、在压缩阶段，活塞上下的工作腔A、B的压力区分别产生了阻尼力。工作腔中压强随活塞速度和可移动活塞（2）和底阀（6）的流动阻力自动调整。

在活塞运动期间，有一个补油的油量流入或流出储油腔，此腔上部是空气，下部是工作油。

在减振器工作时，活塞杆的移动产生了泵油过程，此过程由底阀控制。

在拉伸期间（回弹阶段），相当于活塞杆消失体积的一部分油，通过底阀（6）上的补油阀从储油缸（C）内抽入。同样，在压缩过程相当于活塞杆出现一部分油通过底阀上压力阀被压进储油缸。这样，底阀上压力阀在车辆任何状态下显示比活塞上压力阀更大的阻力控制。由于始终是工作上腔的压力大于储油缸压力，所以从活塞杆与杆导向间隙中抽入空气的现象被避免了。

3）阻尼力

减振器阻尼力基于活塞速度（活塞增加的速度），阻尼力的增加依赖已设置的各阀所确定的阻力特性。在组装时，每一个减振器必须经过十分细心的调试及测试，只有通过测量才能精确控制减振器产生的阻尼力。在专用测试机上测试期间，减振器中活塞在预设速度下往复运动，产生的各个阻尼力以示功图方式记录。在相同测试行程 50 mm 下的不同速度通过改变测试机转速来获得。

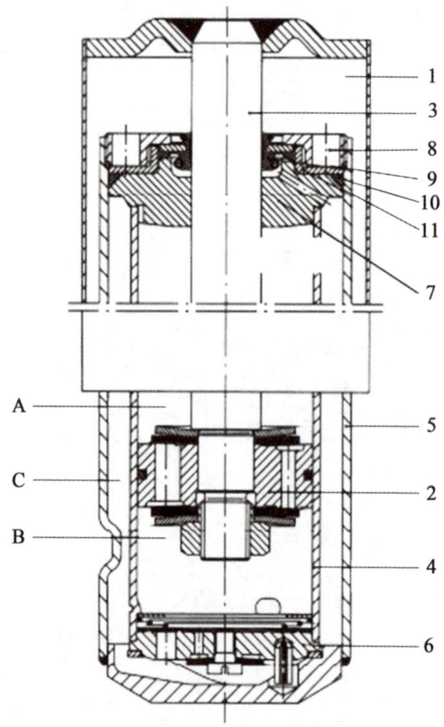

1—工作缸；2—可移动活塞；3—活塞杆；4—防尘罩；5—外筒；6—底阀；7—活塞杆导向器；8—螺纹环；9—杆密封件；10—工作缸密封件；11—阀片；A—高压腔；B—低压腔；C—储油缸。

图 4 - 65　萨克斯铁路减振器

3. 二系横向减振器

二系横向减振器结构如图 4 - 66 所示，其组成为：在缸筒（1）内往复运动的连杆（3）、活塞（2）及与连杆（3）焊接在一起的上部安装；导油管（4）；螺纹连接防尘罩（5）；焊有底盖的外筒（6）；有回油阀的底阀（7）；拉伸和压缩阻尼调整阀（8）；导向器（9）；螺纹环（10）；油封（11）；储油缸密封（12）；支承垫片（13）及上下安装连接（上下安装连接部分图上没有标示，因为其内部结构和作用都是一样的，与安装连接方式无关）。

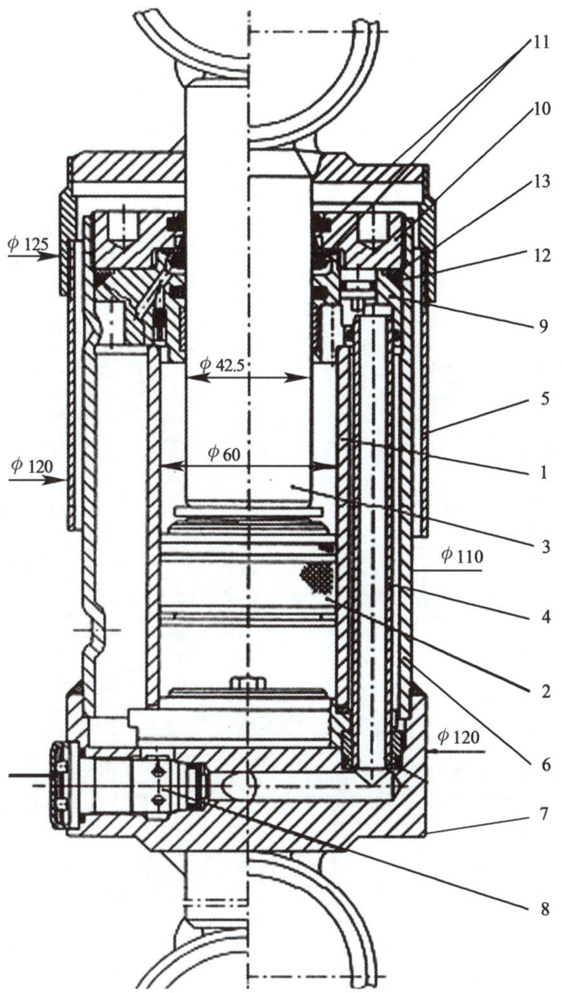

1—缸筒；2—活塞；3—连杆；4—导油管；5—防尘罩；6—外筒；7—底阀；8—调整阀；9—导向器；10—螺纹环；11—油封；12—储油缸密封；13—支承垫片。

图 4 - 66　二系横向减振器结构（单位：mm）

4. 二系垂向减振器

二系垂向减振器基本结构及工作原理与一系垂向减振器相同，在此不再赘述。图 4－67 为二系垂向减振器装配图。

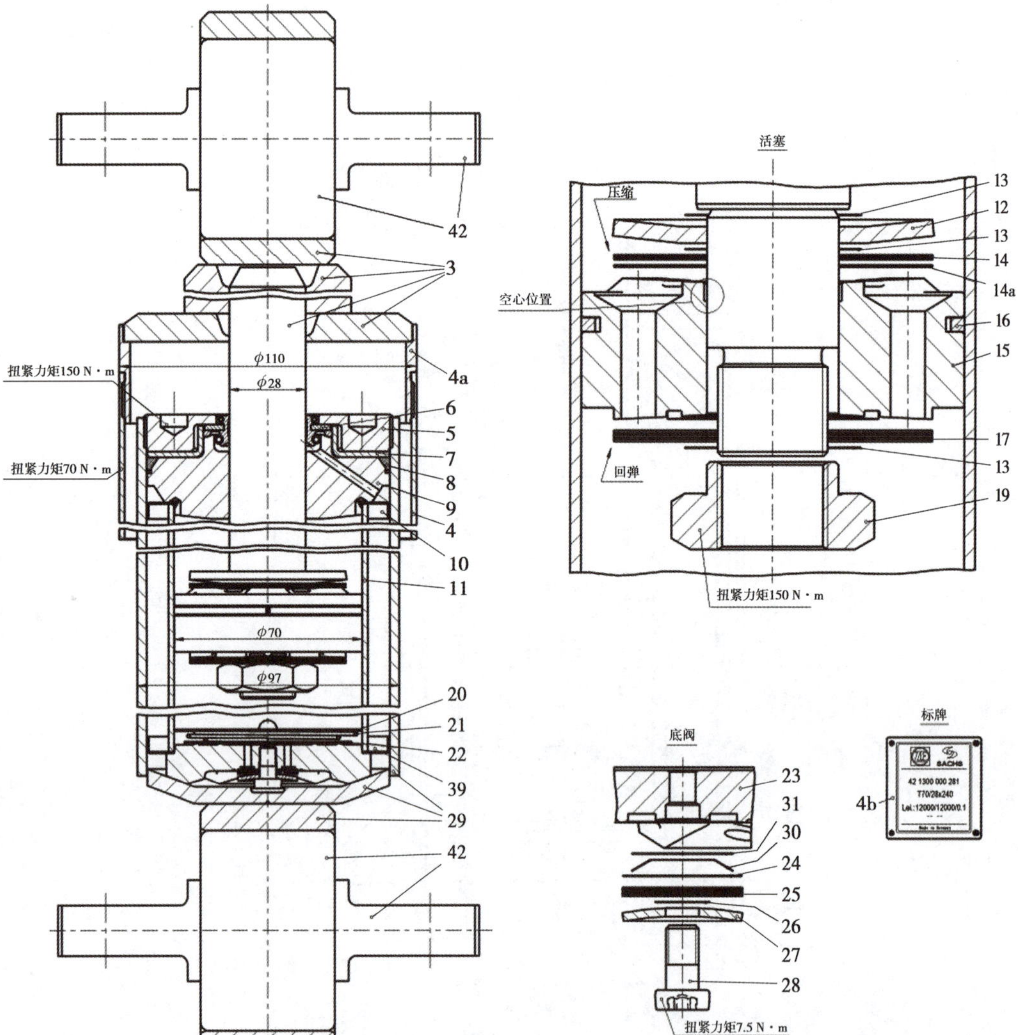

图 4－67　二系垂向减振器装配图（单位：mm）

注：二系垂向减振器装配件号、数量及订货号说明

件号	名称	订货号	数量	件号	名称	订货号	数量
3	上部安装总成	001378000097	1	19	螺母	001730190000	1
4	防尘罩	001322018006	1	20	垫圈	001710774000	1
4a	环	001734391000	1	21	螺旋弹簧	001713168000	1
4b	铆钉 打印号 标牌	001717007000 12940058 001358000001	4 1	22	阀板	001710775000	1
5	螺纹挡圈	001734371000	1	23	底阀	001724389001	1

续表

件号	名称	订货号	数量	件号	名称	订货号	数量
6	油封	001746020001	1	24	簧片 $t=0.15$	001310001000	1
7	环	001734365000	1	25	簧片 $t=0.3$	001710738006	8
8	O 形圈	001746021001	1	26	簧片	001710767000	1
9	活塞杆导向器	001724407000	1	27	垫圈	001710766000	1
10	抗泡沫环	001734372000	1	28	阀螺钉	001326000003	1
11	缸筒	001320002015	1	29	下部安装总成	001369000094	1
12	垫圈	001710771000	2	30	簧片	001710742001	1
13	簧片	001710773000	3	31	簧片	001710736001	1
14	簧片（压缩）$t=0.25$	001710772001	4	39	环	001734372001	1
14a	簧片（压缩）$t=0.3$	001710772004	1	42	球面衬	001370110000	2
15	活塞	001306000033	1		Loctite 932	001359010000	0.4 g
16	活塞环	001734368000	1		密封用油脂	001759153050	0.4 g
17	簧片（回弹）$t=0.4$	001710772002	5		减振器油量	004959120010	934 mL

5. 维护保养

1）轴箱

（1）在运用中，检查有无明显漏油现象。

（2）检查轴箱装配各紧固螺栓，确保无松动现象。

（3）检查轴箱体、前端盖及后端盖，确保无裂纹。

（4）检查轴箱弹簧，确保无裂纹、伤痕。

（5）检查橡胶减振垫，确保无老化、裂纹和钢板脱开现象。

（6）检查轴箱拉杆橡胶关节，确保无老化、裂纹和挤出现象。

（7）经常检查轴箱接地装置的碳刷是否磨耗到限（磨损限度为 12 mm），以便及时更换碳刷，保证接地装置的正常工作。

2）弹簧

一、二系弹簧组在工厂是根据要求选配好的，因此在检修时请勿随便把弹簧组拆散。当发现有断簧时，应根据规定成组更换；检查二系高圆簧减振垫，老化、变形部件应更换。

3）一、二系垂向减振器

（1）连接件和紧固件无损坏，橡胶弹性元件无老化现象，否则应更换。

（2）橡胶连接衬套出现磨损变形时需更换。

（3）油压减振器应无漏油现象，若减振器上存在厚厚的脏污油膜，表明减振器发生连续泄漏，应更换减振器。

（4）检修时更换减振器专用工作油。

4.4.6　HXD_{3C}型电力机车牵引装置

牵引装置是连接机车车体与转向架的重要组成部分，其主要作用是传递机车的牵引力和制动力。机车运行时要求其不应该存在对运动的约束，且能适应机车车体与转向架之间的各种相对运动。

HXD_{3C}型电力机车牵引装置结构形式为推挽式中央平拉杆。其主要部件包括：牵引销装配、橡胶关节、托板、牵引杆体等，牵引装置外形结构如图4－68所示。

牵引装置保养要求如下。

（1）检查各紧固件螺栓等，应无松动现象。

（2）检查牵引销、橡胶关节及托板等，状态须良好。

（3）检查橡胶垫、O形圈等，磨耗不得超限。

（4）检查牵引装置离轨面的最低距离，不得超限。

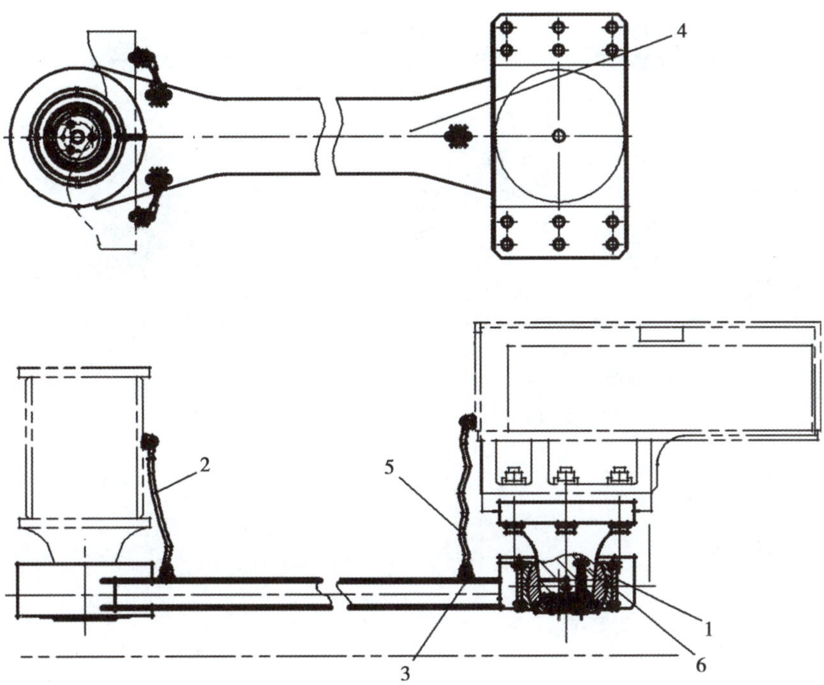

1—橡胶关节；2，5—钢丝绳；3—安全索座；4—牵引杆体；6—牵引销装配。

图4－68　牵引装置外形结构

4.4.7 HXD_{3C}型电力机车基础制动装置

1. 概述

如图4-69所示，基础制动装置采用的是轮盘制动方式，每个车轮安装一套独立的单元制动器。单元制动器带弹簧停车储能制动，安装在第一轴车轮上。当机车制动时，制动单元得到压缩空气，通过制动缸活塞推动卡钳，通过闸片，将压力作用到安装在车轮辐板的摩擦盘上，使闸片与摩擦盘间产生摩擦，消耗功率，将动能转变为热能散发掉，从而使机车达到减速或停车的目的。

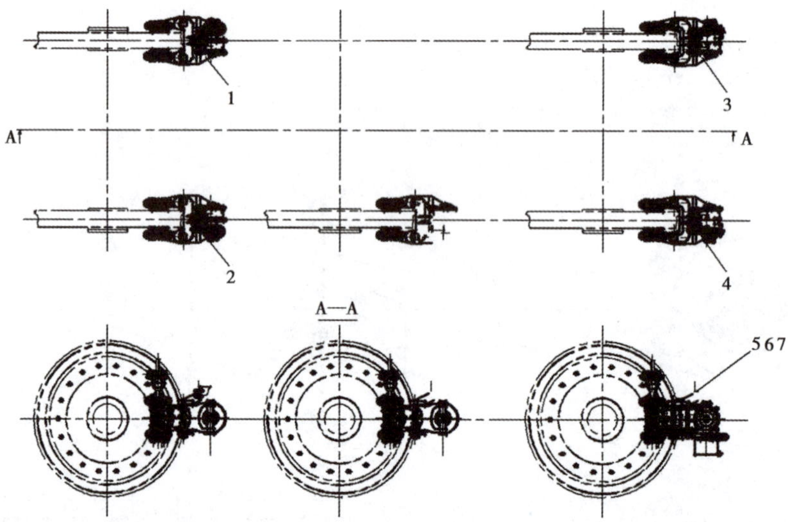

1—制动单元（右）；2—制动单元（左）；3—制动单元（弹簧停车左）；4—制动单元（弹簧停车右）；5—螺栓 M16×70；6—螺母 M16；7—弹簧垫圈 M16。

图4-69 基础制动装置布置图

2. 盘式制动单元

盘式制动单元外形如图4-70所示。

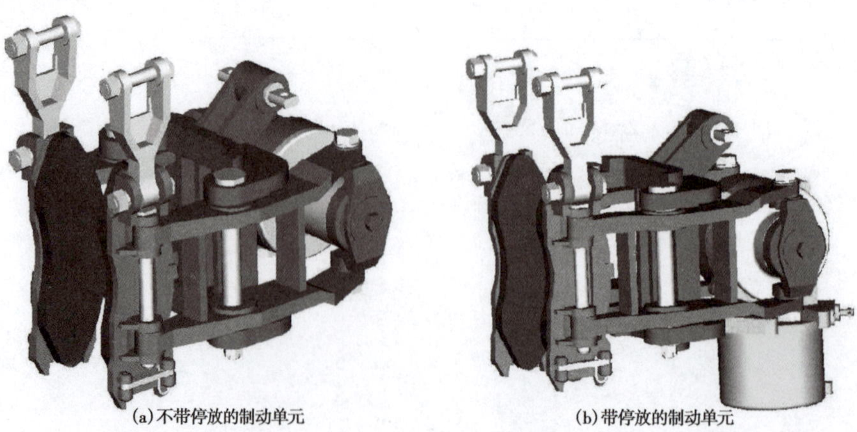

(a)不带停放的制动单元 (b)带停放的制动单元

图4-70 盘式制动单元外形

盘式制动单元主要技术参数如下。

最高运行速度 V_H：	120 km/h
机车轴数：	6
轴重 Q：	23 t 或 25 t
车轮直径：	1 250 mm
车轮宽度：	140 mm
紧急制动制动缸压力 P_z：	(450 ± 10) kPa
机车每轴制动缸个数：	2
机车常用单元制动缸个数：	8
机车带停放单元制动缸个数：	4
制动盘摩擦半径：	448 mm
V_H下平均摩擦系数 φ：	0. 33
每轴制动盘个数：	4
每轴闸片个数：	4
制动盘内/外直径：	740/1 040 mm
制动盘安装厚度：	52. 5 mm
闸片厚度：	24 mm

3. 维护保养

(1) 检查制动盘的连接螺栓，确保不松动。

(2) 检查摩擦面，确保所有部位不超过规定的极限尺寸（磨耗限度为每侧 5 mm)，如果超过规定的磨耗极限值，必须更换制动盘。

(3) 制动盘允许存在沿径向、周向热裂纹；从摩擦面内外边缘开始的长度不超过60 mm；其余热裂纹长度不超过 65 mm，摩擦面不允许有明显的台阶与沟槽、拉伤，但允许有 1 mm 深的擦伤和小于 2 mm 深的凹面。

(4) 检查单元制动缸及夹钳的螺栓、螺母及衬套等零件，确保无松动、丢失和损坏现象，定期给各转动部分注入润滑油。

(5) 确保单元制动缸制动缓解作用良好。

(6) 确保单元制动缸能够正常制动，闸片能压紧轮盘制动盘。

(7) 确保单元制动缸缓解良好，活塞杆复位时，不得有卡滞现象；同时闸片对轮盘摩擦环不得有压力。

(8) 确保单元制动缸无泄漏现象，机车单机试验符合要求。

(9) 确保单元制动缸间隙调整器作用良好。

注意：施行停放制动后，拉动手动缓解拉手，应能完全缓解。

特别注意：①检查时不允许敲打制动盘任何部位。

②检查时必须保证机车不溜车。

4.4.8 HXD_{3C}型电力机车砂箱及踏面清扫器

（1）确保砂箱无破损、砂箱支座无裂纹、踏面清扫器支架无裂纹、安装螺栓紧固可靠。

（2）确保砂箱盖及卡子齐全、作用良好、砂管畅通。

（3）砂管距轨面及踏面的距离应符合规定，踏面清扫器胶管距轨面的距离应符合规定。

4.4.9 HXD_{3C}型电力机车接地装置

接地装置装配在轴箱部位，转向架每轴左侧轴端都装有一个接地装置。

1. 结构

接地装置结构如图 4－71 所示。

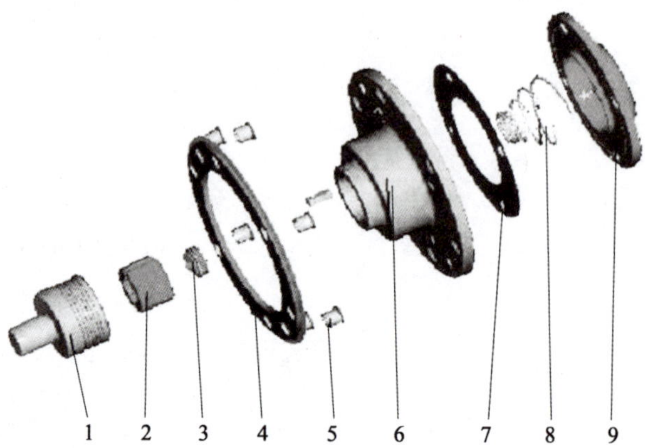

1—轴；2—碳刷；3—套；4—绝缘垫；5—绝缘套；6—内盖；7—密封垫；8—弹簧；9—外盖。

图 4－71 接地装置结构

为防止接地电流流入轴承，在轴箱的装配部位采取了绝缘措施。

2. 性能参数及接地路线

1）性能参数

额定电流：	180 A
碳刷磨损限度：	12 mm
弹簧压缩至 23 mm 时的弹力：	65 N（1 ± 10%）

2）接地路线

转向架构架 ⟶ 内盖 ⟶ 碳刷 ⟶ 铜轴 ⟶ 车轴

3. 部件的检查与更换

（1）拆卸外盖，检查内部部件的状态，如发现异常部件，应进行更换。

（2）碳刷的更换应根据其磨损程度，如发现如下情况，则应进行更换。

①达到了要求的磨损限度。

②虽未达到磨损限度，但无法使用到下个检修周期。

4. 检修周期和项目

接地装置检修周期和检修项目见表 4－4。

表4－4　接地装置检修周期和检修项目

部件	名称	检查项目	处理	检验标准	临修	辅修	小修	中修
1	轴	与接触面的状态	清扫	无异物	√	√	√	√
2	碳刷	磨损/ 接触面状态/ 连接线的状态	更换/ 清扫/ 更换	磨损极限/ 无遗物/ 断线率10%以内	√	√ √	√ √ √	√ √ √
3	绝缘物	有无裂损/ 污物状态	更换/ 清扫	无裂损/ 无异物		√ √	√ √	√ √
4	接地装置固定螺栓及连线固定螺栓	固定状态	加固	标准力矩	√	√	√	√
5	弹簧	裂纹/ 变形	更换/ 更换	无裂纹/ 无较大变形		√	√	√

4.4.10 HXD_{3C}型电力机车驱动装置

1. 检查驱动装置泄漏情况

（1）目测驱动装置密封状态。

（2）驱动装置如果装油过多则有可能泄漏。如果泄漏，应首先检查油位。

2. 检查驱动装置中的油位

检查驱动装置中的油位如图4－72所示。

小心

灰尘渗透到驱动装置可能会造成驱动装置损坏

应确保灰尘不能通过装油口进入驱动装置

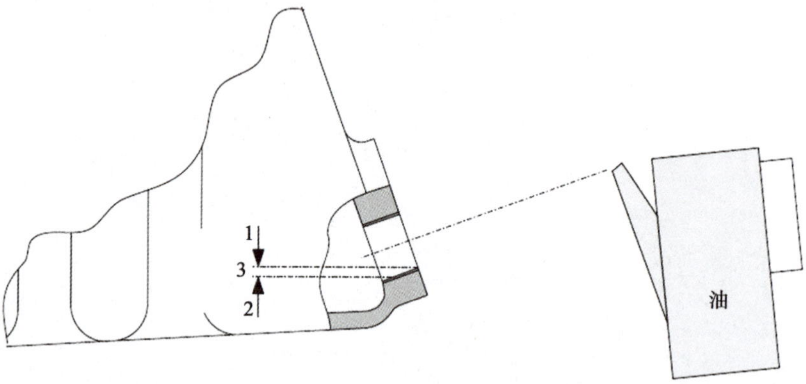

1—最高油位；2—最低油位；3—最高油位和最低油位差＝10 mm。

图4－72 检查驱动装置中的油位

检查油位时应确保机车停在相应位置上。

（1）清洁磁杆周围。

（2）旋开磁杆并移除封口环。检查粘在磁性盘上的残留。

①磁性盘上的淤泥为正常残留，不必担心。

②如果大量金属片或块粘在磁性盘上，则应打开变速箱进行仔细检查。

（3）纠正油位可参考图4－72。

（4）如果油位需要加满，应注意以下事项。

①以过滤的方式填满驱动装置，直到溢出。

②给磁杆安装新的封口环，拉紧到规定的扭矩。

③清洁驱动装置上的油污。

（5）如果需要将油排出，参考图4－73。

①清洁泄油堵周围区域。

②将线锁从泄油堵中移除，并旋开泄油堵。

③将油完全排出。

④给泄油堵安装新的密封环。

⑤将排油塞重新安装到变速箱壳体上。

⑥将指定的油加入驱动装置内。

⑦清理洒落到驱动装置上的油。

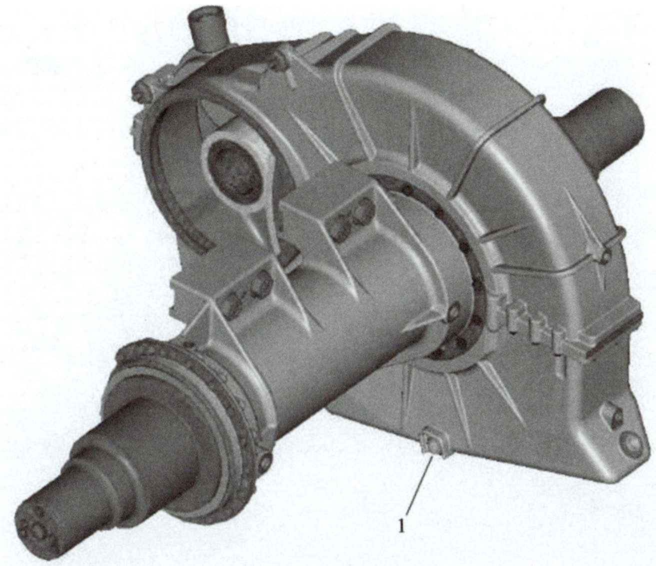

1—带线锁排油塞。

图 4－73　排出润滑油

任务考核与评价

<table>
<tr><td>任务名称</td><td colspan="4">HXD_{3C}型电力机车转向架认知</td></tr>
<tr><td>知识、技能目标点</td><td colspan="2">考核项目</td><td>自我评价</td><td>教师评价</td></tr>
<tr><td rowspan="5">1. 掌握 HXD_{3C} 型电力机车转向架各部件的名称、结构及作用原理
2. 掌握 HXD_{3C} 型电力机车转向架各部件日常检查、维护的方法及要求</td><td rowspan="4">1. HXD_{3C} 型电力机车转向架各部件的名称、结构、作用原理认知（60 分）</td><td>构架、轮对装配（15 分）</td><td></td><td></td></tr>
<tr><td>驱动装置（15 分）</td><td></td><td></td></tr>
<tr><td>一、二系悬挂装置（15 分）</td><td></td><td></td></tr>
<tr><td>牵引、制动装置（15 分）</td><td></td><td></td></tr>
<tr><td colspan="2">2. HXD_{3C} 型电力机车转向架各部件日常检查、维护的方法及要求（40 分）</td><td></td><td></td></tr>
<tr><td colspan="3">总分</td><td colspan="2"></td></tr>
</table>

小结

本项目主要介绍现役主要型号电力机车转向架的结构和维护知识，通过教、学、做一体化项目教学，让学生掌握转向架主要部件的检查、维护方法。

复习思考

1. 简述 SS_9 型电力机车转向架的结构、主要技术参数。
2. 简述 HXD_{2B} 型电力机车转向架的结构、主要技术参数和设备维护方法。
3. 简述 HXD_{3C} 型电力机车转向架的结构、主要技术参数和设备维护方法。

请扫描二维码，获取数字资源。

模块5

电力机车牵引缓冲装置认知

模块学习导语

牵引缓冲装置是电力机车的重要组成部件。在列车运行过程中，电力机车通过车钩与缓冲器传递牵引力、制动力，利用车钩缓冲装置吸收动态作用产生的纵向冲击力，实现对列车的牵引。牵引缓冲装置的状态直接关系着列车的运行安全。

模块学习目标

➡ 1. 了解电力机车牵引缓冲装置的结构、组成与运用特点。
➡ 2. 掌握电力机车车钩的基本组成、作用与运用技术要求。
➡ 3. 掌握缓冲器的结构特点、作用与维护要求。

任务 5.1　电力机车牵引缓冲装置

任务引言

在车钩缓冲装置中，车钩的作用是实现机车、车辆之间的连挂和传递牵引力及冲击力，并使车辆之间保持一定的距离。缓冲器的作用是减缓列车运行及列车制动作用时车辆之间的冲撞，吸收冲击动能，减小车辆相互冲击的影响。

任务知识点

1. 车钩缓冲装置的作用。
2. 车钩缓冲装置的组成（重点、难点）。

任务技能要求

1. 了解车钩缓冲装置的作用。
2. 掌握车钩缓冲装置的结构、各装置的作用原理。

核心知识技能

5.1.1 牵引缓冲装置简介

电力机车车钩缓冲装置的发展经历了几个阶段，在20世纪70年代的2号、3号车钩的基础上，科研人员将车钩的钩尾改为圆弧面与前从板配合，并使用MX-1型摩擦橡胶缓冲器，研制了电力机车用13号车钩缓冲装置（见图5-1）。20世纪90年代末，将MX-1型摩擦橡胶缓冲器升级为与货车一致的MT-2型或MT-3型圆簧摩擦缓冲器，经实际运用后，13号车钩升级为13A型车钩。SS系列电力机车采用MT-2型或MT-3型缓冲器。部分SS_4型与HXD_1型、HXD_3型电力机车采用了QKX100型车钩缓冲（钩缓）装置，HXD_2型电力机车采用了DFC-E100型钩缓装置（见图5-2）。

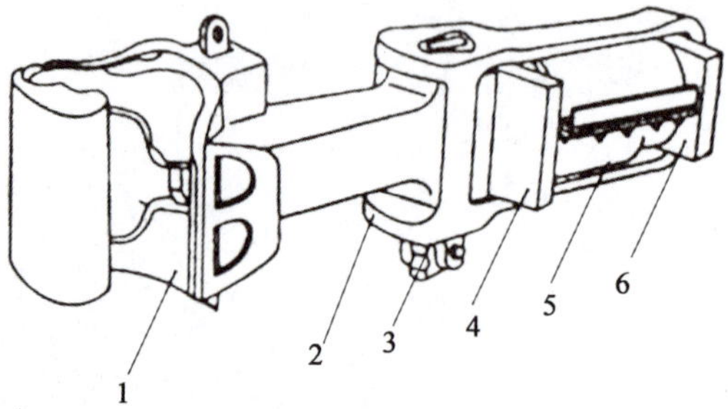

1—车钩；2—钩尾框；3—钩尾销；4—前从板；5—缓冲器；6—后从板。

图5-1 13号车钩缓冲装置

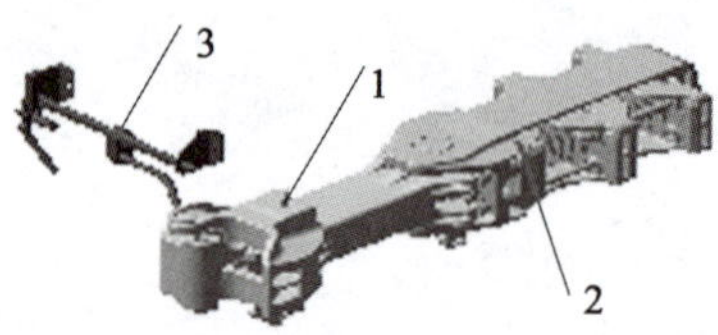

1—车钩；2—缓冲器；3—解钩装置。

图5-2 DFC-E100型钩缓装置

为保护车钩、缓冲器及车体，在缓冲器后面增加压溃管，以提高机车的安全性和经济性。钩缓装置在HXD_{3B}型电力机车车体上的安装如图5-3所示。

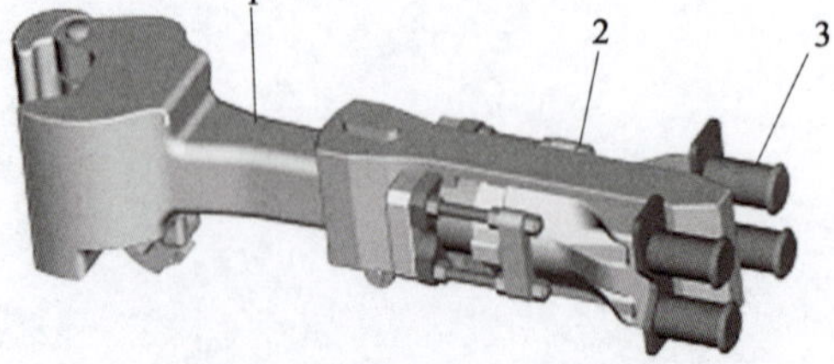

1—车钩；2—缓冲器；3—压溃管。

图5-3 钩缓装置在HXD_{3B}型电力机车车体上的安装

5.1.2　牵引缓冲装置的组成与维护

1. 组成

车钩缓冲装置由车钩、缓冲器、钩尾框、从板等零部件组成。借助钩尾销把车钩和钩尾框连成一个整体，从而使车辆有连挂、牵引及缓冲3种功能。

通常将车钩缓冲装置组成一个整体组件。其前、后从板及缓冲器卡装在牵引梁钩尾框的前、后从板座之间，下部靠钩尾框托板及钩体托梁或复原装置托住，车钩缓冲器在车上的安装位置如图5－4所示。

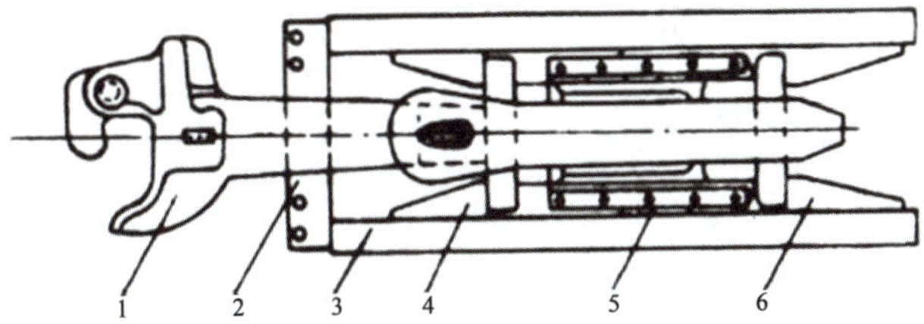

1—车钩缓冲装置；2—冲击座或复原装置；3—牵引梁；4—前从板；5—钩尾框托板；6—后从板。

图5－4　车钩缓冲装置在车上的安装位置

2. 相互关系

当车辆受牵拉时，作用力的传递过程为车钩→钩尾框→后从板→缓冲器→前从板→前从板座→牵引梁。缓冲器在车上的安装位置及受力状态（受牵拉时）如图5－5所示。

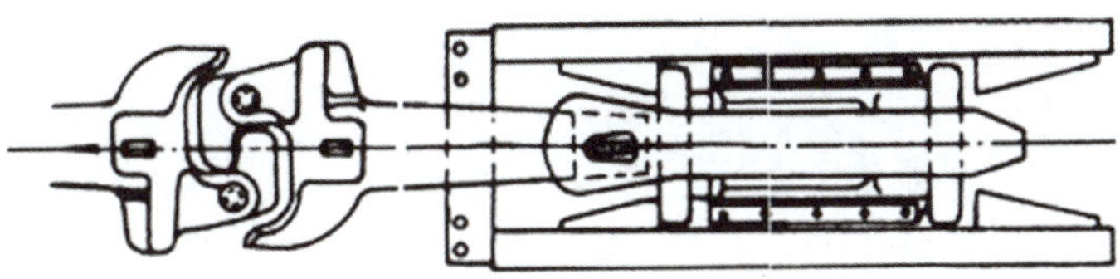

图5－5　缓冲器在车上的安装位置及受力状态（受牵拉时）

当车辆受冲击时，作用力的传递过程为：车钩→前从板→缓冲器→后从板→后从板座→牵引梁。缓冲器在车上的安装位置及受力状态（受冲击时）如图5－6所示。

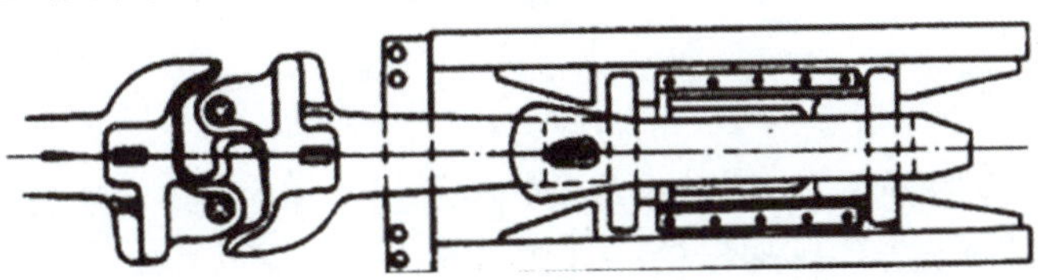

图5－6　缓冲器在车上的安装位置及受力状态（受冲击时）

由此可见，车钩缓冲装置无论是承受牵引力，还是冲击力，都要经过缓冲器将力传递给牵引梁，这样就使车辆间的纵向冲击振动得到缓和、削减，从而改善了运行条件，保护了车辆及货物不受损坏。

3. 维护技术要求

1）案例

车钩的开启方式分为上作用式及下作用式两种。由设在钩头上部的提升机构开启的，叫上作用式车钩。上作用式车钩开启灵活、轻便，所以部分货车车辆使用上作用式车钩，但有部分货车因货物的装卸或活动端门板需要放平，钩头的上部不能安装钩提杆，同时客车因车体端部有折棚和平渡板装置也无法采用上作用式车钩，故采用下作用式车钩。下作用式车钩借助设在钩头下部的推顶杆的动作来实现开启，它不如上作用式车钩轻便。上、下作用式车钩分别如图 5－7 和图 5－8 所示，每个车钩都铸有上、下锁销孔，使用下作用式车钩时，应将上锁销孔用铁板焊死，以防止污物进入钩头影响车钩的作用。

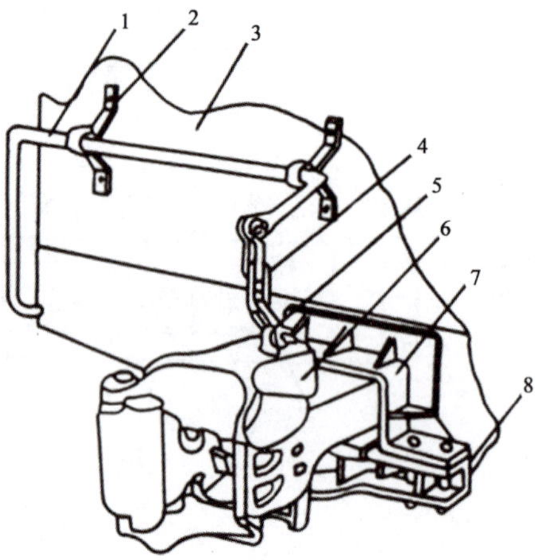

1—车钩提杆；2—钩提杆座；3—车体端墙；4—钩提杆链；5—上锁销；6—钩头；7—冲击座；8—车钩托梁。

图 5－7 上作用式车钩

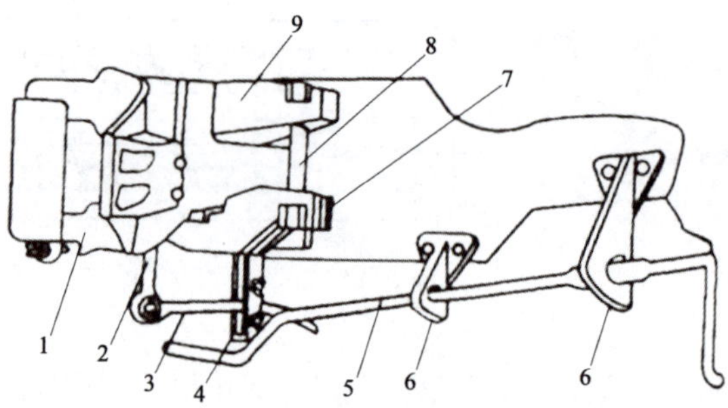

1—钩头；2—下锁销；3—下顶杆组成；4—托架；5—车钩提杆；6—钩提杆座；7—摆铁；8—吊杆；9—冲击座。

图 5－8 下作用式车钩

上作用式车钩解钩提杆通过钩提杆座安装在车体端墙上；下作用式车钩解钩提杆一端通过下锁销连接在车钩上，另一端通过车钩提杆座安装在车体端墙上。在车辆运用中，如有较大的冲击或受到异物碰击后，车钩提杆将产生摆动，会造成开钩的现象，因此下作用式车钩提杆座带有扁槽，车钩连挂后，车钩提杆手柄端扁平部分安放在车钩提杆座的扁槽中，使之不能摆动。车钩和缓冲器安装在底架端梁内，下部依靠副摩擦块和托板支撑。车钩水平中心线距轨面的高度为（880±10）mm，车钩高度可以通过增加或减少托板或副摩擦块进行调整。

2）技术要求

为了保证车辆连挂安全、可靠，同时考虑到车钩缓冲装置安装的互换性，我国机车管理部门规定：车钩缓冲器装车后，在空车状态下其车钩钩舌的水平中心线距钢轨的高度为（880±10）mm，两相邻车辆的车钩水平中心线最大高度差不得超过 75 mm，牵引梁前、后从板座之间距离为 625 mm，牵引梁两腹板内侧距离为 350 mm。

任务考核与评价

任务名称	电力机车牵引缓冲装置		
知识、技能目标点	考核项目	自我评价	教师评价
1. 了解牵引缓冲装置的作用 2. 掌握牵引缓冲装置的结构、各部件的作用原理	1. 牵引缓冲装置的作用（20 分）		
	2. 车钩的结构组成（40 分）		
	3. 缓冲器的结构组成（40 分）		
总分			

任务 5.2 车钩的认知和维护

任务引言

车钩用来实现机车和车辆之间的连挂并传递牵引力和冲击力，同时使机车和车辆保持一定的距离。

任务知识点

1. 车钩的组成与技术要求。(重点)
2. 车钩的三态作用。
3. 车钩运用维护。(难点)

任务技能要求

1. 了解车钩的结构、各装置的作用原理、各部件的名称。
2. 掌握车钩三态作用及运用中车钩分解检修的步骤及方法。

核心知识技能

5.2.1　车钩的组成与技术要求

1. 车钩的组成

车钩由钩体、钩舌、钩舌销、钩锁、钩舌推铁、下锁销装配组成。13 号车钩的组成如图 5－9 所示。

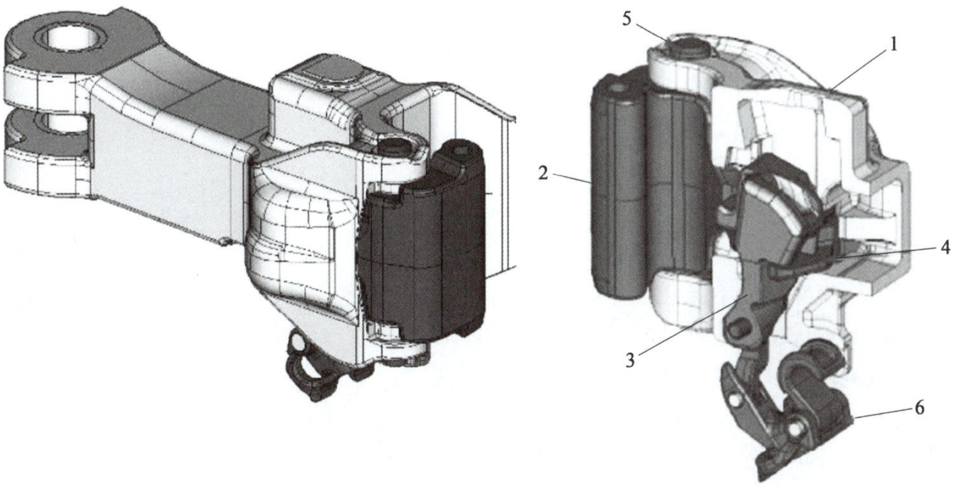

1—钩体；2—钩舌；3—钩锁；4—钩舌推铁；5—钩舌销；6—下锁销装配。

图 5－9　13 号车钩的组成

13 号车钩钩头配件如图 5－10 所示。其主要由钩舌、钩锁铁、钩舌推铁、钩舌销、下锁销钩、下锁销体、下锁销、上锁销杆、上锁销等组成，有关部位名称有锁座、后座锁面、开锁座锁面、二次防跳部、一次防跳部等。

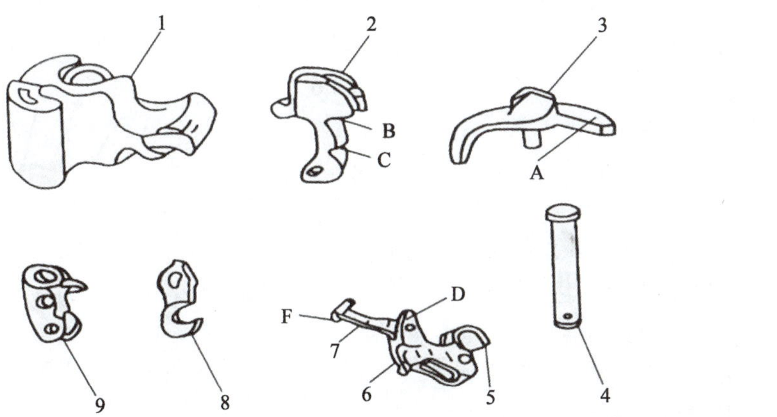

1—钩舌；2—钩锁铁；3—钩舌推铁；4—钩舌销；5—下锁销钩；6—下锁销体；7—下锁销；8—上锁销杆；9—上锁销；A—锁座；B—后座锁面；C—开锁座锁面；D—二次防跳部；F—一次防跳部。

图 5－10　13 号车钩钩头配件

2. 主要技术参数

1）车钩开度

闭锁位置： 112～122 mm

全开位置： 220～235 mm

2）主要部件的最小破坏载荷

钩体： 4 005 kN

钩舌： 3 430 kN

钩尾框： 4 005 kN

3）车钩的水平摆角

车钩的水平摆角为±19°（DFC－E100 型钩缓装置为±12°）

4）车钩的材料

车钩的材料为 E 级钢。

5.2.2 车钩的三态作用

根据铁路运输生产的需要，车钩应有三态作用。机车、车辆连挂后车钩应具有闭锁作用，以保证运行时机车车辆间不能任意分离；摘解车辆时车钩应具有开锁作用，以便于两连挂的车辆在外力作用下解编；连挂车辆时，应具有全开作用，即车钩的钩舌完全张开，便于另一车钩的钩舌进入其钩腕内以完成连挂。

车钩的三态作用是通过转换车钩组件钩锁、钩舌推铁、上（下）锁销的位置，从而使车钩处在闭锁位置、开锁位置、全开位置，或称闭锁状态、开锁状态、全开状态。

1. 闭锁位置

闭锁位置是机车、车辆连挂编组后车钩起闭锁作用的位置。两钩连挂后，钩头组件均应处在闭锁位置。连挂作业时，一方车钩呈全开状态，另一方车钩呈闭锁位置。当全开状态的钩舌被另一方钩舌推动，则钩舌以钩舌销为轴转动。当钩舌尾部完全进入钩头内腔时，钩锁铁、上锁销依自重自动落下，钩锁铁后座锁面坐在钩舌推铁的锁座 A 上，卡在钩舌尾部和钩腔内壁之间，挡住钩舌尾部，使其不能转动形成闭锁位置。

1）防跳作用

设立防跳作用的目的，是防止列车运行时，上（下）锁销、钩锁铁因振动跳起开锁而发生车钩分离事故。

上作用式车钩在闭锁位置时，上锁销、上锁销杆成闭锁状态后，因其本身的结构特性而成弓形，使上锁销下部防跳部和上锁销杆的顶部防跳部同处于钩腔后壁上防跳台的下方。此时无论车辆如何振动，钩锁铁、上锁销、上锁销体都不能跳起开锁。

如图 5－11 所示，下作用式车钩的动作与上作用式车钩完全相同，只是防跳部位不同。当钩锁铁、下锁销、下锁销体依自重落下时，下锁销轴沿钩锁铁上的椭圆孔斜下方下滑，因此其防跳部处于下锁销孔内的防跳台下方，起防跳作用；下锁销体的二次防跳部在下锁销孔二次防跳台的下方，再次限制钩锁铁的跳动。

2）闭锁位置确认

13 号上（下）作用式车钩闭锁位置的确认标志：上、下锁销充分落下，钩锁铁的足部（锁腿下端）落入钩头下锁销孔内。

上作用式车钩能确认上锁销定位突檐紧贴钩头上表面，且从下锁销孔处看到钩锁的足部，说明钩锁铁已到达闭锁位置。上锁销、上锁销杆的防跳部已分别到达钩腔上防跳台的下方，起防跳作用。

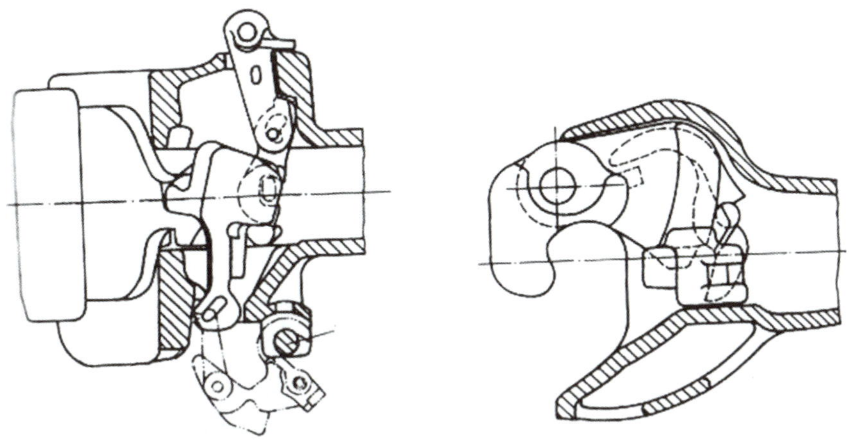

图 5－11　13 号车钩闭锁位置示意图

下作用式车钩能确认下锁销已充分落下，且从下锁销孔处看到钩锁的足部，说明钩锁铁已到达闭锁位置。从下锁销孔确认下锁销露出较多，说明下锁销、下锁销杆的防跳部已分别到达钩腔下防跳台的下方，起防跳作用。

在机车车辆连挂车辆后，必须按标准、按流程对闭锁位置进行确认，并须进行连挂后的试拉试验，以防止因钩锁铁未能充分落下引起车钩分离的事故。

2. 开锁位置

开锁位置是解编作业摘解车辆时所置位置。提钩后使起开锁作用的车钩钩头组件呈开锁位置，牵动另一辆车即可摘开车钩实现解编。13 号车钩开锁位置如图 5－12 所示。

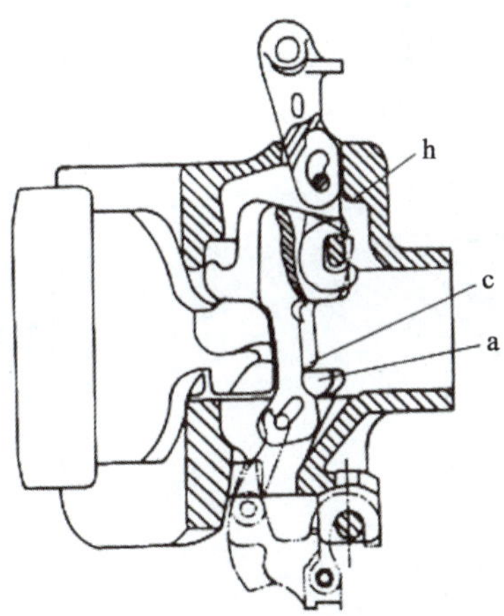

a—锁座；c—开锁座锁面；h—上防跳台。

图 5－12　13 号车钩开锁位置

当车钩在闭锁位置时，向上扳动车钩提杆，通过车钩提杆链的联动，提起上锁销并带动上锁销杆，使上锁销下部防跳部和上锁销杆的顶部防跳部脱离上防跳台 h 而上升。同时，也带动钩锁铁上升，使其离开钩舌尾部。钩锁铁上升过程中，由于其本身偏重，上部前倾，下部锁腿向后偏移，当放下车钩提杆时，则钩锁铁的开锁座锁面 c 与钩舌推铁的锁座 a 密贴配合，钩锁铁不再落下。钩锁铁让出钩舌尾部转动空间，从而形成车钩开锁位置。车钩在开锁位置时，钩舌并未转动开放。此时，只要相邻车辆向解编方向移动，即可使车钩钩舌转动开放，两车钩分离。

下作用式车钩的开锁位置解钩过程基本上与上作用式相同。不同的是，向上扳动车钩提杆后，下锁销销轴沿钩锁销上的椭圆斜孔斜向滑动而脱离防跳台，当下锁销销轴上升到斜孔上极端位时，便将钩锁铁顶起而呈开锁位置。

3. 全开位置

全开位置是连挂车辆时所置位置。转动解钩装置中的提杆，钩头组件置全开位置后，钩舌必须达到全开状态。连挂车辆作业前，必须使其中的一个车钩处于全开位置，钩舌处全开状态两钩才能连挂上。13 号车钩全开位置如图 5－13 所示。

当车钩在闭锁位置时，用力扳动车钩提杆，通过提杆链带动上锁销、上锁销杆脱离上防跳台，并带动钩锁铁迅速上升。当钩锁铁被充分提起时，其前部突起 k 和钩腔前壁导向挡顶部的全开作用台接触，钩锁铁以接触部为支点转动，使钩锁铁锁腿向后推动钩舌推铁，钩舌推铁则以自身的轴为支点横向转动。钩舌推铁的另一端向前推动钩舌尾部，则钩舌绕钩舌销转动，钩舌转动而形成全开位置。

当车钩在开锁位置时，用力扳动车钩提杆，通过提杆链带动上锁销、上锁销杆、钩锁铁迅速上升。当钩锁铁被充分提起时，钩锁铁以接触部为支点转动，推动钩舌推铁，钩舌推铁则以自身的轴为支点转动，另一端向前推动钩舌尾部，使钩舌张开而形成全开位置。

此时放下车钩提杆，钩锁铁坐落在钩舌尾部圆弧面上，为连挂时车钩闭锁位置的形成做好准备。

下作用式车钩的动作与上作用式基本相同，用力向上扳动车钩提杆后，由下锁销从下向上迅速顶起钩锁铁而形成全开位。

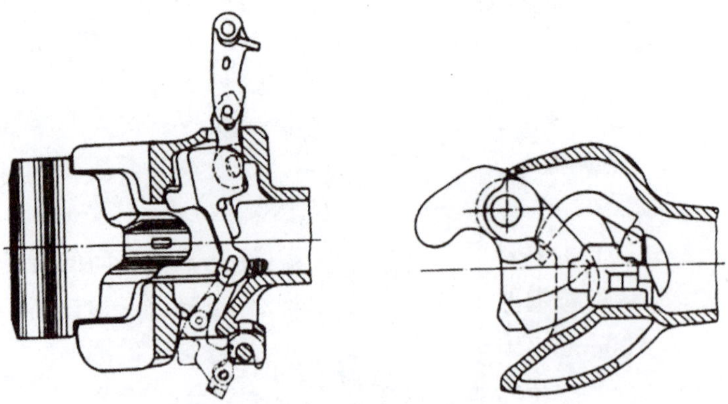

图 5－13 13 号车钩全开位置

5.2.3　车钩的运用维护

1. 车钩运用维护的相关要求

（1）车钩的三态作用应在车钩中心线水平状态下，进行检查。

（2）闭锁位置：在全开状态时，将钩舌向钩头里稳定地推动，钩舌必须转动到闭锁状态，钩锁铁因重力作用顺利地落到闭锁位置，锁定钩舌不能旋转。

（3）开锁位置：转动车钩提杆，让钩锁铁上升离开钩舌尾部，钩舌不许转动。再回转车钩提杆，钩锁铁落下，坐落在钩舌推铁的锁座顶面上。此时用手扳动钩舌，钩舌必须能自由地转动到全开位置。

2. 车钩日常检查作业标准

（1）目视检查车钩提杆有无变形，提杆座有无严重磨损，手提钩提杆有无抗劲现象，提杆座螺丝有无松动。

（2）目视检查吊杆、均衡梁、磨耗板、下锁销装置有无变形、断裂及严重磨损现象。钩体各部有无裂纹，手推车钩，车钩左右横动应良好（左右之和为74～200 mm）。

（3）手动检查车钩三态作用，须作用良好。

（4）检查车钩各部尺寸是否符合限度要求，车钩中心线距轨面高度应为815～890 mm（运用机车）、835～885 mm（中修机车）、820～890 mm（小修机车）。

3. 车钩分解检修作业规范

1）分解前检查

（1）检查车钩三态作用。

（2）检查车钩在锁闭位时钩锁铁向上的活动量，防跳作用，钩锁铁与钩舌尾部的状态和侧面间隙。

（3）检查、测量车钩在锁闭位和开锁位时车钩开度。

2）分解车钩

（1）拆下钩舌销上的开口销，提开车钩，取下钩舌销，搬下钩舌。

（2）向上提起钩提杆，使钩锁铁向外转出，从下锁销上拆下钩锁铁。

（3）拆除钩提杆座螺栓向内翻转钩提杆，将下锁铁从钩体内落下，使下锁销从钩体上脱出，从钩提杆上取出下锁铁。

3）组装车钩

（1）依次装入钩锁铁、钩舌、钩舌销，穿好开口销，装上下锁销，将钩提杆装到支座内。

（2）组装后测量以下尺寸，确保符合技术要求。

①车钩尾部与从板间隙。

②车钩开度。

③钩舌与钩耳上下面间隙。

④车钩在锁闭位时，钩锁向上活动量；钩锁铁与钩舌侧面间隙及接触高度和接触面状态。

（3）钩舌与钩体上下承力的接触状态。

（4）车钩三态作用良好，动作灵活。

任务考核与评价

<table>
<tr><td>任务名称</td><td colspan="3">车钩的认知和维护</td></tr>
<tr><td>知识、技能目标点</td><td>考核项目</td><td>自我评价</td><td>教师评价</td></tr>
<tr><td rowspan="3">1. 了解车钩的结构、各装置的作用原理、各部件的名称
2. 掌握车钩三态作用及运用中车钩分解检查的步骤及方法</td><td>1. 车钩的组成与技术要求（30 分）</td><td></td><td></td></tr>
<tr><td>2. 车钩的三态作用（20 分）</td><td></td><td></td></tr>
<tr><td>3. 车钩的分解检查（50 分）</td><td></td><td></td></tr>
<tr><td colspan="2">总分</td><td colspan="2"></td></tr>
</table>

任务5.3　缓冲器认知

任务引言

缓冲器主要用来缓解和吸收列车在运行中由于牵引力的变化或在起动、制动及调车作业时车辆与机车的相互碰撞而引起的纵向冲击和振动能量，以提高列车运行的舒适度和平稳性，减轻对车体结构及车内设备的损伤。

任务知识点

1. 缓冲器的结构。(重点)
2. 缓冲器的工作原理。(难点)
3. 缓冲器的运用维护。

任务技能要求

1. 了解缓冲器的结构、各部件的名称和作用。
2. 掌握缓冲器的工作原理。
3. 了解缓冲器的分解过程。

5.3.1 缓冲器的结构与技术要求

1. 缓冲器的结构

缓冲器由钩尾框、钩尾销、缓冲组件、止挡销、止挡、柱塞等组成。缓冲组件的吸能材料为橡胶。缓冲器如图 5 - 14 所示。HXD_{2B} 型电力机车的牵引缓冲装置采用的是 DFC - E100 型钩缓装置，其材料及内部结构尺寸与我国现在通用的车钩和缓冲器在外形、结构、尺寸等方面均有所不同，不能与我国现在通用的车钩和缓冲器进行互换。

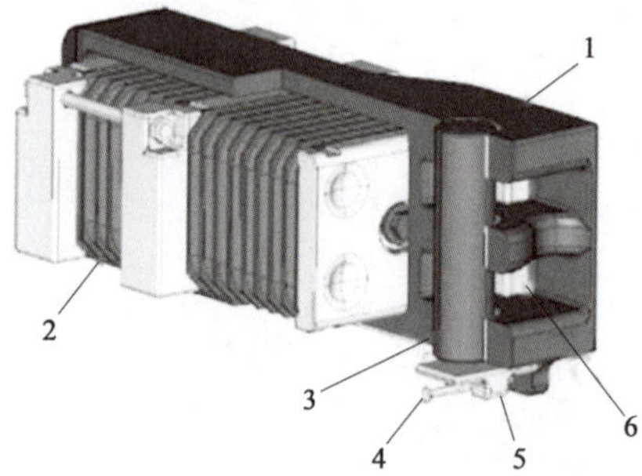

1—钩尾框；2—缓冲组件；3—钩尾销；4—止挡销；5—止挡；6—柱塞。

图 5 - 14 缓冲器

2. HXD_{2B} 型电力机车缓冲器的主要技术参数

静态容量： 62 kJ/2 500 kN

动态容量： 75 kJ/2 500 kN

拉伸行程： 52 mm/2 500 kN

压缩行程： 116 mm/2 500 kN

缓冲器的拉伸结构和压缩结构不同，导致缓冲器的容量与行程在拉伸和压缩时的值不同。

5.3.2 缓冲器的工作原理

1. 牵引作用

当车钩受到拉伸时，牵引力通过钩尾销从车钩传递到钩尾框。钩尾框向前运动，压缩缓冲组件的后板。压缩组件中的中间板与车体从板座接触，压缩组件的后部承受牵引力。牵引状态如图 5 - 15 所示。

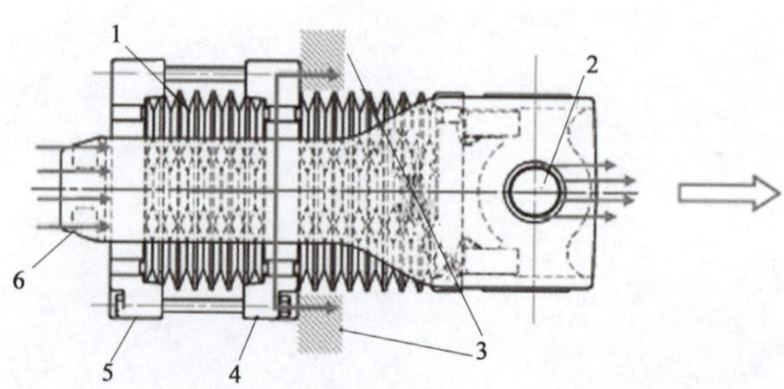

1—缓冲组件；2—钩尾销；3—车体从板座；4—中间板；5—后板；6—钩尾框。

图 5 - 15 牵引状态

2. 缓冲作用

当车钩受到压缩时，冲击力通过钩尾销从车钩传递到钩尾框。钩尾框向后运动，压缩缓冲组件的前板。压缩组件中的后板与车体从板座接触，压缩组件整体承受冲击力。压缩状态如图5－16所示。

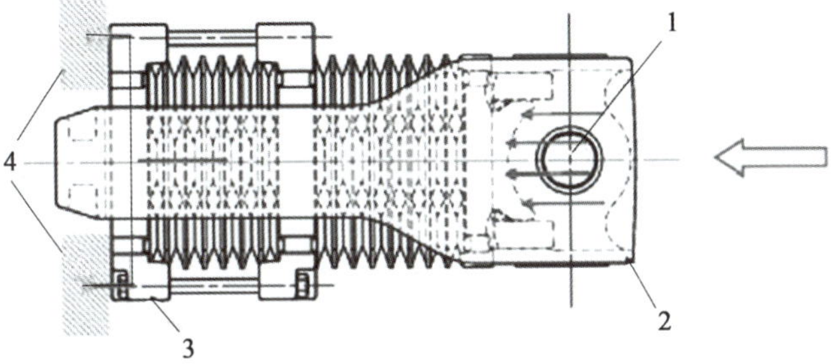

1—钩尾销；2—钩尾框；3—后板；4—车体从板座。

图5－16　压缩状态

3. 复位作用

缓冲器与车钩连接部位的结构具有使车钩自动复位的功能。当列车在曲线上运行时，车钩中心线与车体纵向中心线之间将产生一偏角。如果车钩偏移后不能迅速地回到正常位置，会增加列车运行时的摆动量，而且还会造成列车解钩困难。因此，在机车和车辆上均装有车钩复位装置。车钩和缓冲器自身具有车钩复位的功能，不必再安装其他的车钩复位装置。

缓冲器内部前端四角分别安装一个柱塞。柱塞前端与车钩尾部的凸台接触，后端与缓冲组件中的前板接触。当车钩向一侧偏转时，缓冲器中此侧的柱塞压缩前板。按照反作用力原理，车钩尾部此侧受力，形成一个与车钩偏转方向相反的力，迫使车钩回复到中心位置。车钩复位如图5－17所示。

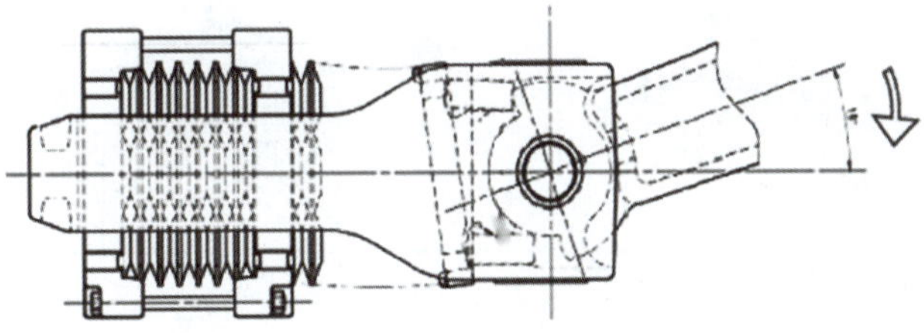

图5－17　车钩复位

5.3.3　缓冲器的运用维护

1. 解钩装置

解钩装置包括提杆、滑杆、右支座、左支座。解钩装置可以实现操作者在机车侧面对车钩进行解锁。解钩装置如图5－18所示。

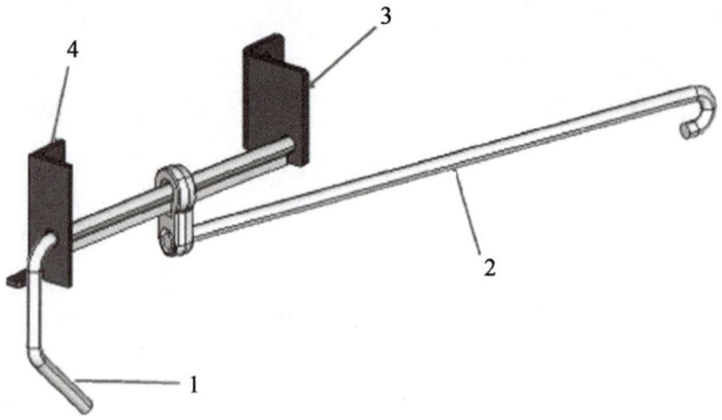

1—提杆；2—滑杆；3—右支座；4—左支座。

图 5－18 解钩装置

2. 车钩分解检修作业规范

1）拆卸

（1）拆卸解钩装置。

（2）拆卸排障器。

（3）拆卸止挡销。

（4）拆卸止挡。

（5）拆卸钩尾销。

（6）拆卸车钩。

（7）用专用工具压缩缓冲器。

（8）拆卸副摩擦块、托板、缓冲器。

拆卸车钩如图 5－19 所示。

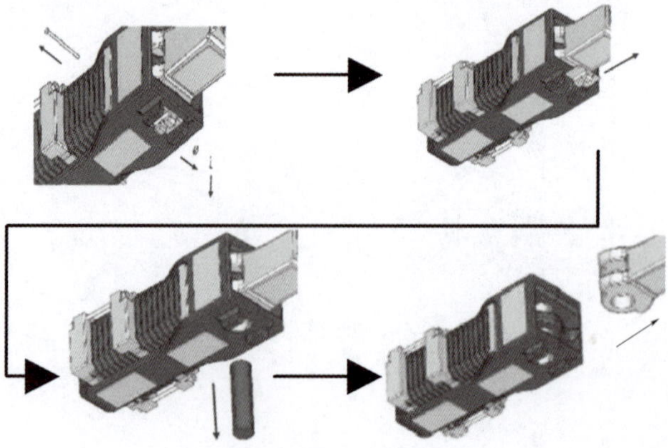

图 5－19 拆卸车钩

拆卸缓冲器如图5-20所示。

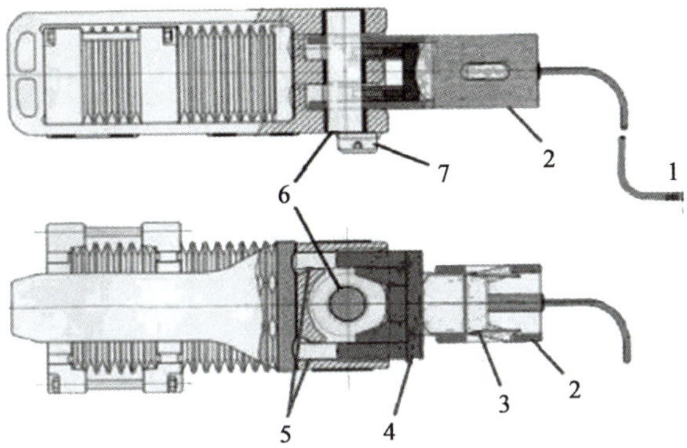

1—液压泵；2—承载鞍；3—千斤顶；4—压板；5—柱塞；6—钩尾销；7—止挡。

图5-20 拆卸缓冲器

2）安装

安装顺序与拆卸顺序相反。

3）专用工具的使用

（1）将压板置于承载鞍内。

（2）将承载鞍插入钩尾框中。

（3）安装钩尾销。

（4）安装止挡和止挡销。

（5）在承载鞍内安装千斤顶。

（6）连接千斤顶和液压泵。

（7）压缩缓冲器。

（8）缓冲器在安装前先预压缩，在中间板和压缩螺母之间塞入预压缩垫块，保证缓冲器的压缩状态。

4）专用工具

承载鞍、压板、千斤顶、液压泵。

任务考核与评价

任务名称	缓冲器认知		
知识、技能目标点	考核项目	自我评价	教师评价
1. 了解缓冲器的结构、各部件的名称和作用 2. 掌握缓冲器的工作原理 3. 了解缓冲器的分解过程	1. 缓冲器的结构（40分）		
	2. 缓冲器的工作原理（40分）		
	3. 缓冲器的分解步骤（20分）		
总分			

小结

本模块主要介绍了电力机车牵引缓冲装置的结构与维护要求，介绍了车钩的组成、三态作用及维护项目，以 HXD_{2B}型电力机车采用的 DFC－E100 型车钩缓冲装置为例介绍了缓冲器的特点及维护技术要求。通过实施教、学、做一体化项目教学，让学生掌握牵引缓冲装置的理论知识和操作技能，促进学生将专业理论与专业技能进行融合学习。

复习思考

1. 电力机车牵引缓冲装置由哪些部件组成？牵引缓冲装置的作用是什么？
2. 电力机车牵引缓冲装置的作用力是如何传递的？
3. 简述 13 号车钩钩头组件的组成。
4. 何谓车钩的三态作用？举例说明车钩三态的作用过程。
5. 简述车钩日常检查的技术要求。
6. 简述 HXD_{2B}型电力机车车钩缓冲装置中缓冲器的拆卸作业流程。

请扫描二维码，获取数字资源。

参考文献

[1] 萨殊利．机车总体与走行部．北京：北京交通大学出版社，2002.

重点知识与技能索引

电力机车认知

电力机车车体和设备布置认知

电力机车通风系统和空气管路系统认知